壽州窯

淮南市博物馆　编著

文物出版社

责任印制：陆　联

责任编辑：李　东

图书在版编目（CIP）数据

　寿州窑 / 淮南市博物馆编著. — 北京：文物
出版社，2014.1
　ISBN 978-7-5010-3956-2

　Ⅰ. ①寿… Ⅱ. ①淮… Ⅲ. ①瓷窑遗址－介绍－
淮南市 Ⅳ. ①K878.5

中国版本图书馆CIP数据核字(2013)第319214号

寿 州 窑

编　　著	淮南市博物馆
出版发行	文物出版社
社　　址	北京市东直门内北小街 2 号楼
网　　址	www.wenwu.com
邮　　箱	web@wenwu.com
制版印刷	北京图文天地制版印刷有限公司
经　　销	新华书店
开　　本	889×1194　1/16
印　　张	23.25
版　　次	2014年1月第1版
印　　次	2014年1月第1次印刷
书　　号	ISBN 978-7-5010-3956-2
定　　价	360.00元

《寿州窑》编辑委员会

主　编　沈汗青

副主编　汪茂东　刘继武　吴　琳

执　笔　沈汗青

审　稿　李广宁

题　签　方　斌

篆　刻　方　斌

编　委　沈汗青　汪茂东　刘继武　于怀珍　文立中　赵永林

　　　　任胜利　王　莉　孙　梅　单　超　闫晓娟　程东雯

　　　　陶治强　吴　琳　陶　佳

摄　影　沈汗青　刘继武　汪茂东

编　务　汪茂东　刘继武　吴　琳　陶　佳

名窑千古说寿州

前几天淮南市博物馆沈汗青馆长带来《寿州窑》书稿，让我审阅并给写个序。今天终于将书稿看完并写出修改意见，现在就只剩下最后一件事情了。说实在的，写序也者，非我所长。但我熟悉寿州窑遗址，熟悉前辈胡悦谦、周墨兵等老先生为之所做的工作，更熟悉沈汗青馆长和他领导下的团队多年来特别是近些年来为保护、研究寿州窑历史文化遗存而做的大量开拓性工作和取得的不凡业绩。这本书就是对寿州窑继往开来工作所取得的成果的一次全面总结吧，读完全书，掩卷思之，真是感慨良多。在这里，我只想写几句自己的感受权以充序，不知可否塞责，亦愿就教于读者诸君。

瓷器是中国人发明的，中国素有"瓷国"之称。这是中华民族对世界文化的重大贡献，其影响和成就并不亚于四大发明。中国有三千多年生产瓷器的历史，但中国人生产瓷器并走向世界的真正繁盛时期是到唐宋以后。窑以州名，肇始于唐代，而文献记载著名瓷窑也是从唐代开始的。生活于中晚唐的茶圣陆羽在其大著《茶经》中就一口气列举了七个当时全国最著名的瓷窑。这可以说是中国陶瓷史上第一批有文献记录的瓷器名窑，寿州窑就赫然列于其中。因此说寿州窑是中国历史上最早的名窑之一是并不过分的。寿州窑坐落在安徽省淮南市境内，既是安徽人的荣幸，也是淮南人的骄傲。安徽地处华东腹部，瓷土资源丰富，森林茂密，江河纵横，在古代具有发展瓷器生产得天独厚的条件。文献记载的历史名窑就有寿州窑、宿州窑、泗州窑、宣州窑等。在近几十年的田野考古中，安徽境内发现的古代瓷窑遗址已达百处以上，主要为唐宋遗存。在这诸多古代瓷窑遗

址中，名气最大，保护工作做的最多的当然还是寿州窑。应当说自改革开放三十多年来，安徽的文物保护工作有巨大进步，在古瓷窑遗址的保护方面更是成绩斐然。有一大批窑址已公布为各级重点文物保护单位，寿州窑、繁昌窑更成为全国重点文保单位。但毋庸讳言的是，我们在古瓷窑址的研究和宣传出版工作方面却相对落后许多。除繁昌窑有一本笔者参与的发掘报告以外，其余各古瓷窑址没有任何一本专门的书籍出版。这次《寿州窑》一书的问世，改变了这一局面，它是一本全面介绍，深入研究我省单个著名古瓷窑址的专著，这是一次重要的突破。它不仅在寿州窑的保护与研究方面能成为里程碑式的标志，也将在安徽省古陶瓷窑址的保护与研究方面具有标志性意义和开启新风的作用。

无论在对寿州窑研究的深度和广度方面，《寿州窑》一书都对前人研究成果有较大的突破。书中提供了很多新材料，提出了很多新的论断。过去专家学者们发表的成果，往往都是粗略的、片段的或专就某一点问题的，让人总有管中窥豹之感。而《寿州窑》一书让人看到了一个全面的、立体的、内涵丰富的古代寿州窑。由于陆羽在《茶经》中记载"寿州瓷黄"，使得许多人们至今仍停留在寿州窑仅是唐代烧黄釉瓷的狭窄层面上。寿州窑遗址是20世纪60年代初老一辈学者专家胡悦谦、周墨兵等老先生发现的。经过他们的调查，发掘和研究，认为寿州窑的烧造年代应该上升到隋代，当时烧青瓷；还有少量器物甚至具有南朝特征，不排除寿州窑在南朝已开始生产青瓷器的可能；但他们对寿州窑烧瓷的时代下限仍认为是唐代。《寿州窑》一书运用许多纪年墓的出土材料充分证实了寿州窑隋代已生产青瓷的观点，并继承了前辈专家认为寿州窑的时代上限有可能早到南朝的推断。但他们通过新发现的纪年实物资料，认定晚至北宋大中祥符年间寿州窑仍在生产瓷器。这就将寿州窑的时代下限扩展至北宋中期，足足延伸了一百多年！此外，对于一个著名古瓷窑遗址的研究，没有科学考古发掘材料作为支撑总是显得很单薄的。在20世纪80年代，经国家文物局批准，以老一辈专家胡悦谦先生为领队对寿州窑进行了正式的田野考古发掘。由于胡先生年事已高及其他工作较忙等原因，直至90年代末其因病逝世，考古发掘报告一直未能整理发表出来。这不能不说是非常遗憾的事情。沈汗青馆长和其团队的很多同志当年都参加了那次考古发掘工作，在编写《寿州窑》一书时，他们通过回忆和整理当年的发掘标本等资料，将发掘成果编入该书中，也算是偿还了历史欠账吧。

在一般人的心目中，寿州窑瓷器总给人以胎质粗糙，釉色单调，缺乏装饰等感觉。但你看了《寿州窑》一书后会改变印象。寿州窑的器物造型品类很多，许多动物雕塑件都做的生动活泼，栩栩如生。其釉色也很丰富，尤其在唐代，除能生产质量很高的黄釉产品外，还生产黑釉、青釉、窑变釉甚至是红釉的产品。在装饰方面，寿州窑隋代青釉瓷器上的刻花，印花纹饰之美绝不亚于同时代的其他窑口产品。在唐代除烧出多种单色釉和五光十色的窑变釉作品外，还出现了点彩、剪纸贴花、贴木叶纹等装饰工艺。一般人们认为剪纸贴花和贴木叶纹的瓷器装饰工艺，是迟至南宋的吉州窑才出现的。而《寿州窑》一书以大量的实物资料证明，此类工艺早在唐代的寿州窑就已经使用了，比吉州窑早了差不多200年之久！

《寿州窑》一书对资料的搜集是花了大气力的。除尽量发表窑址的各类地理分布图片和器物图片外，还列表统计了收藏在省内外其他各个国有博物馆的寿州窑精品瓷器数量。此外还不遗余力地收集了寿州窑相关的文献资料汇编于后，以便于读者查询，这些都是著作者的慧心独到之处，读后令人感到很温馨。

如果说这本书还有什么不足之处，我感觉到有两点。其一是该书所发表的瓷器完整品及标本基本上都是各个国有博物馆的藏品及窑址调查和发掘品，这反映了作者的审慎态度。其实许多私立博物馆和收藏爱好者那里，也有很多寿州窑瓷器精品和珍贵标本，有的甚至比本书发表者更精美，资料更珍贵。作者可以思想

再解放一点，在严格筛选去伪存真的前提下取而用之。其二是寿州窑瓷器产品与同时代周边窑址同类产品的比较研究不够。如唐代寿州窑黄釉瓷器产品与萧窑、长沙窑、定窑、邢窑等窑口的同时代同类产品做比较研究。当然本书中已有提及，但过于简略。如果这方面能再加强一些，对古陶瓷研究者和爱好者会有大收益的。当然，上述两点仅是本书的小缺憾，瑕不掩瑜。世界上没有十全十美的事情，本书的成就还是更骄人的。

《寿州窑》一书的出版，对中国古陶瓷研究来说，这是喜事；对安徽古陶瓷的研究与保护来说，这是幸事；对淮南市寿州窑的保护与研究来说，这更是大事。在这个硕果飘香的金色秋天里，让我们张开双臂迎接它的到来吧。

安徽省文物鉴定站研究员　　李广宁
中国古陶瓷学会副会长

2013年9月20日

目 录 |

图版目录

引 言

　　1983年，是我来到淮南市博物馆工作的第二个年头。这一年，我的第一次田野考古工作任务就是跟随先生们调查上窑镇寿州窑窑址。记得那是一个初春的日子，医院住院部窑址的低洼处还覆盖着薄薄的冰雪，窑址下方的小水涧里流淌着从山坡上融化的雪水。我看到小水沟两侧都是用烧结在一起成摞的碗和匣钵砌筑而成的，山坡上到处都散落着黄釉瓷片。调查持续了一整天。中午时分，我们坐在窑址附近的一家小饭店里的长条凳上，每人吃了一碗热面。返回时，肩上的黄挎包里装得满满的，全部是瓷片标本。这些往事仿佛就发生在昨天一样，其实已经过去了30年，我从20出头的小伙子已成为年过半百的中年人了。这期间，我无数次地对寿州窑各个窑址进行调查，还参加了1988年的寿州窑考古发掘。作为这处文化遗产的守护人，想了解和剖析这座窑址所包含的信息，能够将支离破碎的认识整理汇总出来，已经成为自己一个长久的心愿了。

　　近五年来，以筹办《寿州窑》专题陈列为契机，淮南市博物馆把征集隋唐寿州窑瓷器当做工作重点，陆续从合肥、扬州、南京、淮北、寿县、铜陵等地征集了一大批寿州窑产品，在安徽省文物鉴定站的支持下，去伪存真，充实和提高了馆藏与陈列，这也是一次学习和认知的过程，从中得以看到在窑址上难觅的寿州窑产品的面貌，我深切感受到，寿州窑是一座宝藏，它所蕴含的内容非常丰富，远远超过了我们的想象。

　　本书着重探讨了寿州窑的兴起与衰落，这个问题长期困扰着我们。魏晋南北朝时期的郡县侨置，北方侨民的大量南下，带来的生产技术与寿州窑的创烧和勃兴有着密切的关联。寿州窑的衰落不是因为瓷土原料的匮乏所致（上窑镇瓷土蕴藏量巨大，按照其当年的生产规模和产量，足以再生产数千年），而是燃料的枯竭导致了寿州窑大规模的衰落。新发现的材料证明，一直到北宋大中祥符年间，寿州窑仍有小规模的烧造。关于寿州窑产品的分期问题，我们认为，以往的寿州窑产品分期是从我国陶瓷演化的一般规律上加以划分的，通过近年来的观察和研究，我们发现寿州窑产品的形制演化要滞后北方邢窑等窑口。例如，盂口类瓶流行于隋代邢窑，而寿州窑在唐代早中期才开始烧造，以目前的材料进行分期是难以做到客观的，所以本书没有讨论这个问题。这有待于考古发掘，找到寿州窑产

品的叠压关系以后才能够真正解决。关于化妆土问题，过去一般认为寿州窑在唐代才使用。通过对亳州市博物馆馆藏隋开皇二十年的青釉四系弦纹罐和淮南市博物馆收藏的一批隋代四系盘口壶的研究，证明至少在隋代中晚期时寿州窑已经使用化妆土了。

　　寿州窑窑址主要分布在淮南市境内，寿州窑瓷器主要收藏在安徽省内各个博物馆等公立机构。为了能够比较全面的反映寿州窑的收藏现状，本书收录了淮南市博物馆以及全省各博物馆、文管所等文博机构的重要寿州窑瓷器382件。其中，安徽博物院17件、安徽省文物考古研究所12件、合肥市文物管理处5件、长丰县文物管理所5件、亳州市博物馆5件、阜阳市博物馆7件、阜南县文物管理所1件、临泉县博物馆2件、界首市博物馆1件、淮北市博物馆2件、宿州市博物馆2件、蚌埠市博物馆13件、皖西博物馆5件、寿县博物馆15件、凤阳县文物管理所7件、定远县博物馆1件、安庆市博物馆1件、枞阳县文物管理所1件、淮南天宝双遗文化园20件、私人藏品1件、淮南市博物馆259件。在各兄弟文博机构的慷慨支持下，本书才得以完成，在此特向上述单位和相关同志表示衷心的感谢！本书的完成，是寿州窑自1960年发现以来，首次将大量寿州窑瓷器集合在一起呈献给读者，相信这项基础性工作会对寿州窑的研究提供一批有益的材料。书中引用和借鉴了许多专家的研究成果，借此机会向寿州窑的主要研究者、老一辈的文博专家胡悦谦、周墨兵、徐孝忠等先生表达崇高的敬意；向安徽省文物鉴定站研究员、中国古陶瓷学会副会长李广宁先生拨冗审阅并为本书作序表示诚挚的谢意；向著名书法家、篆刻家方斌先生为本书题写书名并特地篆刻"寿州窑"印的美意致谢！编写本书的过程中汪茂东、刘继武、吴琳、陶佳等同志付出诸多辛劳，尤其是刘继武同志为本书的摄影工作，吴琳女士为本书的录入、校对、制表，都付出了大量时间。书中选用了北京建筑大学汤羽阳教授编制的《寿州窑遗址保护规划》中的图片，迟军先生拍摄的上窑镇全景照片，在此一并表示感谢！

　　囿于本人的认知局限，书中一定有谬误之处，恭请识者教正。

淮南市博物馆馆长　沈汗青

2013年7月31日

第一章
概　况

第一节　地理位置与建制沿革

寿州窑窑址的中心窑场位于安徽省淮南市上窑镇。另外，在淮南市东部的泉山、洞山三座窑、96工程处以及与上窑镇相邻的凤阳县境内官塘、武店一带也有零星分布。

淮南市位于安徽省中北部。淮河横贯市区，沿淮河自东向西 有上窑山（又称东洞山）、舜耕山、八公山，对老城区形成弧状环抱。淮河的支流窑河、高塘湖、泥河、黑河、架河、东淝河分别流经市境的北部和东、西两侧。淮河以南地区属江淮丘陵的北部边缘，呈低矮丘陵地貌；淮河以北属淮北平原的南端，地势平坦，平均海拔高度在20~25米之间。淮河是我国南北地区之间的天然分界线，淮南位居淮河中下游地区，年平均气温15.3℃，四季

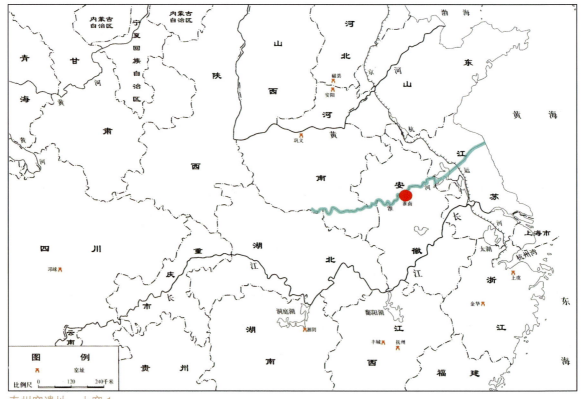

寿州窑遗址 - 上窑 1

分明，日照充足，植被茂盛，物产丰饶。

上窑镇地处淮南市东部边陲，东经117°09′，北纬32°44′，北接怀远县，东面与凤阳接壤。全镇东西长12公里，南北宽4~7公里，总面积64.4平方公里。其中丘陵地貌的山区约有20平方公里，有大小山峦30多座，最高峰朱家大山海拔212.4米，森林覆盖率97%，形成三面环山，西临淮河的地理形势。窑河古称洛涧，流经相邻的长丰县、凤阳县，由新河口入上窑镇，至怀远县入淮河，全长50余公里。东晋孝武帝太元八年（383年）著名的以少胜多的淝水之战首战便发生在这里。六朝以后，因窑业兴盛，两岸窑场林立，河道成为制瓷产品的运输通道，遂俗呼"窑河"。

上窑镇古称秦墟，先秦时是官道的重要关隘，已形成聚落，到秦朝时成为集墟。管咀孜西北侧的龙头坝有曲阳城城址，为秦初设立的曲阳县，城址濒临洛涧。《水经·淮水注》中记有：洛涧"北迳西曲阳故城东"，又"北历秦墟，下注淮，谓之洛口"。依山傍水的上窑镇，自古以来就有"洛带虞屏"之称，成为古代兵家必争的战略要地。

淮南地区历史悠久，沿淮河两岸及其支流区域内，密集分布着一大批新石器时代早期、中期、晚期以及商周时代的遗址。上窑镇隔淮河对岸，发现有新石器时代早期的聚落遗址，淮南的早期先民在这块土地上创造了灿烂的文化。西周时，淮夷人在此建立了州来国。春秋时，蔡国自河南迁都于州来，是为下蔡。蔡国在淮南历经昭侯、成侯、声侯、元侯、侯齐五世，后为楚灭。此后吴楚两国在此地争霸，淮南地区成为楚国都城寿春的京畿要地，楚国在此历经考烈王、幽王、哀王、负刍四代。公元前223年，秦国大将王翦灭楚。秦灭楚后，在此地设楚郡，秦统一六国后，在寿春设九江郡；公元前203年，汉高祖刘邦在此设淮南国，封英布为淮南王；公元前196年，英布获罪诛，改封刘长为淮南王。汉孝文帝时，淮南国一分为三，刘长长子刘安继为淮南王。公元前122年，刘安获罪伏诛，国除，此地设九江郡。汉末，此地改置淮南郡；三国时，安徽境内为魏、吴两国分治，时魏国统一了北方大部，吴国占据了江南及淮河以南部分地区。此时，上窑镇为魏国领地。西晋时，淮南郡郡治在上窑镇西侧的寿春。永嘉之乱后，晋王室东渡，"五胡"入主中原，建立了20多个割据政权，皖北先后为后赵、前燕、前秦、后秦四个少数民族政权统辖，淮河流域再次成为南北方各种政权争斗的场所。自东汉末年至南北朝的300多年间里，除西晋短暂统一外，此地长期处在分裂状态。隋统一后，实行州（郡）县两级地方行政体制，江淮地区设6郡（州）26个县。隋开皇三年（583年）设寿州，治所在寿春，领安丰、霍邱、长丰、寿春四县。隋大业三年（607年）废州改郡，改寿州为淮南郡，治所在寿春。唐置淮南道，治所在扬州。淮南道区域广大，包括江淮大部分地区，上窑镇为淮南道寿州寿春县所辖。大唐盛世一派繁荣景象，寿州窑在此时发展至兴盛时期，名扬四方。中唐时，茶圣陆羽在所撰《茶经》中记述："碗，越州上，鼎州次、婺州次、岳州次、寿州次、洪州次"，又记"寿州瓷黄，茶色紫"。

寿州窑

第二节　窑址的兴起与衰落

　　古代窑业的兴起需要三个客观条件，即瓷土、燃料、运输通道。瓷土是基本要素。古代运输通道最便捷、最有效的是水路运输。有了便捷的运输通道，窑业才能大规模发展起来，而随着产业的扩大，运输通道不仅仅承担着产品的运输，也同时承担着燃料等其他原材料的运输。淮南地区具备了上述条件。

　　淮南市上窑镇自上窑山向西到八公山均蕴藏着丰富的瓷土矿脉。瓷土分为两种类型，一是石炭二叠系地层中沉积型黏土矿，即俗称为"焦宝石"的硬质黏土矿，厚度一般在2~10米；二是由石炭二叠系地层中的煤层风化而形成的黏土，为风化残积型，埋藏较浅，一般4~15米。这种黏土的含铁量较高，埋藏在煤层与碳页岩及过渡石灰岩的风化露头位置。上窑镇是主要分布地，储存量约7000万吨。这种黏土一般采用露天开采，是隋唐寿州窑烧造瓷器的主要原料，上窑镇南槽矿点直到20世纪80年代仍在开采。上窑镇还蕴藏超过亿吨的紫砂页岩，属半风化，酱紫色，烧成后呈棕红色。上窑矿点位于东洞山东侧的半笠嘴和石棚子一线，矿层大部分暴露在地表。1978年经安徽省建材研究所化验，确认为优质紫砂。寿州窑瓷器瓷胎中常常泛红，有可能在原料中添加了此类原料。

　　上窑镇蕴藏山釉500万吨，分布在上窑东洞山和姜家大山。山釉属自然釉，含玻璃质成分较高。湾釉河土，储量大，分布在窑河河床，是陶瓷生产的主要釉料，至今上窑缸厂仍在使用。

淮河与上窑镇、窑河、高塘湖卫星图片

窑河是淮河的支流。淮河位于我国中东部，介于黄河和长江之间，淮河西起河南省桐柏山，经安徽，在江苏扬州附近入长江，干流全长约1000公里。淮河在隋唐时有自己的入海口。1194年，金统治者以水代兵，借黄河水患侵扰南宋，在河南原阳县（古代阳武）决口，致使黄河水在淮河平原一泻千里，抢夺淮河入海水道。淮河支流众多，水量充沛。公元前486年吴王夫差开凿了邗沟运河，沟通了淮河与长江；公元前261年，魏惠王开凿了鸿沟，将黄河和汴水、济水、汝水、淮河相沟通，此时，长江、淮河、黄河、济河四大水系全部相通；605年隋炀帝开凿了通济渠，并对邗沟裁弯取直，重新开通了黄淮和江淮之间的水路交通，使淮河成为黄河、长江之间中转枢要地位。新中国成立以后在扬州城区以及苏北地区发现大量的隋唐寿州窑瓷器，正是得力于交通运输便利的证据。

寿州窑烧造瓷器以木材为燃料。

上窑镇现有森林覆盖面积12.5平方公里，加上与周边县区的怀远、凤阳相连接的丘陵地貌，森林覆盖总面积约20平方公里，这些次生林是新中国成立以来恢复种植的。

除上述三个方面外，最重要的是制胎技术及窑工的输入问题。淮南地区自先秦以来，并无系统的制陶或制瓷技术传承，新中国成立以来对隋代以前遗址的考古发现中，也未见有上规模的制陶或制瓷遗迹。这种情况表明，寿州窑的制瓷技术是从外部输入的，并且制瓷水平的起点就比较高。从一开始生产就能够烧制成熟瓷器的情况，可以判断这是一种相当成熟的技术输入。

寿州窑的创烧与魏晋南北朝时期郡县侨置关系密切。

郡县侨置是我国东晋至南北朝时期在政区制度与政区建置中极为特殊的时期，也极为复杂，是在战争状态中，政府对沦陷地区迁出的移民进行异地安置，为其重建州、郡、县，沿用其旧名。这些异地新建的郡县，被称之为侨置郡县。

西晋末年，八王之乱和永嘉之乱导致北方人民大量南迁，其中幽、冀、青、并、兖五州最多。此时，今河北、河南、山东、山西等淮水以北的人，多越过淮水、长江而停留在扬州境内，东晋政府遂在聚居之地以他们原籍的州、郡、县名设立临时性的地方行政机构，以登记和管理他们，这些流民被称之为侨人。

东晋南朝时代，是安徽地理沿革、行政区划、人口流动、迁徙最为复杂，也至关重要的历史时期，因侨置郡名分合频繁，梳理起来也十分困难。据胡阿祥先生考证，"安徽境内凡侨州7、侨郡41、侨县131。诸侨州郡县所安置的侨流成分错杂，其中以来自河南者最多（侨州3、侨郡18、侨县76），本省南流者次之"。（见胡阿祥著《东晋南朝安徽境内侨州郡县及侨流人口考论》，载于《芜湖师范专科学校学报》2001年12月，第四期）在大明八年（464年）时，安徽境内侨流人口总数估计要超过20万，可见其侨置之盛、侨民之多。大明八年以后立的3州、24郡、77县领侨流不下20万人。40万侨流加上其后裔，是一个相当庞大的人口量了，在安徽人口史是仅有的一个时期。而当时"淮南（指广义上的淮南）旧田，触处极目，陂遏不修，咸成莽草，平原陆地弥望尤多"。这种百废待兴的地域，适宜定居与垦荒，因此江淮之间能够接纳较多的侨流人口。又如寿阳(今寿县)即是交通要冲，又是军事重镇，经济实力也颇富足："彼寿阳者，南引荆汝之利，东连三吴之富……外有江湘之阳，内保淮肥之固，龙泉之陂，良畴万顷……山湖薮泽之隈，水旱之所不害，土产草滋之实，荒年之所取给，以此地理，改侨荟萃。"（来源同上）

东晋南朝时期侨置今淮南、寿县、怀远、凤阳一带的州郡有：豫州，治陈县(今河南淮阳县)，东晋曾侨寿春（今寿县），后定治寿阳（今寿县）。宋分置豫州，南豫州。豫州寄治睢阳（今寿县），遥领淮北实郡县。南豫州在太清元年（547年）也曾移治寿阳（今寿县）。考城县原治所在河南民权县东北，原属陈留郡，东晋侨立，属盱眙郡（实郡），侨置今怀远县东南，在上窑镇东北，距今上窑镇约20公里，齐以后废，现怀远县仍存考城地名。济阴郡，原治今山东定陶县西北，宋时曾侨置凤阳一带，在上窑镇东侧，距今上窑镇约25公里，隋开皇初废。梁郡，北梁郡原治河南商丘市南，后曾侨置寿春（今寿县），在当时，沿淮河南岸一线，包括今寿县、淮南、怀远、凤阳、明光及合肥周围，有众多侨置的郡州。谭其骧先生总结其发生规律"淮河诸支流皆东南向，故河南人大多东南迁安徽，不由正南迁湖北也"。从地理上看，安徽境内侨州郡县的分布，基本集中在淮河及其支流沿岸，并南达长江两岸一带，基本原因是水路交通促成的。在郡县侨置的大背景下，南迁的侨民带来了生产技术，寿州窑的创立也应运而生。寿州窑产品的早期面貌有浓郁的北方造型特点，这也是例证。

有关寿州窑停烧时间，一般认为是在唐代末期。近年来，发现的一批新材料，让我们开始重新审视这个问题。

淮南市博物馆近年来征集的一批寿州窑瓷器中，有6件模印开窗龙纹元宝形瓷枕，经安徽省文物鉴定站鉴定为寿州窑产品。6件瓷枕的尺寸相差无几，均在长14.5厘米，宽9.5厘米，高7.5厘米左右（如图）。6件枕的纹饰相同，两个长的侧面为模印凸起的龙纹，一侧为左向侧身龙，另一侧为右向侧身龙。龙首硕大，张口，口内有巨齿，前足下蹲，后足直立，三爪，龙尾上翘，龙首及背脊上有羽状凸起。枕的两端较小的侧面饰模印松叶纹，一侧松叶纹的两侧各有两字，楷书，"大中"、"祥符"；另一侧在松叶纹上角各饰一朵六瓣团花，下角有模印文字"千秋"，与另一侧的下角"万岁"环读为"千秋万岁"。

"大中祥符"是宋真宗的第三个年号，自1008年至1016年共使用9年，距唐亡已逾百年。这批瓷枕的发现，证明了至少到一百年后的北宋时期，寿州窑窑火还绵延不断。这批瓷枕的烧造工艺还明显保留着唐代寿州窑遗风，其胎质与唐代瓷器瓷胎相同。6件瓷枕均属黄釉系列，因发色不同，呈现出褐黄或暗黄色。其中一件釉色较厚，自窄面立起来烧造，形成窑变。釉水向下流动，白釉和黄釉相间，十

模印开窗龙纹元宝形瓷枕

东小湾窑址拣选的模印标本

分生动有趣。其中一件瓷枕釉面剥落，乳黄色的化妆土十分清晰，反映出寿州窑瓷器到宋代中期时，仍然使用化妆土。这应当是因其瓷土相对粗糙，须使用化妆土美化的缘故。这6件瓷器均侧立烧造，除一件是宽面侧立烧造外，另5件均是小侧面朝下，站立起来烧造，故小侧面上均有三个圆点状粘接痕，这是烧成后将支钉打掉留下的痕迹，与唐代烧造方法一脉相承。这6件瓷枕前后4个批次征集入藏，根据相关人员的记录和回忆，瓷枕出土在淮南周边的寿县、六安、合肥等地。但这6件瓷枕在形制、纹饰、尺寸上有比较显著的共同特征：模印的龙纹、松叶纹及模样文字十分相似，器物的形制、尺寸也十分接近，模印后粘接成型比较规整，底部露胎处与唐代寿州窑瓷枕一致，色泽呈淡乳色、淡灰，每枕底上有一个出气孔，位置均一个角上，大小相同。近年来，我们在寿州窑东小湾窑址调查中，也拣选到与这类瓷枕相似未施釉的残片。由此看来，寿州窑的二次烧成法一直延续到宋代。

有关对寿州窑衰落的原因探讨自发现窑址以来就一直从未间断过。胡悦谦先生认为，"上窑制瓷工业，创兴于六朝末年，经过隋代，到达唐代，历经二百余年的历史。因大量的生产，需要很多的瓷土，老鸹山的瓷土，到了唐代后期就供应不上。该窑因原料的缺乏，寻找瓷土原料，将制瓷作坊迁移到萧县的白土镇"。还有学者认为寿州窑发展到唐末时，其产品质量低于南北方其他窑口，产品销路出现了问题，在市场竞争中遭到淘汰，从而导致寿州窑的衰败。

而我们认为，寿州窑的衰落与木材燃料缺乏密切相关。

熊海堂先生在《东亚窑业技术发展与交流史研究》一书中，就窑业对自然环境的破坏做过深刻剖析。他认为窑业的兴衰与森林的破坏有着密切关系，烧成1公斤瓷器，就需要2.4公斤的松柴。《陶记》中记述有民谚"一里窑，五里焦"。凡古代设立过窑场的地方除了植被演变成二次林以外，废弃的瓷片和窑炉留下的焦土都变成了不毛之地。浙江省博物馆李纲先生在探讨越窑的衰败问题时，认为北宋时宁绍人口激增，山地自然植被大量被毁，改作茶叶种植，是农业和茶业的发展导致燃料缺失，压制了窑业的发展，使越窑在北宋中期衰败，到宋代后期迫使浙江的青瓷生产中心从杭州湾转向浙南山区的龙泉、温州一带。那里虽无优质瓷土，但有丰富的燃料资源。龙泉窑就是在拥有丰富的能源和广泛的社会需求下获得飞速发展的。北方窑业集中在太行山东麓的原因是其丰富的植被，北宋时燃料出现危机，被迫改为燃煤才使得窑业持续发展的，所以北方窑场的分布与露天煤矿的分布相互重叠，是北方宋代以后窑场分布的一个显著特征。

寿州窑自创烧以来就是依靠淮南地区沿淮河走向丘陵地貌的丰富植被，除上窑镇有大小山峦30多座和八公山地区密集的山峦外，整个丘陵是以线状分布的，山体单薄，土层很薄。据林业专家讲，整个山脉的土层平均厚度在30厘米左右。新中国成立以后绿化植树的松、柏、刺槐等树种，四五十年的时间过去了，直径只长到25厘米左右，这是因为土层太薄的原因所致，一旦植被遭到毁坏，很难恢复。但是，根据考古发掘的资料证实，2000年前的舜耕山、八公山和上窑山的植被是非常丰茂的。20世纪70年代末，淮南市杨公镇发掘了九座战国中型楚墓，出土一批木椁，所用木料是舜耕山、八公山、上窑山特有的青红灌木（今日尚有数株，但都粗不过碗口），出土后的青红灌木仍非常坚硬。据林业专家介绍，青红灌木是当地百姓的俗称。青灌学名山槐，红灌学名合欢，二树生长速度相近。现长丰县图书馆的部分书橱就是用杨公战国楚墓出土的木椁作料制成的，而今日从八公山到上窑山已经难觅成材的树木了。这种现象的出现是不是因寿州窑烧造期间耗尽了淮南地区丘陵地貌的植被，最终反过来导致了寿州窑不得不停止窑业的生产呢？答案应该是肯定的。

关于寿州窑衰落是因瓷土资源衰竭的说法，经过科研人员的调查研究，在淮南境内的上窑镇地区和其周边，瓷土的蕴藏量是巨大的，并且种类十分丰富，因瓷土原料匮乏而造成寿州窑衰落的论点是不能够成立的。对于因寿州窑产品质量较差，竞争不过其他窑口而导致寿州窑衰落的看法，笔者认为，技术是可以引进并加以改进的。在寿州窑中晚期产品中已经显露技术引进的趋势，如淮南市博物馆收藏的葵口浅腹盏，其形制特征与浙江越窑的同类器物十分相像，说明寿州窑的窑工们已经在学习和不断改进自己的产品。但燃料短缺的问题，如果长期依靠大量的远途运输，这种高成本的生产是无法持续的。这也能够理解为什么寿州窑在整体衰落后，还有一缕窑火延续百年，直至1000年左右的宋真宗时代。事实上，直至今天，上窑镇还在烧造罐、瓦类器物，只是规模很小。

淮南地区煤炭蕴藏非常丰富，总储量约200亿吨。据《淮南煤矿志》记载，煤系地层为石炭二叠系，形成煤田为一轴向大致向西，枢纽向东倾伏的复向斜面构造，北翼出露于明龙山、上窑山、定远山，南翼出露于舜耕山、八公山一带。除在舜耕山、八公山边缘及上窑山北麓有零星出露处，均被新生地层覆盖。明清时期，舜耕山下有民窑开采。寿州窑在唐末木材匮乏时为什么没有改用燃煤？据淮南矿业集团副总工程师赵伟介绍，上窑地区烧窑用的瓷土矿多是煤层的顶部，煤层埋藏较浅，一般几米深即有煤。因而，寿州窑由以木材为燃料改为以煤炭为燃料是存在着可能性的。但是，燃煤的半倒焰马蹄形窑需要技术性改造，因煤的火焰短，烧成室需缩短，而燃烧室的面积要增大，吸火孔要增多、加粗，烟囱要更加高大，这些是需要引进新的烧造技术的。看来，寿州窑未能抓住这种机遇，最终导致衰落。

第三节　窑址的分布

　　寿州窑窑址的分布大的线路是由东向西，沿上窑山、舜耕山方向分布与发展的。目前发现最东端的窑址位于淮南和凤阳接壤处的凤阳武店临泉寺窑址；能够确认的最西端的窑址是淮南泉山一带的唐代窑址。从地理环境上判断，凤阳武店、官塘和泉山一带虽然都属江淮丘陵地貌，不缺少瓷土和燃料，但水网运输不如上窑镇地区，且距淮河主河道又相对较远，虽有瓷器烧造，终未形成大规模窑场。20世纪60年代，胡悦谦先生在《寿州瓷窑址调查记略中》记述有淮南西部地区李咀孜窑址，此地距上窑镇30公里。到80年代时，将窑址分布区域的最西端定在泉山一带。1985~1986年淮南市文物普查中，在淮河以北的平圩镇丁集南侧，距淮河不远的地方发现了有寿州窑窑具的支棒、支钉和瓷器残片等，但数量不大。2006年以后，在舜耕山南麓的三和乡邹大郢孜附近发现二处唐代窑址，出土了一批窑具和瓷片。

　　寿州窑窑址中心窑场在今天的上窑镇，在这片区域中的分布是由南向北逐渐延伸到淮河岸边。上窑镇依山傍水，北魏郦道元《水经注》中说淮水"洛涧北历秦墟，下注淮，谓之洛口"。383年中国历史上著名的淝水之战的序幕在这里拉开。是年秋11月，谢玄派遣刘牢之率精兵五千奔袭洛涧，秦将梁成率部五万在洛涧边上迎战，刘牢之分兵断秦军后路，自己率兵强渡洛水，秦军土崩瓦解，主将战死，1.5万余人丧生，洛涧大捷为淝水之战的全面胜利奠定了基础。从《水经注》记载上看，至少在秦朝时，上窑镇已是集市和村落的聚集地了，由于其山势地形和水网的便利，上窑不仅仅是交通要冲，也是战略要地。《水经注》还记载

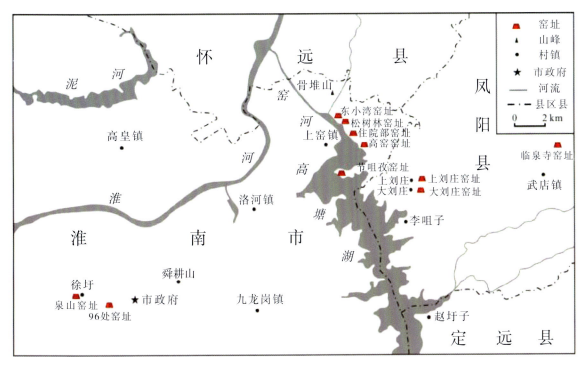

寿州窑窑址分布图

此地有西曲阳城："淮水又右纳洛川于西曲阳县北。"有学者考订西曲阳城位于今高塘湖西岸、淮南农场一带。从文献记载判断，到六朝早期这里应当有数量不少的人口。寿州窑的分布是沿着古代洛水，今窑河和高塘湖的西岸分布的。最早的窑址居于南端，即隋代管咀孜窑址，在管咀孜的考古发掘中没有发现早于隋代的窑址，也没有晚于隋代的遗物。究其原因，这里地貌相对低矮，大洪水来袭时，这里没有屏障，这或许是其烧造时间相对较短的主要原因。由管咀孜窑址向上，即向北发展的唐代各窑口，烧造时间相对较长，遗物堆积较厚，是因为这些窑口均位于丘陵地貌的坡地或台地上，具有长期烧窑的自然条件。

在目前发现的一批早期寿州窑产品中，如安徽博物院收藏的堆塑纹六桥系罐、青釉龙柄堆塑动物纹连体瓶；淮南市博物馆收藏的三件龙柄鸡首壶，这些器物在胎质、釉色、烧造工艺等方面都有与管咀孜出土遗物的相近特征。但在1988年秋对管咀孜窑址的发掘中没有发现此类遗物的残片，这些器物是在哪里烧造的？窑址在何处？一直是困扰我们的难题。早期窑址中的凤阳武店临泉寺窑址的遗存比管咀孜窑址的遗存更薄，现存残片很少，我们判断，早期窑址的范围应当是从凤阳武店到淮南上窑镇南端这一带，这是比较符合地理环境和发展趋势的。

第四节　1988年的发掘简况

1988年10月初，经国家文物局批准，由安徽博物院和淮南市博物馆组成考古队，对位于淮南市上窑镇的医院住院部窑址和管咀孜窑址进行发掘。由安徽博物院原副馆长、著名古陶瓷专家胡悦谦先生担任领队，参加考古发掘的有周墨兵、徐孝忠、胡欣民、沈汗青、文立中等。考古队首先在医院住院部唐代窑址省保标志下方开5米×5米探方4个，后又在紧邻窑河边和公路东侧各开一个探方。11月上旬在隋代窑址管咀孜窑址开7米×7米探方6个，其中4个探方相连，位于管咀孜南端；2个探方位于北侧。11月15日野外工作结束。这次考古发掘材料由胡悦谦先生整理，到1993年春，笔者曾询问胡老，胡悦谦先生说已经整理完成并寄往《考古学报》待发。此后胡悦谦先生身体每况愈下，记忆衰退，未能过问发掘报告的发表事宜。时至今日也未刊发，这是一件令人十分遗憾的事情。

笔者全程参加此次寿州窑窑址的野外考古发掘，负责上窑镇医院住院部T3、T6和管咀孜窑址T11、T12四个探方的发掘工作。

根据当年的发掘记录记载，T3于1988年10月13日开始工作，因文化层较浅，于10月15日上午结束。出土了一批黄釉、黑釉瓷片，其中黑釉产品所占比例比黄釉产品要多，发现釉结晶物数块，多数呈现出绿松石状。包括T2和T3在内的两个探方所选择的地点堆积物均较薄，转移到坡上重新开了T5和T6二个探方。T6上层出土了一批黄釉、黑釉、酱红釉瓷片和瓷枕残件、莲花纹烛台、马首形器钮残件、素烧鸟形器、碗等十数件。另有大量的窑棒、匣

1988年寿州窑发掘现场（后中立者为胡悦谦先生，右侧为徐孝忠先生）

钵、圆形小支钉、窑砖等。到距地表30厘米以下的文化层中出土了羊形玩具和其他形制的动物玩具。在探方的西北侧，距地表40~85厘米，出土了一批瓷碗，有生烧现象；另出土了一件在整个发掘中烧造工艺水平最好的蜡黄釉深腹碗（见图），在探方的西南角发现一处用窑底铺地砖排列成路面形式的遗存，遗迹宽50厘米，长100厘米。在揭去了铺地砖后，下面发现了瓷罐残片、印花模具残件、黄釉碗等。在深度1.1米时发现完整的碗10件、酒杯形器残件、水盂、黑釉罐残件。在打开T6与T2之间的隔梁时，发现了2件完整的瓷碗，在西北角发现一些窑壁砖以及窑底铺地砖；在东南端也发现同样现象，同时出土了一批窑棒，其中有完整件。从出土的器物看，时间跨度不大，窑砖中的铺地砖从上层到深1.13米处都有发现，可能是在当时就已经废弃的窑床的一部分。

11月9日在管咀孜隋代窑址开T11探方。地表采集的标本有高足盘、细颈壶、深腹碗等残件，耕土层下出土了大量的三叉、四叉支钉。盘口壶颈部残件较多，从其颈部长度判断，完整器很高大，应在40~50厘米高之间，制作很规整。T11整个埋藏物属同一个时期，未发现叠压关系，文化层较薄，于11月12日结束。T12探方的文化层也比较薄，发现了一批壶、罐、碗、高足盘的残片，以及三叉、四叉、五叉支钉，也没有发现叠压关系。

当年冬天，转入室内整理出土的瓷片。从登记表上的记录看，仅T4就出土了瓷器残片8998件，多为黄釉、青黄釉、黄绿釉、黑釉残片，有少量的酱红釉瓷片。主要形制为碗、盏

寿州窑上窑镇医院住院部 T6 出土的深腹碗

类。其中未施釉素烧的瓷片有2149件，说明唐代寿州窑普遍采用二次烧的方法，即先施化妆土素烧（往往是生烧），然后再施釉二次入窑焙烧。酱红釉残片11件，所占比例很小；黑釉瓷片233件，所占比例也不高。纯正的黄釉、蜡黄釉瓷片也很少见，大多为黄绿、黄褐、青绿类瓷片。还有碾轮残器3件、筒瓦1件、匣钵残器3件等。

　　管咀孜窑址的T8、T9包含物比较丰富，大多数为青釉直腹碗、直腹小碗、高足杯、青釉盘口壶残件、高足盘等。品种比较单一，但大多数残片都装饰有弦纹、划篦弧纹，仰覆莲纹等。T8出土瓷片2300件，三叉支钉455件，四叉支钉37件，其中带纹饰的瓷片135件，模印仰覆莲纹4片，盘口壶颈部残件和腹部残片65件，可辨识为碗的瓷片27片。从简单的统计数字看，管咀孜窑址T8为7米×7米探方，有出土瓷片加窑具约3000片；上窑医院住院部窑址T4为5米×5米探方，出土瓷片8998片。管咀孜窑T8约3000件标本中有约500件为三叉、四叉、五叉支圆形支托、窑棒等窑具，在唐代窑址中这种比例大大缩小，在T4中仅发现匣钵3件。出现这种现象的原因，唐代寿州窑的窑具可能是重复使用的，而T8中的三叉、四叉支钉显然是一次性使用后废弃的。T9中出土的有倒置的喇叭状支托22件。

第二章
窑址介绍

第一节　管咀孜窑址

　　管咀孜窑址位于上窑镇老街西南方向约3公里处。截至目前，是在淮南境内发现的一处时代最早、保存较为完整的窑址。窑址三面环水，东部约1.5公里处与马家岗村庄相连，窑址平面呈长约2平方公里的舌形地貌，向西隔水与湖心岛相望。管咀孜窑址在20世纪70年代初，因修建窑河鱼苗场而遭受很大破坏。窑河在古代是洛涧的一段，六朝晚期寿州窑创烧以后，因窑业的发展，河两岸窑场林立，遂俗称为窑河。当时，河面宽50~100米，20世纪70年代兴建鱼苗场后，将河面拓宽成湖，将管咀孜的咀头削去宽约100米，致使窑址最重要的遗存破坏。现存窑址是位于沿咀头南部和西部的南侧一带，在窑址的最西端的堤坝东侧下，有一长约200米的壕沟，断面及沟内分布有隋代寿州窑瓷器残片及窑具（见图，一沟，一堆积物），南侧堤坝内是目前能够见到的窑址分布最为集中的区域，在一小鱼塘边上能够看到瓷片的堆积以及红烧土层。1988年在此地进行发掘时布7米×7米探方4个，遗存厚度一般在1米左右。通过发掘，基本摸清了总的情况，遗址堆积不厚，没有发现时代更早的遗存，没有找到叠压关系。从地形地貌上看，管咀孜窑区处在一个比较平坦的滩头上，目前所发现的窑址不一定是当时的中心窑区，经过千年的时光，尤其是70年代对水系的大规模改造，今天很难再能够找到文化层堆积更厚的区域。在T9的东北角发现了一圆形土坑，底面为锅底状，其表面

管咀孜窑址

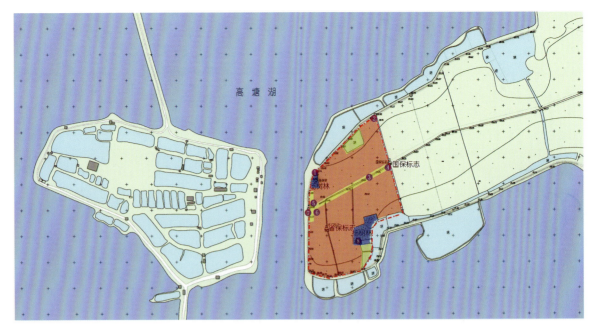

寿州窑管咀孜窑址

抹有一层耐火泥，质地很坚硬，坑中及其周围散布着红烧土块，坑的底部有一瓷碗烧结其上。但窑址保存不全，没有发现铺地砖，有专家推测，有可能是原生土上直接做窑床，堆好需烧造的器物，封闭窑炉进行瓷器烧造，这与唐代使用的半倒焰窑在构造上不同。根据1988年发掘以及近30年对整个窑址的调查，在窑址上发现的器型主要有敛口直腹碗、钵、盘口壶、小口盉、大口盏、敞口盘、高足盘、高足杯以及各种形状的罐，器物的品种不是很多，多注重形制上的变化。窑具主要有三叉、四叉、五叉、六叉支钉和圆形支托，以三叉、四叉支钉为主，这种形制的支钉是该窑口的主要支托工具，发现的数量最多。除支钉、支托外，还有托钵、用垫烧大型器物的窑具、支棒，支撑匣钵的用具等。

管咀孜瓷器的胎体分为两种，一种是经过淘洗后的瓷胎，色灰白，质坚细；另一种是未经淘洗过的，质粗，烧造温度都要高于唐代寿州窑的各个窑口。胎质较细的产品一般都制作的十分规整，从小型器物到大型盘口壶等都制作精良，由于胎质的细腻，在处理器物棱角、口沿及系等部位时都能够准确地塑造成型，尤其是在处理划花纹、戳印纹及堆塑纹时更能表达出创作者的意图。胎质较粗的器物，见于碗、罐类，大多没有装饰。

管咀孜器物的釉色是还原气氛下生成的青釉，这种在氧气不充分的条件下燃烧的窑火，燃烧不完全，窑膛中弥漫着浑浊的烟火，因还原气氛中的强弱产生青釉或青中闪黄的釉面。釉普遍较薄，透过釉能观察到拉坯的痕迹。但釉的玻化程度普遍较高，一般都有细小开片，在积釉处和下腹滴釉处有窑变，产生这种现象的原因是窑中的气体一氧化碳和碳化氢等把釉中的氧化铁还原成氧化亚铁，氧化铜还原成氧化亚铜，所以窑变釉往往成蓝色或紫翠色等。

管咀孜窑址出土器物中的花纹以弦纹和划篦纹为最多，其次还有戳印、模印和剔花纹等。凹弦纹和凸弦纹是各种器物普遍使用的装饰方法，这种纹饰常用在碗、盏的口沿下，盘口壶的颈、肩和罐的腹部。尤以带棱角的凸弦纹最有特点，这种纹饰大多用于盘口壶的颈部，往往是二三周，见棱见角，是寿州窑特有的一种装饰风格和文化元素，在同时期的其他窑口都没有如此强烈的面貌。模印贴花纹器物发现的不多，这类装饰方法主要用于罐类，是将模制好的浅浮雕式贴片贴于器物的表面，富于立体感。这种风格的流行可能在隋代早期或更早一些出现。

1988 年管咀孜窑址 T8 出土的高足杯

第二节　东小湾窑址、松树林窑址

两处窑址位于淮南市大通区上窑镇西北处约2公里。东小湾窑址和松树林窑址是二处相连接的窑场，1985年划分保护区域时，因其相近，划为一个保护区域。窑址的南侧是通向淮河的支流窑河，是古代洛涧的一段。窑址依河道走向布局，在现存的所有寿州窑遗址中，东小湾窑和松树林窑距淮河主河道最近。其地貌特点是：松树林为山坡坡地，现种植一片柏树林，俗称松树林，坡地向南斜下，接东小湾窑址，河道从东小湾的南端约200米处弯曲向北流过。东小湾的西面有西小湾，可能地势更低的原因，古代没有选择其地烧窑。新中国成立以后，农业生产和建设对东小湾的地貌影响总的来说不算太大。20世纪80年代后期，横穿窑址修筑的一条硬化路面和东侧的鱼塘建设等是对其最大的破坏。现存二处较为集中的窑区，一片在松树林下，一片在东小湾南北向硬化路面的西侧，发现有遗存1000平方米左右。窑址南面的河滩，东西方向约有长1.5公里，宽0.6公里的开阔地，在20世纪80年代时，地面上都有零星瓷片。从目前现存的隋唐寿州窑窑址的保护状况比较，松树林窑址和东小湾窑址的保存状况算得上是最好的。目前，保护情况趋于稳定，尤其是2013年国家文物局批准了《寿州窑大遗址保护规划》以后，将此地作为重点保护对象，相关措施都在逐步落实中。

从目前已发现的各个窑址比较，松树林和东小湾窑址的烧造时间延续最长，产品的品种、烧造技术也是最出色的窑口。

松树林和东小湾窑址至今没有进行过考古发掘，但从其窑址堆积物的遗存看，该窑对窑膛的控温水平相当不错，其产品釉色普遍发色较好，釉面与化妆土、胎体结合要高于上窑医院住院部等窑址，说明其烧造温度要比其他窑址高，尤其是黑釉产品，乌黑亮丽，代表了寿州窑黑釉器的最好水平。该窑址的许多谜团需要通过考古发掘，解剖其窑床构造来解决。

松树林、东小湾窑址的遗存堆积比较厚，三十年来，淮南市博物馆每年都对其进行调查，开展采集标本工作，新的发现不断。碗、盏类是主要产品，碗从浅腹到深腹，各种式样都有烧造。还发现在浅圈足类碗、盏，足内施釉，说明该窑的生产延续时间很长，有内施白

寿州窑上窑镇松树林及东小湾遗址

釉，外施黄釉的产品。罐类产品形式多样，有方直耳系，双股系的大口、小口罐等。枕的形制丰富，有各种釉色、各种工艺装饰的不同形式的瓷枕，且釉色都很漂亮。瓷注是该窑的重要产品，像常见的鼓腹注应该就产于此窑，在窑址上发现了兽形系的残片。瓷注的流口和錾发现较多，有五棱至九棱的流口残件，扁平的錾宽窄不一，錾上一般饰有三道凹槽纹。钵、盆、小高足杯、碾轮、盂等都有发现。该窑址还大量烧造大型的缸、瓮类产品，大型的缸上装饰有剔花、戳印的花纹等。建筑材料在这两个窑口都有发现，其中有大小不一的各种筒瓦、瓦当，其烧造方法同于一般瓷器，施化妆土，有黄釉和黄褐釉产品，瓦当上饰龙纹和兽纹，有些筒瓦形制很小，其用途很让人疑惑。最值得关注的是发现了一批与淮南市博物馆馆藏中的模印"大中祥符"铭瓷枕相似的残件，根据这类标本判断，松树林和东小湾烧造时间延续的很长，甚至在寿州窑大规模衰败后，仍然在继续生产。同时还发现一批在寿州窑其他窑口尚未见到的绿釉产品，烧造方法也如同一般寿州窑器物，在化妆土上施绿釉，釉色有浅淡和深绿数种，这也说明该窑在后期较其他窑口有许多创新和发展。

松树林和东小湾窑址产品胎质分为两大类，一类是与医院住院部相近工艺的胎骨，但要细薄一些；另一类是缸瓦胎，多用于大型的缸、瓮产品上，这一类的产品在松树林和东小湾窑址发现了大量残片，这在其他窑口是不多见的。从其埋藏和堆积看，是与一般寿州窑产品相互掺杂的，是不是有烧造时间上的前后不同？需要待发掘后才能获知。但从这些残片上的纹饰风格上看，时代要稍晚一些。从拣选的标本上看，东小湾窑址为了提高产品的美观，存在着素烧工艺，从碗、盏类到建筑用的瓦当，都有施过化妆土后素烧的产品。这种素烧工艺

寿州窑上窑镇东小湾窑址拣选的标本

寿州窑上窑镇东小湾窑址拣选的标本

在上窑镇医院住院部窑址也有发现，但没有东小湾窑址的量大。这种素烧工艺会增加产品的生产周期和能耗，加大生产成本，但产品的质量会显著提高。值得思考的是，这种工艺是不是贯穿于整个唐代，还是从某一个时段开始？是不是唐代寿州窑都普遍使用这种工艺？这些疑问同样需要进一步的考古发掘。唐代中晚期以后，南北方各窑口的质量普遍提高，产品的质量不仅仅是坚实耐用，更需要精致美观才能销售出去，是不是这种市场压力下产生了大规模产品素烧后施釉进行二次烧？有待我们进一步的发现。

松树林、东小湾窑址产品釉色是现存寿州窑窑址中最有特点的。从采集的标本看，该窑址能够烧出纯正的黄釉、蜡黄釉、酱釉、茶叶末釉等产品，尤其是黑釉产品更胜一筹，不仅在寿州窑中，在同时代的南北方各窑口中也是佼佼者。这些釉色美观的标本都有一个共性，胎体较薄，胎质很细腻，形制规整，也都经过了素烧和施釉后的二次烧，这也反映了此窑口工艺水平要高于其他寿州窑窑口。

松树林和东小湾窑址出土的标本，有各种装饰方法和纹样。最为显著的是一些雕塑件，象残断的狮头、虎头、凤头等，因为是残件，无法判断其整器形制。从东小湾窑址上采集到的黑釉凤头，是一件完整的器盖，内有子口，与唐代北方窑口生产的凤头龙柄壶的上盖十分相似。唐代的凤首龙柄壶吸取西域金银器的特点，以传统的模印、贴塑、刻花制成，这些工艺技术正是寿州窑自南北朝以来形成的传统工艺，所以此凤首盖就有可能是东小湾生产的凤头壶产品的一部分。同时，这也反映了寿州窑瓷器的文化面貌有较多的北方元素。

第三节　医院住院部窑址、高窑窑址

医院住院部窑址和高窑窑址位于淮南市大通区上窑镇南1公里处。窑址沿高塘湖岸边分布。高塘湖的东北岸属丘陵地貌，斜坡形小山坡缓慢向湖边延伸，唐代时期的窑址沿着湖边的坡地由南向北分布，206国道将窑址隔开，湖边也修建了硬化路面，将窑址与河岸隔开。由此给人以错觉，认为寿州窑窑址是以点状分布的。事实上，今天的上窑镇老街区、附近的居民住宅区以及沿河岸的道路都是建在窑址之上的。在唐代时期，医院住院部窑址沿着高塘湖和窑河一直向北，与东小湾、松树林窑址相连，绵延3公里以上。笔者在20世纪80年代初，第一次对寿州窑医院住院部窑址和高窑窑址进行调查时，见到在沿住院部窑址的坡底，有一条弯弯曲曲的小溪，溪水是从山上流淌下来的，在小溪的两侧壁上，全是用窑址上成摞的粘接在一起的碗、罐和匣钵残件修筑的，遍地是窑址遗物，而今已经消失殆尽。20世纪七八十年代在窑址的北端建设上窑镇医院住院部是对窑址的一次大破坏，90年代初医院住院部改建外国语学校和开挖鱼塘是对窑址最大规模的一次毁坏。目前仅保存着以标志为中心的一片区域，面积约2万平方米。

1988年10月经国家文物局批准，安徽博物院和淮南市博物馆组成联合考古队，对医院住院部进行了考古发掘。在窑址的省保保护标志下坡地上开5米×5米探方4个，在坡地下端，临

寿州窑上窑镇住院部及高窑窑址线图

湖边路旁开5米×5米探方2个，共开挖6个探方。T6的西南角发现由山坡向窑床方向的道路一段，宽50厘米，以19厘米×19厘米的方砖铺设，长约1米，因呈长方形状，一般认为是用窑砖铺设的路面，也有认为是窑床的一部分，但周围未见到窑壁，不能下结论。

医院住院部窑址的堆积深度在1.3~1.5米，1988年10月发掘，共获得标本超过1万件，大多是黄釉、黑釉的碗、罐、枕、注类的残片，少见一些玩具、烛台、碾轮以及大量的匣钵、窑棒等窑具。重要的是发现了一批酱红釉器物，有注、罐等器型。过去认为这类产品出自东小湾窑口，此次发现证明，酱红釉产品并非偶然烧成，而是有批量生产的。从这批标本看，医院住院部窑址的釉色烧成不稳定，发现完整的蜡黄釉深腹碗一件，但此类产品相对较少，纯正的黄釉器所占比例不多，大量的产品是黄中闪绿、褐等釉色，胎质未经淘洗，胎中夹有细黑砂。T3、T6二个探方的埋藏物很丰富，但没有发现隋代遗物，所发掘的区域内没有找到叠压关系。

1988年发掘上窑医院住院部窑址T6出土的铺地砖

第四节 其他窑址

隋唐时期的寿州窑除位于淮南市上窑镇中心窑场外，在淮南与凤阳接壤的地区，以及淮南城区范围内还散落着一些窑址。这些窑址大多面积不大，堆积较薄，有的仅有少量遗存。

临泉寺隋代窑址位于凤阳县武店区临泉寺东南山坡上。笔者曾数次前往调查，由于在本来遗物就很少的农田里，近年来又进行了一些建设活动，瓷片很少，散落在农田中，拣选到三叉、四叉支钉和圆形支托及一些能够辨识为碗、盏类的器物残件，其胎质细腻，色灰白，胎中有细小的黑白砂粒，釉色大多为淡青灰釉，釉层不厚，有细小开片，也见到青釉中泛绿，玻化较好的瓷片。

上刘庄隋代窑址位于凤阳县官塘乡上刘庄自然村的东侧农田中。在田埂的两侧拣选到碗、罐和壶的残片，窑具有圆形支托和三叉支钉。从其瓷片观察，时代与临泉寺隋代窑址的遗物比较相近，灰白色胎，质较坚硬，釉色有淡青灰和釉色较深的青绿釉。

大刘庄唐代窑址位于凤阳县官塘乡大刘庄自然村东侧。地面散落的遗物较少，拣选的标本有碗、盏、钵、罐、注子等。从标本观察，其胎、釉、烧造工艺与上窑镇窑址基本相似，胎质略显更粗糙一些，釉色有黄釉、黄绿釉等。

泉山唐代窑址位于淮南市泉山西区铁路和公路南两处。胡悦谦先生曾与1979年2月初，配合基建工程在铁路南发掘一座残窑基。现窑址已被生活和办公用房建设工程所占。

在泉山发掘的这座残窑基十分重要，它是自寿州窑发现后，发掘的唯一一处窑基。在1988年秋对上窑医院住院部、高窑窑址发掘时，曾经找到一个残窑床的一小块边角，剩下高约30厘米的窑壁，无法判断其全貌。胡悦谦先生对泉山窑址的描述是"仅存部分窑门、火膛、火道和窑室，残长7.2米，宽2.7米，门向为北偏东36度，壁厚34厘米，用耐火土做成土坯砌成，拱券顶，窑室地面用方砖铺墁，火道两侧的门垛临时堆砌，厚约34厘米，外侧平，内侧为弧形。火膛底部的火槽，用两条火埂将火槽分为三路。……火槽内留有较厚的木炭灰，扁圆形的支钉和碗坯。火道铺地砖上，发现'开元通宝'铜钱一枚，背面有鄂字记号"。胡先生的记述虽很简略，但是使我们基本了解了唐代寿州窑窑腔的结构。

泉山96工程处窑址于1988年3月31日至4月17日发掘，发现一座残长17.1米，宽3.5米的斜坡形龙窑。窑头不存，窑尾部分保存完好。发现一段窑顶，为单砖侧立错缝砌法，窑墙为单砖平砌，内壁挂有1厘米厚的"窑汗"，在壁高40~50厘米时开始起券，推算窑腔的高度在2米以上。斜坡窑床上铺有厚6厘米左右的砂，俗称"软底"。窑内出土遗物为匣钵、釉陶类的瓮、罐、坛等残件。有大量的匣钵口朝下底朝上叠放多层，钵内空无一物。在窑址内发现黄釉瓷片。发掘者认为龙窑属于唐代寿州窑家族的新成员。龙窑流行于长江沿岸，在淮河岸边的淮南发现龙窑的确是一次重要发现，这可能龙窑所居的最北端了，反映了南北方陶瓷文化在这里交汇。发掘者对窑腔内倒置叠放的匣钵产生疑惑，笔者认为，是不是这类龙窑是专门为当时附近的寿州窑各窑口专门烧制匣钵的？因为泉山96工程处附近有寿州窑三座窑窑址、泉山窑址以及山南邹大郢孜等窑址，这种判断有待今后的考古发掘进一步证实。

第三章
工艺技术

第一节　烧造工艺

　　寿州窑属半倒焰马蹄窑，因平面呈马蹄形故名，因其立面外观呈馒头状，又称之为馒头窑。马蹄窑主要分布在我国北方地区，它与龙窑一起是古代最具代表性的窑炉类型，都是在适应了南北方不同自然条件和窑工们在长期的实践经验中不断积累经验而进步的，有鲜明的地域文化特征。升焰式圆窑在窑膛中自然上升，火焰从火膛中喷出，大部分热能未能与陶坯进行热交换就很快排出窑顶之外，所以热耗很大。延长火焰在窑膛内停留的时间是重要的技术进步，将排气孔移往窑炉的后壁，使火焰流经窑顶之后被迫导向窑后，烟囱有抽力作用，将火焰从前室引向后室，从上到下弥漫整个窑室，最后集中到吸火孔中排出，达到利用热能的目的。

　　在泉山发现的寿州窑残窑炉，能够初部认识其结构组成，平面呈马蹄状，火膛部分以两个火埂将火槽分为三路，窑室后部不存，不知是1个或2个烟囱，从其残长7.2米，宽2.7米的直径判断，窑内的容积是不小的。前部的燃烧窑残存部分，留有木炭灰，从马蹄窑的一般比例判断，燃烧窑应在1.5米以上。淮南地区自古以来就盛产煤炭，但寿州窑始终未找到用煤作燃料的证据。这与北方窑口不同。在淮南泉山96工程处发现的长17.1米，宽3.5米的龙窑，证明在唐代时期淮南并存有北方风格的马蹄窑和南方风格的龙窑，这在北方地区是很少见的，它说明位居淮河流域的淮南因水运交通的便利，在窑业生产技术上兼容并蓄了南北方烧造技术。96工程处龙窑，是建筑在山坡斜面坡地上的，顺着山势由低向高处建造，一般龙窑最佳的坡度为15°，96工程处龙窑为8°，先在斜坡上挖出与窑基宽度相同的浅槽，在浅槽向外延伸30厘米都被火烧结的红烧土，这种龙窑属平焰龙窑，其斜置的窑身犹如一根放倒的烟囱，窑内的火焰随着抽力由下而上将各段烧热。该窑残长17.1米，从其坡度看不会太长。在保存的窑墙上没有发现明显的门和投柴孔。

　　从目前的材料看，寿州窑在唐代已普遍使用匣钵，至于隋代到底有没有使用匣钵，现在还没有直接证据。匣钵的使用有三大功能，其一，为坯件创造了一个洁净的烧成环境，使釉层不受烟尘污染，尤其像寿州窑注重釉色的窑口，更须匣钵的功能美化产品；其二，可层层叠摞，增加了产品产量，减少叠放过高倒塌造成过多的废品；其三，能够使坯件均匀受热，尤其是停烧后避免突然降温而导致坯件收缩致裂。隋代使用窑具的窑口较少，而唐代迅速普及到各地。寿州窑使用的是仰烧筒形匣，直壁有底，形如筒状，口径随装烧的器物大小而定，是烧制瓶、罐、注、碗的主要窑具，一般可叠放5~10层。

在寿州窑东小湾、松树林窑址和医院住院部窑址等地发现了大量的俗称为窑棒的窑具，其直径4~5厘米，长25厘米以上，形制成圆柱状，其在实际中如何使用一直是个谜团，各种发掘材料和有关文献对其记述很少，其使用方法没有一个确定的说法，有的认为是垫棒，为大型底面器物的垫托窑具。胡悦谦先生在《谈寿州瓷窑》中认为是"支撑匣钵的用具"。也有人认为是控制火路用的工具。在寿州窑窑址中窑棒大多是残件，多为10多厘米长，也偶见完整器，但总量很大，所占比例要远远高于匣钵，到底作何用途，有待考古发掘证明。

寿州窑的支烧窑具在隋代常见三叉、四叉支钉，少见五叉、六叉支钉。这种窑具的使用是支钉尖状足向下，平面朝上，上面叠放中、小型器物，由于支钉本身体积不大，能够支托的器物重量和形制一般都不很大，多数为碗、盏类，在出土的碗的腹底，通常可见三个支钉痕，这是为了增加产量叠摞所致。这种支钉从隋代一直沿用到唐代，形制上变化不大。除多足支钉外，寿州窑在隋代还常用圆形多齿支托、小托珠等。喇叭状支托也发现不少，高度在20厘米以上，属于高支烧工具。这种窑具直接置于窑床之上，起到提高坯件高度作用，避免窑底温度偏低而生烧或窑底灰尘污染坯件。使用这种窑具的原因，是当时的控温水平还不能把火焰引向低温死角，只有抬高坯件，这也反映了技术上的落后。

第二节　胎、釉

自20世纪80年代到2010年，上海硅酸盐研究所、中国科技大学和安徽省文物考古研究所文物保护与科技考古实验室先后对寿州窑管咀孜上窑镇余家沟、医院住院部、高窑等窑址出土的瓷器标本进行了科学化验分析，一般认为寿州窑瓷器属于高铝低硅瓷胎。管家咀的瓷器标本含量为二氧化硅55%，三氧化二铝为11.40%；上窑镇一带的瓷器标本含量为二氧化硅在56%~64%之间，三氧化二铝在14.45%~21.31%之间。这种用料成分的胎泥便于瓷器的拉坯与烧制，能够耐受高温，且不易变形，与北方青瓷的瓷胎相近。胎中泥岩颗粒很多，并含有少量砂粒，可能是以堆积岩的黏土矿物为原料，与淮南古堆积岩的地质背景相吻合。胎中含石英颗粒大小不匀，直径0.02~0.25毫米。因而，一般认为胎料未经淘洗，陶坯较厚重，质粗。管咀孜青釉瓷器中的三氧化二铝稍高，二氧化硅含量较低，可能是由原料中含有较多高岭石的原因。测试结果表明，寿州窑管咀孜青釉瓷器的烧成温度在1200℃以上，医院住院部黄釉瓷器的烧成温度在1100℃以上，1200℃左右。管咀孜青釉瓷器的烧成温度稍高于黄釉瓷器。通过1988年秋对寿州窑管咀孜和医院住院部窑址的发掘，我们发现二窑出土的瓷片瓷胎存在着显著差异，表现在胎的粗细程度上，其一是管咀孜窑址常见的灰胎中含有细小的黄色或白色小砂粒，胎的密度不够，有细小的孔隙，断面有粗糙感，颜色有灰白、灰中偏黄和少量的灰中泛黑，这种类型的瓷片是隋代最常见的；其二是管咀孜窑址出土的比较少一些的、一种断面十分细腻、肉眼观察看不到任何颗粒物、结构致密、颜色灰中泛淡乳色的，这类瓷胎应该是经过淘洗后拉坯成型的，但尚未能形成定论，这在今后的检测中需要进行专门的分析。上窑医院住院部出土的瓷片，普遍粗松一些，仔细观察，除胎色偏淡红黄色、淡乳色以外，在结构上还是有细微差别的，总体感觉唐代瓷胎比隋代瓷胎略粗，结构也稍松散一些，是原料上的差异还是隋、唐两代工艺上的变化导致了这种现象，需要进一步研究。

寿州窑瓷器的釉中氧化钙含量很高，在釉水中加入了石灰石或草木灰来降低釉的熔融温度。所以，一般又称之为高温石灰釉，釉中的氧化铁含量较高，在2.38%~5.48%，因此，铁是主要的着色元素。在烧造时，因还原气氛和氧化气氛的不同，产生青、黄、黑釉不同的釉色。管咀孜隋代窑址与医院住院部窑址的标本中着色元素铁和钛的含量基本相同，在还原气氛中产生青釉，在氧化气氛中形成黄釉。同时，由于窑膛中温度不同，黄釉常常出现蜡黄、鳝鱼黄、黄绿和黄褐色等。施釉方法以器外蘸釉为主，大型的罐类器物为刷釉，器腹内为荡釉。现存的高度在50厘米左右的大型罐类器物的表面上留有清晰的刷釉痕迹。隋代青釉釉层较薄，釉的玻化程度很高，有细小开片，一般为半施釉，在器物的下腹部和足底露胎，还常常发生滴釉现象，俗称蜡泪痕。唐代寿州窑为了使釉色美观纯正，在釉下施化妆土，厚度0.1~0.5毫米，用料经过淘洗，颗粒很细且少，与胎的矿物结构类似，二者的凝结良好。黑釉和酱红色釉的着色剂均为氧化铁，在还原气氛中生成黑釉，而酱红釉是运用先还原后再氧化的两次不同的烧造方法，引起两次不同的化学变化，生成深色酱红或浅色酱红釉的。唐代寿州窑的黄釉器常常发生缩釉现象，这是由于在高温下，高钙釉的黏度随着温度的变化而不同，产生的流动也不同，所以经常产生聚釉现象。

第三节　装饰

寿州窑隋代器物的装饰以凹弦纹、凸弦纹和篦划弧纹为基础，出现在各种形制的器物上。一般器物常用凹弦纹，在口沿下、颈部、腹部多见，多见二周和三周细弦纹，线条十分纤细，与凸弦纹形成鲜明对比。凸弦纹是寿州窑装饰中最具特色的纹饰，尤其是高大盘口壶的颈部上，往往装饰一至三周带棱角的凸弦纹，以二周凸弦纹较多，粗壮有力，是同时代各窑口中仅见的，是隋代寿州窑标志性的装饰。戳印纹是隋代寿州窑纹饰中最富于变化的，有点状、单圆圈、双圆圈、仰莲瓣、覆莲瓣、梅花、缠枝花、团花、玉兰式花、松叶纹等，通过对称式或交叉式排列组成二方连续图案。有的通过凹弦纹分割，在器物上形成上、中、下三层图案，装饰效果有典雅之气。篦划弧纹是隋代寿州窑大口器中常用的装饰方法，一般多用于大口盘类器物，尤其是高足盘腹内，常常以连续的篦划弧纹形成水波纹，与二周或三周

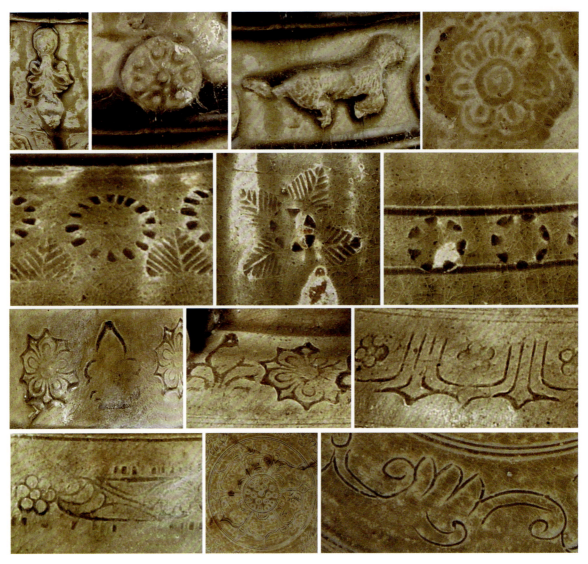

隋代纹饰

的凹弦纹组成图案，简约而生动，也是寿州窑器物颇具代表性的装饰方法。

模印贴花纹器物发现的比较少。这类纹饰如凸起的浮雕，在器物未干时，将模制好的纹饰，用浆水压帖于胎面上。常见的纹饰有动物纹、团花纹、花草纹、绳纹等。早期产品装饰比较繁缛富丽，后期趋于简化，多见绳纹，在罐体上以绳纹组成鱼篓状。

唐代寿州窑的装饰分为三类，一类是釉下褐彩斑，这类装饰多用于小口罐、瓶类器物上；第二类是剪纸贴花、剪纸漏花，多见于各种形制的瓷枕上。剪纸贴花是将剪好的图案敷于釉上，入窑焙烧，在釉面上留下凹陷和釉色加深的图案痕迹。剪纸漏花是将剪好的图案贴于施过化妆土的器胎上，施釉后，揭去剪纸贴花，露出未施釉的化妆土，入窑焙烧。这类方法烧成的图案，留下较深的凹槽，图案比贴于釉上的贴花更加清晰。剪纸贴花和剪纸漏花的图案形式有蝴蝶纹、菊花纹、团花纹、葡萄纹、松叶纹。淮南市博物馆收藏一件贴花瓷枕，是以艾叶敷于釉面后入窑焙烧成的，天然成趣，十分少见。在馆藏的瓷注中还有一件在器腹部装饰剪纸贴花葡萄纹的，也非常少见；第三类是以肖形的各类动物制成的瓷枕和玩具。这类肖形的动物瓷枕均采用手工捏制，形象十分生动，往往对其头部和足部进行夸张处理，抓住动物的特征，注重传神。在瓷枕中有象枕、豹枕、兔枕等，灵动可爱，反映了寿州窑窑工在造型能力上的高超技艺。寿州窑的小动物玩具常常以马和人物的组合为主，如胡人骑马、童子骑马、仕女骑马等，形制小巧，但十分生动。除此以外，单个的小猴、羊、狗等动物玩具，造型简约，对四肢的夸张和对神情的捕捉都非常准确。

唐代纹饰 –1

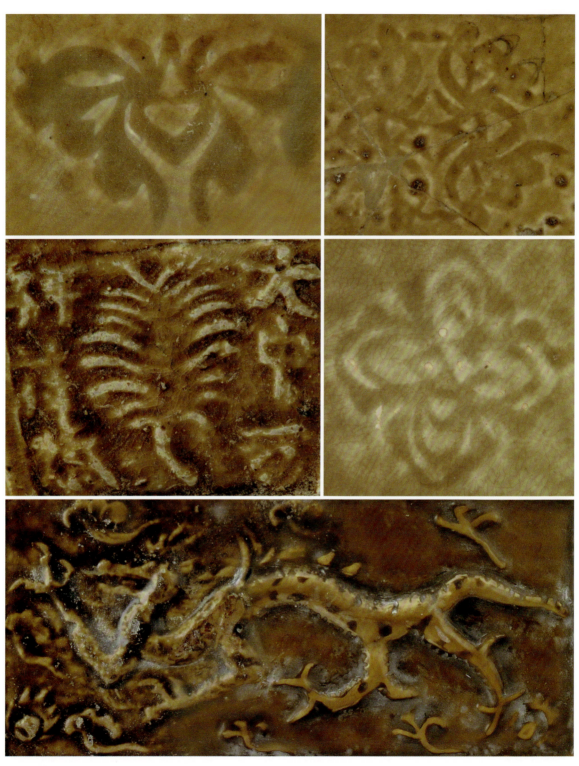

唐代纹饰 –2

　　唐代寿州窑的埙，以人物头部为主题，将人的眼部、口部巧妙地用作埙的发音孔，硕大的鼻子，将胡人形象夸张到极致。肖形的镇也颇具特色。圆形的动物镇，一般是弯曲的睡姿状态，方形的镇一般是直卧的动物形态。常见虎镇、豹镇等，动物的形象憨态可掬，非常可爱。

第四章
器　型

第一节　隋代器物

一　鸡首壶、盘口壶

　　龙柄鸡首壶是隋代寿州窑瓷器中的标志性产品，目前发现的大型鸡首壶尺寸高度近50厘米，小型的鸡首壶高度20厘米左右。不论形制大小，寿州窑鸡首壶的造型都有修长、挺拔、俊朗的美感。鸡首壶最早产生于三国时代的南方窑口，在六朝时期已经很流行了。古人认为鸡有厌胜功能，有祛病、驱鬼、辟邪之功。隋代的鸡首壶要比六朝时期的瘦长高大，颈部更细，柄身加长变直，更加粗壮敦厚，寿州窑鸡首壶的形制特征趋向于北方风格。1957年西安李静训墓出土的白釉鸡首壶的造型特点与寿州窑很相近，龙柄的造型，小盘口的处理，颈部的两道弦纹，以及系的处理都很相似，但寿州窑的鸡首壶更加高大、瘦长。虽然寿州窑的鸡首壶有着明显的北方特点，但寿州窑鸡首壶的腹部区别于北方鸡首壶，尤其是邢窑同类产品，腹部所占比例过大，颈部、腹部的装饰也比邢窑产品更讲究，以凸起的两周方棱弦纹粘贴在颈、腹部，看起来更显雄厚有力。寿州窑龙柄鸡首壶发现的总量不大，安徽博物院、寿县、无为县等博物馆均有收藏，最具代表性的器物是淮南市博物馆收藏的两件鸡首壶，一件高46.7厘米，一件高31厘米，其中形制较大的一件是目前所见最高大的寿州窑鸡首壶。该器以修长挺拔的壶身，厚重拱起的龙柄，诠释了古代窑工对美的理解，在鸡首和双系的处理上，使其形制、比例

淮南市博物馆收藏的龙柄鸡首壶

淮南市博物馆收藏的小鸡首壶 蚌埠市博物馆收藏的盘口壶

更加小巧，符合壶的造型曲线，使壶身更显修长俊美。稍矮的这件，虽然在鸡首、龙首的塑造上写实入微，形态上栩栩如生，但在壶身的造型比例，龙首、鸡首与壶身之间的比例协调上都稍逊前者。淮南市博物馆收藏的另一件高21.6厘米的鸡首壶，壶身下部比例更大一些，与邢窑北齐至隋代时器型更相似。从这三件器物的高矮大小以及腹部与颈部的比例上看，一方面有时间前后之间的差距，修长类要晚一些。但更有可能，窑工们在制作器物时考虑到壶的容积，如果小型鸡首壶的上下比例按照修长大壶的比例设计，小型鸡首壶的容积就大大减少，减少了其实用功能。而高大的鸡首壶，壶部有意处理的小一些，减少其容积；重量轻一些，方便使用。从已发现的鸡首壶与盘口壶的数量上看，鸡首壶所占比例很小，馆藏30余件盘口壶，鸡首壶仅存3件。一方面鸡首壶的制作工艺复杂，费工耗时；另一方面，也反映这种形制的产品并非一般商品，用于贮酒的可能性较大。

众多的盘口壶大小形制不一，最大的高近50厘米，容积很大，其功能应主要是用作贮水之类，而其高20厘米左右的小型盘口壶应当兼有贮酒和贮水的功能。

从盘口壶的大小形制划分，可分为高20、30、40厘米三种形式。高20厘米左右的小型盘口壶一般时代较早，一部分要早到南朝或更早一些，主要体现在制作工艺和釉色上面。早期的盘口壶形制不甚规整，在口沿、颈部等胎体较薄的地方往往稍有些变形，颈部有些弯曲。早期的主要特征表现在釉色上面，釉层薄而不匀，色偏黄，与胎色相近，系的形状有桥形和双股系两种。胎的结构较松散，没有青釉的玻璃质感。到目前为止，很少见到高过20厘米以上的早期盘口壶，或许是烧造技术制约了器物的高度。部分小型盘口壶中釉色发色青绿，玻璃质感强，在口沿处、凹弦纹处积釉的器物形制规整，拉坯工艺及烧造水平显著提高，时代

应在隋代。30厘米左右的中型盘口壶是隋代寿州窑最常见的产品，这类产品制作工艺已经十分成熟，形制上可细分为两种：一种是比较多见的腹下内收，底部外撇，足部呈喇叭状；另一种比较少见的，腹下缓收至底部，这种器型的腹部显得硕大饱满。施青釉，发色很好，釉层较厚，玻璃质感很强，腹下露胎处有数道蜡泪痕。在颈、腹部装饰有弦纹、戳印莲花纹、团花纹、草叶纹等等，收藏于蚌埠市博物馆的盘口壶，甚至在系的下端戳印一圈团花纹，是隋代寿州窑盘口壶中装饰较细的一类产品了。但大部分是以在颈部、腹部装饰凹弦纹和凸弦纹为主。这类产品的胎质是隋代产品中较好的一类，胎质细腻，色灰白，质坚硬，烧造温度高，完全不同于唐代寿州窑产品的粗松。隋唐两种瓷胎面貌的根本原因是制瓷技术的变化所呈现的。高在40厘米以上的大型盘口壶发现的总量少于前二种形制。1988年在对管咀孜窑址的发掘中，发现了一大批颈部以上的器物残件，长25厘米左右，整器的高度应在40~50厘米之间，而中、小型器物颈以上的残件数量很少，说明大型盘口壶的成品率较低。大型盘口壶有一个共同特征，一般在颈部饰两道方形凸起的弦纹，显得宽大有力，是隋代寿州窑产品特有的符号，在弦纹上下及盘口下沿等处有厚厚的积釉，往往产生窑变釉色。存在的普遍现象是，这种大型盘口壶，无论是出土的完整器还是窑址发掘获得的残件，均釉色晶莹，釉层肥厚，不仅反映在施釉时加以对大型器的关照，在烧造时也特殊关照。收藏于合肥市文物管理所的高达47.2厘米高的青釉盘口壶，釉色青中泛绿黄，釉面玻化程度高，光可鉴人，充分显示出隋代寿州窑窑工高超的烧造技艺。

隋代的盘口壶类器物发展到唐代初期仍有烧造，但工艺上有明显区别。唐代保留了盘口特征，但颈部变短，粗壮的弦纹消失，腹部变得硕大，从这种小器口大腹部判断，其使用功能只能是贮存水。由于化妆土的使用以及烧造方法的不同，这种形制的器物也由青釉向黄釉过渡。

二　罐

罐是隋代寿州窑的主要产品。南朝到隋代的罐可分为大、小两种形制。大型罐的形制变化不大，一般高20厘米左右，装饰主要以弦纹为主。南朝时的罐类产品发现不多，但很精美。从南朝到隋代，寿州窑罐类产品的装饰走过了由繁到简的一个过程。收藏在安徽博物院的寿州窑青釉贴花罐，系1982年寿县出土。该器装饰繁缛华丽，在肩部和腹中部以凸弦纹分割成三段：第一层饰莲蓬、花草；第二层饰动物、莲蓬；第三层饰菩提和草叶纹。装饰方法是以模印好的纹饰贴于罐身，立体感很强，有繁密的雕塑之感。这种风格的装饰到隋代时逐步简化，收藏于寿县博物馆的四系莲花纹青瓷罐，在肩和下腹饰二周弦纹，弦纹中饰大莲瓣纹，三层莲瓣以模印制成。这种装饰风格可看做是隋代罐类产品由繁入简中间过渡性的装饰风格。收藏于淮南市博物馆的隋代青釉堆塑压印纹四系罐，保留了南朝时期罐的形制特征，但装饰上已经十分简化。在肩部和下腹部各饰一圈堆塑弦纹，两道弦纹和四道弦纹联结，弦纹上用工具压断开，形似江淮之间常用的柳编筐篓形状，虽然装饰简单，不失生动。但是，大多数罐类的装饰是在肩部和腹部装饰二圈凸弦纹，有的就没有任何装饰，这种由繁缛向简化的转化，可能因为罐是一种在日常生活中非常普遍使用的器具，因重视其实用功能，逐渐

寿县博物馆收藏的戳印花罐　　　　淮南市博物馆收藏的堆塑罐　　　　安徽博物院收藏的寿州窑青釉贴塑罐

弱化了对其类器物的装饰。

　　小型罐的形制特征与大型罐相似，均为直口鼓腹四系，但尺寸上要小一半，一般在10厘米左右。1998年出土于安徽省六安县的青釉四系印花罐，在肩及腹部戳印朵花纹，是用四种不同的戳印模具印成。该罐容积很小，显然不足以用于水具，可能是因为使用功能的区别，在这种小罐上注重了装饰。

三　碗

　　碗是隋代寿州窑产品中产量较大的一类器物。隋代的碗腹部要深一些，一般施半釉，精细产品施釉至腹底，大多数的碗没有装饰，少量制作工艺讲究的碗上装饰莲瓣纹等。收藏在安徽博物院的青釉莲瓣纹碗，在口沿下饰凹弦纹一周，大瓣的莲花纹以叶瓣的形式自口沿伸至腹下，看上去整个碗的形状犹如一朵莲花。该纹饰以剔划花方法制成，是寿州窑隋代瓷器中在高足盘、大口盘中常用的一种技艺。

四　高足盘

　　常见的高足盘一般高度在10厘米左右，大盘口直壁，下部为喇叭状足。足的高矮是其形制变化的主要特征。有的喇叭足很矮，近似外撇的圈足。高大的高足盘比较少见，长丰县文物管理所收藏的隋代莲花纹大高足盘，系用刻划和模印两种方法制成，中间以六瓣莲花组成，外区以缠枝莲组成，中心部位的莲蓬模印制成，在盘中及高足上有窑工的刻铭。这类作品在寿州窑

长丰县文管所藏收的高足盘

产品中很少见，据当年发掘的考古人员回忆，在考古发现时，盘心中放着许多小杯类器物，初步判断这种大盘是盛放酒具一类的器物，这也是此器装饰讲究的原因。

五　水盂

盂的形制有大小两种。大型盂在20厘米左右，小型盂不足10厘米。不论形制大小，此类寿州窑产品工艺制作都很规整，并且多数有装饰纹样。收藏于长丰县文物管理所的两件大型水盂，在肩部及腹部装饰戳印团花、莲瓣及弦纹，而小型水盂往往没有任何装饰，以精美的造型展示文房用具的优雅。

第二节　唐代器物

一　注子

一般认为注子是从早期鸡首壶或盘口壶、瓶一类高大瘦长的器物演化而来的。这可能是源于鸡首正好置于壶的肩部，与注子的流口位置大致相当有关系，故认为是由其类演化而来。但从淮南市博物馆馆藏的52件注子的形制上看，其演化分为两个系统。其一是由小口鼓腹罐演化而来；其二是从细长的壶、瓶一类的器物演化而来。从形制上看，两类的演化发展是同步进行的。淮南市博物馆馆藏的52件注子中，圆柱形注子20件，约占总量的38%；圆鼓腹形注子18件，约占总量的34%；剩余部分的注子形制介于二者之间，一般肩部丰满，腰下束，也有少量的腹下肥大。圆鼓腹形注子如果将口和鋬去掉，与罐类器型无二，其颈部很短或无颈，翻唇口，略外撇。这类注子一般形制较大，容积增加，是圆柱形注子容量的2~3倍以上。由于重量增加，多在流口与鋬之间增加两个粗壮的系，这种系的穿孔较宽大，不会是简单的装饰物，应有实用功能，由于其容积增加，其流口也相应加大。如此硕大的注子可能不会仅仅用作注酒，更有注茶的功能。较大的圆鼓腹形注子的釉色，一般发色不稳定，少见纯正的黄釉器，多见黄褐色和黄绿色。究其原因，从器物造型上判断，可能因其体型硕大，无法置于匣钵内烧造，是直接置于窑炉中烧成，所以釉色发色不稳。在稍小一些的圆鼓腹注子中，有发色纯正的黄釉、蜡黄釉，且釉色均匀，应是注子的直径和高度小于匣钵，可在匣钵中烧成的原因。

寿州窑注子的口部富于变化，由唇口逐渐发展到小喇叭口，在其演化过程中，喇叭口口沿上仍保留有唇口的特征，到后期演变成细长颈大喇叭口。由于窑工技艺的娴熟，喇叭口的大小、曲度与颈部和注体十分协调，散发出优美的韵味。

寿州窑注子的流口是寿州窑瓷器的重要特征之一。在馆藏的52件注子中，除4件为圆流之外，其余皆是6~9棱的流口。这种棱形流口的制作，从工艺上判断是先将圆形流置于肩上后，待瓷胎晾干后，适时用刀削成6~9个不等的斜直面。流口口沿削成平面，与颈口平行。

寿州窑唐代黄釉双系注子

寿州窑酱釉注子

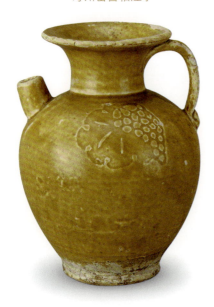

葡萄纹注子

圆柱形注子的流较圆鼓腹形注子的形制要小一些，一般6~7棱。圆鼓腹形注子流口较大，一般7~9棱，最多的有10棱。注子流口因削成大小不等的棱面而千变万化，在注子流口的长短、棱面的形状上，没有一件是重复的。相比之下，圆形流口明显有粗笨生硬之感。早期流口已经初步形成棱面，但流口是向上竖起的，甚至与颈部粘连，如唐代黑釉瓷注，其流口直竖，几乎与腹部呈一直线，而流的内侧因积釉与颈部相连。该注子的执手还没有完全形成寿州窑所特有的弓形鋬，呈竖向"S"状，鋬上也没有寿州窑所独有的二至三道贯穿上下的凹槽，在流口与鋬之间也还没有设置系。

从实物上看，寿州窑壶、瓶、注子上的系成型于南朝陈和隋代。这种系的制作方法是将细长泥条折成"U"字形后并齐，在器物上先固定系的上端，下折后用手挤压固定在肩下，所以寿州窑的系又俗称为"双股祥"。到唐代中期以后，细颈喇叭口和圆柱形注子大多没有双系，造型更趋流畅、简洁。圆鼓形腹注子的双系多在系的下端装饰乳钉，较大的注子在乳钉上侧饰横置二道凸起弦纹，在鋬的根部也往往装饰一硕大的乳钉。

寿州窑瓷注的釉色因窑膛内温度不同，发色变化丰富，几乎没有两件相同釉色的注子。发色好的注子均出自匣钵内烧成，其造型十分规整，口部、流口、系和鋬的制作也精细工整，除底部外，胎体满施釉。从已发现的注子看，黑釉和酱釉、酱红釉未见釉面剥落，而黄釉中釉色浅淡者，剥釉现象较普遍。这是因为寿州窑瓷注是二次烧成，第一次是在施好瓷衣（即化妆土）以后，入窑素烧而成；第二次是在化妆土上施釉再入窑烧成。而黑釉、酱釉类器物烧成温度、烧成时间都比黄釉类时间长，使釉、化妆土、胎三者的紧密结合，而黄釉类器物烧成时间稍短，胎、化妆土与釉的结合要差一些，加上又在墓葬中埋藏千年，土壤中的酸碱侵蚀，造成剥釉现象普遍。

寿州窑注子的装饰纹样较为少见，馆藏中仅有一件在肩与腹的转折处装饰模印葡萄纹：一串20余枚的葡萄叠压在一个夸张的葡萄叶上，叶面出三道筋，十分生动自然。在肩、腹转折处模印纹饰不方便，仔细观察，应该是将剪纸，或较厚的软质东西剪成形后贴于釉面烧成。该器制作规整，长细颈喇叭口，鼓腹，丰满中又匀称协调。因是二次烧成，胎釉结合不紧密，在口沿、流口、鋬手的棱角及肩腹转折处有多处剥釉。虽有瑕疵，仍不失为寿州窑瓷注中的精品。寿县博物馆收藏有一件在肩腹部装饰剪纸漏花的瓷注，纹饰较为清晰，二件瓷注的纹饰虽不相同，但装饰纹样的位置相同，说明在唐代瓷注中装饰剪纸贴花不是孤例。

二 枕

瓷枕是寿州窑瓷器产品中在形制、釉色、装饰等方面变化最丰富的品种，也是寿州窑产品中制作工艺最讲究、最能够体现寿州窑烧造工艺水平的一个门类。

迄今为止，尚未见到唐代寿州窑瓷枕在形制上的重复件。寿州窑瓷器烧造发展到宋代大中祥符时，瓷枕采用了模印方法成型后，才出现了一批船型瓷枕的重复件，这也反映了唐、宋时期制瓷技术的变化和不同。寿州窑瓷枕形制变化丰富，不仅反映在大的形态上的不同，也表现在局部和细节处理上的巧妙变化。其形制大致可分为箱形、箱形委角、半圆形委角、腰圆形、椭圆形、长方束腰形、动物形、船形（元宝形）等。从其形制的变化能够感受到，一个简单的长方形器物，在寿州窑工匠的手上通过对曲线、边角、斜面的细微处理，使烧成后的瓷枕生动活泼，千变万化，充分展现了窑工的艺术创造能力。

寿州窑瓷枕的釉色主要分为黄釉、黑釉和酱红釉三个品种。黄釉发色较好的是蜡黄釉和玉米黄釉一类，少量黄釉器的釉色十分纯正，使观者有惊艳之感。这种纯正的黄釉器在唐代窑口中仅见，不仅是在匣钵中烧成，更需要窑工对窑腔控温技术有严格的掌控，十分不易，所以，也十分少见。大多数黄釉瓷枕偏向蜡黄、玉米黄或黄中偏绿、偏褐，因施釉时厚薄不均匀或积釉，会产生窑变及褐斑。黄釉枕的棱角处大多有釉面剥落现象，这一方面是因为其胎釉结合稍欠火候，另一方面是使用中最易磨损的缘故。

枕的胎骨一般较碗、罐类器物要细密和均匀一些。最有特点的是瓷枕的底面往往是施过化妆土的，这是与碗、罐类的最大区别。所以，瓷枕的底部一般更显光滑、细腻。

寿州窑黑釉瓷枕釉色深黑，散发出漆光质感。在黑釉瓷枕的棱角处，因釉层较薄，往往形成一道筋纹，黑中泛酱红，形成一种天然装饰。

寿州窑中酱红釉瓷枕数量不多，馆藏中仅有两件。一件是剪纸贴花枕，另一件是象形枕。这两件瓷枕有一个共同的特点，釉面没有剥蚀现象，露胎均因磕碰所致。象形枕的釉色酱中泛黄，凸起部分是酱色，凹陷处呈黑色，这反映出烧造时温度的细微变化。

除上述三种釉色外，也偶见窑变釉瓷枕。烧成于宋代大中祥符年间的窑变枕是将瓷枕侧立烧成的，这从其釉面的蜡泪痕中就能发现其烧造方式，这也可以看出唐、宋两代烧造瓷枕方法的演化。茶

寿州窑委角黄釉瓷枕残件

叶末釉色的瓷枕及其他的罐、瓶类器物也比较少，这类器物均是在烧造黄釉器时，因时间和窑温增加而出现的。在氧化焰氛围的窑膛中，温度不均衡也会形成釉色的不同，使一窑产品釉色不同。

寿州窑唐代瓷器中装饰变化主要表现在瓷枕上，在馆藏的40余件瓷器中，有装饰纹样或制作成动物形状的枕占半数以上。唐代寿州窑瓷枕上的纹饰多见蝴蝶纹、缠枝花纹、松叶纹、菊叶纹、鹿纹。这类纹饰多以剪纸贴花为主。有学者猜测印痕较深的一类贴花纹是剪兽皮类贴于枕面上烧成，但缺少足够的证据证实。贴花的方法有两类，以贴于釉面烧成的为多，从工艺制作方法上判断，这种办法比较方便。另一类是贴于化妆土上，施釉后再揭去，烧成后露出化妆土形成的纹饰，这种方法烧成的瓷枕较少见，馆藏中仅有三件。

馆藏的6件宋代大中祥符年间烧造的瓷枕，其纹饰至少分属四套以上不同的模具制成，但总的风格十分相近，应是同一窑场产品。这种瓷枕的残片在东小湾窑址中有发现。瓷枕的两侧较大的面装饰模印侧身龙纹，两头较小的侧面，一面饰枯叶纹，纹饰的两侧有"大中祥符万岁"字样，另一侧中间饰同样的枯叶纹，枯叶的上侧两端饰梅花纹。

寿州窑瓷枕中已发现有象形、兔形等肖形枕。这类瓷枕一般是一个比较写实的动物顶着弧形的枕面。动物形态栩栩如生，枕的底部是椭圆形平面。这类瓷枕的釉色多为深色的黑釉、酱釉或茶叶末釉，器型也小一些，但其制作很精致。动物身体的各个部分均是随手捏成，且富于变化，非常自然协调，随手塑造成的动物与釉色深浅变化，浑然一体，有天然成趣的意味。

三 碗、盏、盘、盂

寿州窑碗的形制主要可分为两大类，即深腹类和浅腹类。深腹类碗的形制要大。浅腹类碗的形制又可细分为三类，形制稍大一些的为盛食器，是唐代寿州窑的主要产品。在唐代窑址每个窑口的瓷片堆积和遗存中，以此类残片最多，也是江淮各地考古发现中最常见的品种；另一类形制较小一些，腹更浅一些，制作考究，有时还有贴花等装饰，应当是饮茶用的茶碗，往往又称之为盏。唐代陆羽在《茶经》中记述"寿州瓷黄，茶色紫"，所指的就是这类器物。除上述二大类形制外，寿州窑还生产一种口径在20厘米以上，有深腹也有浅腹的大碗，这种大口碗的烧造温度较高，少见剥釉现象，已发现的这类大碗不是很多，但制胎、施釉都比一般规格的碗要讲究。安徽博物院收藏的一件酱黄釉大碗，尺寸在30厘米以上，由于体型硕大，碗口略有变形，但不失其整体风貌。淮南市博物馆、寿县博物馆也藏有此类大碗，但尺寸略小一些。这种大口碗估计是用做盛放汤菜的器物。在深腹碗中，也可见一些敛口的钵形深腹碗和高足碗。上述各类形制的碗中，一般口沿为唇状，有的为微唇状，有的为内收唇状。烧造工艺讲究的茶盏，形制十分规整，因在匣钵中单独烧成，盏心没有支烧痕，底部呈玉璧状环底，足墙部分削足细腻，中间凹陷处施釉，这在寿州窑各类瓷器中是很少见的。这类器物与同时代南北方各大窑的同类器物相比自有骄人之处，在形制、釉色及烧造技术上毫不逊色。

黄釉碗是寿州窑的主要产品。在窑址的堆积物中发现大量施过化妆土后生烧的残件，我

黄釉玉璧底瓷盏　　　　　　　　　深腹碗

们判断，这种数量巨大的碗都先施化妆土烧成后再施釉进行第二次入窑烧成。淮南市博物馆收藏的一件深腹碗，因腹部深长，曾定名为"瓷杯"，1985年7月在安城镇征集（原工农乡），其内外壁通体施化妆土烧成，不知何故没有再施釉入窑焙烧。发现此件瓷杯的地方距寿州窑三座窑和泉山窑址约30公里，曾发掘过几批唐代墓葬，出土过一批寿州窑瓷器，包括一件未施釉的素烧四系盂口壶。未施釉的完整器很少，或许为窑工墓出土。这种形制的深腹碗在隋代邢窑的发掘中发现了一大批，造型十分相似，也是上化妆土后施黄釉。唐代寿州窑仍沿袭这种形制，这证明了寿州窑与北方窑业关系很密切，且文化面貌较北方稍滞后。大多数黄釉碗发色不够纯正，一般在碗心有支烧痕，在窑址中发现不少整摞粘接在一起的碗，碗与碗中间有三叉支钉，但一般釉色较好。或有饰花纹的、大口径的碗碗心没有支烧痕，深色釉中的黑釉、酱釉、茶叶末釉的碗心也大多不见支烧痕，且发色比较成功，因温度较高，逾千年后也少见剥釉。这说明当时窑工是视产品取量还是质来决定是否入匣钵烧造的。众多发色不纯正的黄釉碗，多是直接入窑室烧成，只有少量入匣钵装烧。半施釉的碗多见，满施釉的碗比例占的很少，这反映出窑工为了节省釉料，在使用时还是区别对待的。

　　葵口式浅腹碗目前仅见2件，一件是安徽省文物考古研究所寿县工地出土，葵口，腹部出筋。一件是收藏在淮南市博物馆的葵口贴花碗，其碗心贴六瓣花，中部有六花蕊，腹部出一道筋，三道筋之间各贴一朵带花枝的八瓣花纹。该器与馆藏玉璧底碗在形制上大致相同，器型很规整。此件釉色因稍稍过火，一侧的内外壁的黄釉略显深暗。这种贴花碗发现的数量很少。碗是一种大量烧造的"大路货"，能够在其上贴花，又独匣烧造，是窑工特意为之的结果。

　　盘的发现远远少于碗，其形制一般与碗的口径相似，未见到烧造工艺讲究的盘类器物。

黑釉碗　　　　　　　　　　　　　　　　　　　黄釉水盂

寿州窑在隋代时期就已经大量烧造水盂。隋代水盂除去不施化妆土外，与唐代同类器物相比形制变化不大，只是略小一些。唐代水盂的足部要矮平一些。水盂的形制从口部区分，主要有三种形式：小敛口水盂，大敛口水盂和带盖水盂。

小敛口水盂是寿州窑的主要产品之一，各地均有发现。这种水盂继承了隋代的整体风格，为了美观在胎上施化妆土，足底平且外撇。敛口很小，由口沿向下内凹，呈向内翻卷的状态，显得生动有趣。大敛口水盂的器型较小敛口水盂的形制变化不大，仅口部放大，有的口部制成扁平的唇口，有的口部呈高起的圆唇口。大敛口水盂的腹部、肩部有的增加装饰，多为模塑的动植物纹饰或在釉下点褐彩等，也偶见肩上安装一个短小的流，这样可能更方便注水。带盖的小水注仅发现一件，盖与器身整体烧造。该器为一残器，从盖上两处断裂痕判断，有可能原来有提梁。器物很小，高仅5厘米多，注水和进水共一个流口。

水盂的釉色以黄釉为主，有乳白、蜡黄、鳝鱼黄等，也偶见黑釉、茶叶末釉、窑变釉等釉色。此类器物一般都烧造较好，尤其是小敛口水盂，形制、釉色都很工整，大敛口水盂自隋代以来就有烧造，有的容积很大。

四　罐

寿州窑的罐类产品是继碗类以后的大宗产品，是考古发掘中最常见、保存最好的寿州窑产品。器型小的约10厘米，大的在40厘米以上，其大小不同，具有完全不同的使用功能。从罐口的形态区分，可分为四种形制：唇口罐、直口罐、盂口罐和小盘口罐等。四系罐是其主流，也偶见三系罐，直口罐大多为双系，也常见不装饰系的直颈罐、盂口罐、小盘口罐。无系的器物一般器型不大，也因为无系器型反显得流畅、简洁。综合判断，应是器物的重量不重，系已失去其实用性。

唇口罐上的唇口部分富于变化，主要有三种形式：其一是饱满浑圆的丰唇口，口部向外翻折，形成一个圆弧面。也有在唇口下增加一层更大一些的唇口装饰，使口部变化的十分有特点。另一种常见的唇口是翻唇的，下沿形成托盘，唇部较单薄，棱角感较强。翻唇口类罐的形制一般较大，最大径可达50厘米以上，其颈部较短，在颈肩处形成一道弦纹。口部微厚的短颈罐也发现不少，这类罐在器物的肩部伸出很短的颈，由于其容积很大，一般没有系的装饰，在实际使用时需托底搬动才能使用。

直口罐是寿州窑罐类较常见的器物之一。直口罐一般形制为直颈、窄肩、腹下束。腹部形态也有两种，一种是鼓腹，一种是修长腹。较大的直口罐在颈肩处有两个短小的双股錾系，往往在系的下端饰一小乳钉。这种直口罐在同时期的长沙窑中亦有发现，但该窑的直口罐上的双系多见横置的桥形，也有与寿州窑类似的系，而形制上则近麻花绳结状，系也大一些。在长沙窑的直口罐中鲜见修长腹式样的，所见大多数为圆鼓腹。寿州窑直口罐烧造工艺比较讲究，远高于唇口类罐，我们判断据其形制大小应为盛酒一类的贮酒器，更小一些的，尺寸在10厘米左右的小直口罐可能兼有饮酒器的功能。

寿州窑生产的盂口罐不同于其他窑口的同类罐。从形制上判断，其制作方法是在先拉坯成型的胆形瓶瓶口上增加一个去底的水盂，是两种器型叠加的复合体，在其颈部能够清晰地看到接胎痕。长沙窑同类器物比寿州窑要小，腹部呈球状，有时将盂口做成小罐形。相比之下，早期北方窑口生产的同类器物与寿州窑的盂口瓶更接近。尤其是邢窑产品，腹部悬胆形式十分相似。而登封窑发展到晚唐，将这种器型演化成葫芦瓶形式。寿州窑的盂口罐发展到后期口部增大，呈微鼓状，口沿唇化，盂底与罐口的接胎处仍保留明显痕迹，并形成凹弦纹。盂口罐的器型一般都在20厘米左右，或更小些，均为装匣钵烧造，所以成品质量多好于唇口罐。盂口罐还演化出一种介于盘口和盂口形式之间的小喇叭口罐。通常的喇叭口罐在制作口部时一次成型，而这种演化后的喇叭口罐在工艺上有明显的区别，可以看到这种喇叭口是叠加在小口瓶的瓶口，其接胎痕十分明显，喇叭口下沿的原来的瓶口形成一道突起的弦纹，这种具有个性特点的品种是寿州窑所独有的一种器型。

寿州窑唐代盘口罐的形制保留了隋代盘口壶的一些特征，主要流行在唐代早期。这种罐的口部保留隋代同类器物的主要特点，盘口的形式尚在，但浅了许多，口沿部分向外翻折，盘口底部出棱角，做法同隋代一致。颈部较隋代要短了许多，腹部增高增大，近似球形腹，

寿州窑唐代直口小罐

酱釉直口罐

器型的大小与隋代的同类器近似。大型的盘口罐超过隋代，高度往往在50厘米以上，但这类器物发现不多。

寿州窑罐类器物釉的发色分为两类，大型器物釉色普遍质量一般，以黄釉为主，到目前为止尚未见到黑釉大罐。因窑膛温度的不均匀，黄釉呈淡黄、黄中泛绿等各种不同色阶，也偶见有釉色相对纯正的黄釉。大型罐的施釉很少至足部，一般只到腹的下部，有些甚至只施半釉。高度在25厘米以下的罐类，多见釉色纯正的黄釉、黑釉，这类器物是装在匣钵中烧成的。罐类器物中的黑釉发色漂亮，尤其是直口罐类产品，不仅釉色乌黑透亮，而且造型也十分美观，黑中泛酱的器物，酱色成斑点状，形成一种自然的装饰效果，非常精美，烧造很好的黄釉、蜡黄釉直口罐也比较多见，饱满的黄釉加上十分规范的造型，显示出寿州窑窑工娴熟的技艺。

寿州窑罐类器物装饰很少，仅见到部分器物在肩腹处釉下饰褐斑。大多数器物通过对器物形状口部、颈部和系的变化增加器物的美观。

五 砚、镇纸

多足砚又称为辟雍砚。辟雍，本为西周所设大学，是天子讲学的地方。蔡邕解释为"辟雍之名，乃取四环水，圆如璧"，故名。六朝以来，窑工因辟雍之形设计出四周留有深槽储水、中部隆起成砚堂、下部有多足承托的砚台，使这种实用器又成为艺术观赏品。多足砚在魏晋时已经非常流行，时以三足或四足砚多见，到唐代，砚的足增至十只左右，把多足做成装饰，也算是将足部夸张到极致了。

寿州窑生产的多足砚直径较大，一般在15~20厘米。砚堂不施釉，四周深凹槽，腹中部起弦纹，足为10只左右，足尖处分圆头和蹄状两种。寿州窑的多足砚有南方窑系的面貌。邢窑的多足砚，施白釉，多足下加一周圈垫。洪州窑的多足砚与寿州窑的造型、釉色更接近一些，均施黄釉。越窑的多足砚，足数更多，有的多达20只以上。寿州窑多足砚仍保留了施化妆土的工艺，但烧造温度通常要高一些，在口沿处仍有点状剥釉现象。除多足外，寿州窑还发现有暖砚，其形制要高大一些，直径与多足砚相似。砚堂呈盘状，以四根拱柱与下面的托盘相连，中间是盛放木炭的火膛。这种形制为冬天使用砚台提供了方便。盘状砚也偶见，这

黄釉多足砚

种圆盘状的平底砚形似器盖，常常被人误认为罐的盖子。1988年在上窑医院住院部发现的酱釉平底砚，砚堂高高隆起，四周形成凹槽贮墨，如果是器盖，就不会刻意做成凹槽形了。

寿州窑的镇纸一般长8厘米左右，有圆形和长方形两种，均以卧姿的动物、瑞兽为形。镇纸作为文房用具，窑工在塑造时，添加了自己的审美和艺术创作，每一件镇纸都是一件艺术雕塑品。馆藏的狮形镇，卧姿的狮态生动有趣，其呈前卧后蹲，头枕于前爪

黄釉狮形镇

之上，皱眉怒目，十分夸张，褐釉点睛，炯炯有神。狮子头上的鬃毛是窑工用泥条简单塑成。臀部隆起，浑圆有力，形态简单却十分传神。从一个侧面显示出古代寿州窑窑工的娴熟和高超的雕塑技艺。另一件长方形镇的形制较大，长18厘米，可能是席镇，其形憨态可掬。由于不是文房用具，属日常生活器物，其工艺略显粗糙，但仍不失为一件漂亮的雕塑品。

六　玩具、埙、建筑材料

寿州窑生产的动物小玩具种类丰富，器型有马、羊、狗、狮、猴等，都是随手捏成，尚未见到用模具成型的。在诸多玩具中，马是主要品种，尤其是胡人骑马类玩具有多种形态。有头戴瓜皮帽的胡人骑高头大马，也有将面部简化到极致，没有眼睛的胡人骑马玩具。其成型方法，一般是动物、人的身体和头部分两步捏成型。人的头部有接胎痕迹，再以篦类工具压出各种线条，动物的四条腿以四根小泥条粘接上。每一件小玩具都生动、自然有趣，窑工在塑形时注重动物的动态和人的神态，不论是人和动物，两眼大而圆，以夸张的手法传达雕塑者的思想。猴子的造型诙谐可爱，注重把握两前肢的动态或捂着面部，或袖手端坐，或双臂挥起，这些造型抓住了能够反映动物特点的部位，加以变形夸张，反映了窑工们对生活观察的细致。在处理玩具底座上，有三种形式，一种是平板托底，一种是环形底，更多的是四足着地，在较小的玩具底部，一般用环状底。玩具的釉色中，最常见的还是各类黄釉，也有少量黑釉、酱釉类器物。

唐代南北方各窑口都有同类产品，长沙窑的玩具类产品也非常丰富，创作方法及造型特点与寿州窑有很多相似之处。登封窑的同类产品更接近寿州窑玩具的制作工艺和风格，但其时代要晚到金、元时期，尤其是猴类小玩具，与寿州窑的造型很相似，应该是受到了寿州窑的影响。

寿州窑的埙已发现10多件，其中淮南市博物馆收藏2件，扬州私人收藏有一批，淮南市私人收藏有

黄釉胡人骑马玩具

4件。在古代，用土烧成瓷器的乐器品种很少，除埙外，还有瓷鼓、笛等。新石器时代开始就以陶埙为乐器，早期只有一孔，发展到唐代一般多为三孔，多孔埙能吹奏出音阶，音色低沉。淮南市博物馆收藏的2件瓷埙，直径在5厘米左右，一件在埙的上部附帖长卷鼻的象纹，一件是胡人形埙。胡人埙的鼻子部分比较夸张，成为高高隆起的块面，埙的两个孔正好是胡人又大又圆的眼睛，胡人的眉毛、胡子分据埙的上、下部，线条简单而粗犷。除胡人埙外，也见到一批汉人埙，一般塑成老者，鼻子扁平，无胡须，更显得两只眼睛的硕大。这些埙的共同特征，均为用手捏塑而成，造型上简单、明快，不拘细节，务求神似，所以没有重复者。每件都是珍贵的古代雕塑作品。

寿州窑烧造的建筑材料总量不大，主要是从东小湾窑址堆积物中拣选，另医院住院部遗址中也有少量出土。20世纪八九十年代在东小湾窑址发现两块龙纹砖，砖面略大于今日常见的红砖，形式相近。砖的一面开方窗，模印侧身三爪龙纹。龙呈运动姿态，龙首张口，圆目，头顶饰如意云纹，砖的四周内外也同样装饰粗细不等的如意云纹。这两块砖，现一件收藏于安徽博物院，一件收藏在淮南市博物馆。根据胡悦谦先生记述，在东小湾还发现有铭文的方砖，似为窑室的铺地砖。这种铺地砖在医院住院部1988年的考古发掘中也发现一批，约20块，似为路面的一段，呈长方形铺设，可能是从窑炉至废弃场小路的一段。胡悦谦先生讲，在东小湾发现过黄釉座形器，呈圆形覆莲式方基座，白胎黄釉，他认为是佛教建筑附属物。笔者没有看到实物，从其描述判断，如果器型不大的话，更似蜡烛台一类的器具。在东小湾发现最多的建筑材料是筒瓦，其大小不一，大的在20~25厘米，小的仅10余厘米，半圆状，烧造方法雷同于一般瓷器，胎质乳色或乳红色，上施化妆土，施黄釉或黄绿釉。大小筒瓦的形制相似，均在前端形成凹槽，为筒瓦铺设时的子母扣。瓦当也发现了三件，有龙首纹和莲花纹二种。龙首纹的瓦当饰正面龙纹，张口怒目，三爪为模印成型。三爪龙纹在唐代是高规格建筑材料，从发现的这批建筑构件看，不是平民百姓和一般富裕家庭能够使用的，有可能是官府或寺庙殿宇类用的建筑材料。

长方形龙纹砖

第五章
著述研究与文物收藏

第一节　文献记述

1.《陶说》，清·朱琰撰，傅振论译注，轻工业出版社，1984年8月，第60～62页。

陆羽《茶经》：碗，越州上，鼎州次，婺州次，岳州次，寿州次，洪州次。或以邢州处越州上，殊为不然。邢瓷类银，越瓷类玉。邢不如越一也。邢瓷类雪，越瓷类冰，邢不如越二也；邢瓷白而茶色丹，越瓷青而茶色绿，邢不如越三也。

寿州：今安徽淮南市有窑址，坯上施白粉，用氧化焰烧成，黄釉可喜。后期造瓷，初用匣体。

2.《中国陶瓷史》中国硅酸盐学会编，主编小组：冯先铭、安志敏、安金愧、朱伯谦、汪庆正，文物出版社，1982年9月，第184～186页。

2.隋代的青瓷

安徽淮南窑　淮南窑是1960年发现的。窑址位于淮南市田家庵区的上窑镇。上窑镇在唐代归寿州所辖，应即唐代寿州窑的所在地。窑址在镇的南郊和北郊。

淮南窑烧制的器物有四系瓶、高足盘、小口罐等。胎质一般坚硬、细腻，击之有清脆声。烧成温度约在1200℃左右。断面较粗，有大小不同的气孔和铁质斑点。胎泥没有经过淘洗加工，因而留有细小的砂粒。器物的胎壁较厚，由0.8至1.2厘米。青色釉为透明玻璃质，光泽很好。釉层厚薄不均，釉厚处色浓，釉薄处色淡，还有些青中带绿，青中带黄。一般器皿施釉只及腹下。釉面常有小开片，也有些器物在积釉处往往产生一种紫翠色的窑变釉。装饰方法有印花、划花、贴花三种。都装饰在瓶和罐上。划花有单弦纹、复弦纹、弧纹、波浪纹及莲瓣纹等。贴花只发现一种卷草纹。一种器物也常兼用几种装饰，组成带状或团花状图案。

安徽淮南窑的四系瓶为其他各窑所未见。罐的形制也不同。河北、河南三窑所流行的钵形器和大小平底碗在淮南窑址迄未发现。器物施釉方法与北方瓷窑相同，但釉薄，透明度也较差，在纹饰题材和构图方法上与湖南湘阴窑稍有区别。淮南窑的窑具比较简单，只发现三叉支托和四叉支托两种。在烧瓷技术上不如河南安阳窑，品种也比较单调，器物釉色的多变也说明在窑炉结构以及控制窑炉气氛方面还存在着一些不足之处。

1.黄釉瓷器

唐墓里经常出现一些黄釉瓷器，初唐墓里也有发现，开元、天宝时期的墓葬里更多一些。安徽省在治淮和淮北河网化的水利工程中，也出土了大量唐代黄釉瓷器。这些黄釉瓷器在唐代各类瓷器中，尽管比不上邢窑、定窑的白瓷、越窑的青瓷有名，但是也不应忽视它在唐瓷中的历史地位。除墓葬出土黄瓷外，烧黄瓷的唐代瓷窑已有发现，包括安徽省淮南市寿州窑、萧县白土窑、河南省密县窑、郏县窑、陕西省铜川市玉华宫窑、山西省浑源窑和河北省曲阳窑等七个窑址。

寿州窑　陆羽评唐代六个瓷窑出产的茶碗，把寿州窑产品排在越、鼎、婺、岳州窑之后，洪州窑之前，并指出"寿州瓷黄，茶色紫"。1960年2月安徽博物院在淮南市上窑镇、李咀子、三座窑、徐家圩、费郢子和李家咀子等地发现了唐代寿州窑窑址。烧瓷的时代始于隋，唐代是其繁盛时期，历时二百余年。窑场由马家岗、上窑镇发展到余家沟、外窑一带，形成长达二公里的大窑场。

唐代的黄釉瓷器以余家沟窑烧造的为代表，器皿有碗、盏、杯、钵、注子、枕、玩具和狮形足等。烧制瓷器的窑具有匣钵、托杯、三岔支托、四岔支托、印模和支棒等。

寿州窑器物的胎体比较厚重，器多平底，有的底心微凹。碗、盏一类器足的边棱用刀削去。钵类器物，体形较高，敛口圆唇，腹壁微曲。注壶为唐代流行式样，喇叭形口、圆唇、长颈、壶柄为带形曲柄，壶嘴为多棱形短嘴或圆柱形短咀，平底。枕类器物为长方形，平底，棱角作圆形或方形。瓷玩具有骑马俑，马头高昂，短尾，骑人两手持缰绳，双腿夹马腹，姿态生动，形象逼真。

寿州窑瓷器流行施用化妆土，表层是透明的玻璃质釉。釉面光润，开小片纹。釉层厚度3微米左右。釉色以黄为主，有蜡黄、鳝鱼黄、黄绿等。化妆土光润细腻。用蘸釉法上釉，釉层厚薄不均，釉色浓淡不一。玻璃质釉和化妆土有的结合得不好，有剥釉现象。

寿州窑黄釉瓷的坯体制作有轮制、模制和手制三种。圆形器物的坯体一般都用轮制，柄和嘴用模制，用瓷泥和釉料配成的浆水粘合在一起。玩具都用手制。

马岗和余家沟窑发现了窑炉的遗迹，窑室为圆形，直径3米左右。窑室内还有排列整齐的匣钵，一钵可装一件或数件，按照瓷坯大小而定。匣钵之间留有8厘米左右的火路;普通粗器直接入窑烧成，不用匣钵。

管家嘴窑隋代烧青釉瓷，余家沟等唐窑则以烧黄釉瓷为主。由青釉改为黄釉，形成了唐代寿州窑的时代风格。唐代寿州窑改烧黄釉，并不是原料的不同，而是改变了窑炉的烧成气氛，隋代用还原焰烧成青釉，唐代改用氧化焰烧成黄釉，胎色也由青灰变为白中泛黄。唐寿州窑已经使用了匣钵，与各地唐代瓷窑大体相同。

3.《中国大百科全书·考古卷》，中国大百科全书考古学编辑委员会，中国大百科全书出版社，1986年8月。

淮南寿州窑窑址　　六朝至唐代南方瓷窑址。在安徽省淮南市郊距寿县县城40公里处的上窑镇周围，窑址范围长约4公里。六朝至隋代主要生产青釉瓷器，唐代则以黄釉瓷器而著称，后因原料缺乏而停烧。1960年安徽博物院进行调查。

在马家岗、余家沟发现唐代圆形窑炉，直径3米左右。窑室内残存有排列整齐的匣钵，匣钵之间有宽0.8米的空隙，称为火路。器物装烧方法较进步，皆为仰烧，每一匣钵内装一至数件瓷坯，坯下垫衬三岔或四岔垫托或托杯。窑具中还有托钵、支棒等，说明除匣钵装烧外，尚有直接入窑煅烧的粗瓷。此外还发现有印花纹的印模等。寿州窑址早期产品有罐、四系瓶、高足盘等，皆青灰色厚胎。釉色青中带绿或青中带黄，系用还原焰烧成。釉层薄而透明，腹下部及底足处不施釉，纹饰有印、划或贴的圆形纹、几何形纹、忍冬花纹、波浪纹及弦纹等。盛期产品有碗、盘、杯、钵、注子等，以平底器占多数，其中长圆形腹、方形短流的注子，是具有特征的唐代典型器物。胎质粗细不一，粗者居多。胎色有绛红、白中带红、淡红等多种，以白中带红的为主。胎釉间施化妆土，釉色为用氧化焰烧成的蜡黄、鳝鱼黄、黄绿等色，釉面有光泽，釉层薄，易剥落。

在唐代，安徽省萧县白土镇窑也烧造黄釉瓷器，器物形制、制作工艺与寿州窑风格一致，应是受寿州窑影响。在北方的河南、河北、山西、陕西等省的窑址内也发现生产黄釉瓷器，但在烧制工艺上各有特征，与寿州窑不同。（李德金）

4.《中国陶瓷史》，叶喆民著，生活·读书·新知三联书店，2006年1日，第159～160页。

四、安徽寿州窑

1960年安徽博物院在淮南市田家庵地区的上窑镇发现了寿州窑址。1983年著者也曾做过调查，在长达4公里的窑区内，以管家咀窑址的时代较早，约为隋唐时期。

其器物具有明显的隋代特征。余家沟、马家岗、上窑镇和外窑等窑，均以烧黄色釉瓷器为主。唐人陆羽在《茶经》中有这样一段评论："寿州瓷黄，茶色紫，洪州瓷褐，茶色黑，悉不宜茶。"陆羽所言与窑址出土的寿州窑器物基本相符，似可论证余家沟一带的窑址是唐代寿州窑所在地。陆羽在《茶经》中对寿州窑的评价是从品茶的角度出发，难免带有片面性。因为瓷器的好坏并不能因茶而轻下结论，它的用途还有很多。只是陆羽在书中提到其青瓷呈黄色，这对于我们今天研究寿州窑瓷器是一条很重要的线索。

主要器物有碗、杯、盏、注子、钵、枕及各式儿童玩具，以碗、盏居多。器物的胎体比较厚重，底足多为平底，有的底心内凹。碗、盏一类的器物，在底足边缘部位常用刀削去一周。此种削棱足的做法与邢窑隋唐白瓷具有相似的时代特征。寿州窑瓷器的胎质比较粗糙，胎色白中微带红色。遗址中堆积有大量已涂过化妆土而未施釉的半成品，说明寿州窑瓷器有一部分为改变其胎质，先经过素烧，再施一层白色化妆土，最后罩釉入窑烧成。在当年治淮工程中，皖北数百里的工地上曾出土过数以千计的寿州窑瓷器，足见当年产量很大。1958年安徽芜湖地区出土一件寿州窑印花瓷枕，制作精美异常。枕呈长方形，胎上施化妆土，顶部和四周施黄釉，枕面印一团花。由于该窑出土瓷器中极少见有纹饰，故此尤为可贵。在遗址中目前尚未发现晚于唐代的遗物，说明寿州窑烧瓷的历史可能终于唐代。

寿州窑瓷器以黄釉为主，色调深浅不一，有的近似蜡黄，有的很像鳝鱼黄及黄绿色，以黄绿釉色调最佳。这种黄釉瓷器实际上是青瓷的变种，即烧制不成功所致。因胎釉中铁分子还原不够充分，故生成黄釉，故此列入青瓷系统为宜。寿州窑也烧造黑瓷，其中还有印花者，比较罕见。1955年安徽淮北地区曾出土一件寿州窑黄釉壶，其釉面蜡黄色，纯净莹润，胎为红色，胎上施一层化妆土，可视为代表性器物。

5.《中国瓷器鉴定基础》，故宫博物院编、李辉柄著，紫禁城出版社，2005年1月，第44～47页。

第三，安徽淮南窑既不同于河北、河南二窑，又与湖南湘阴窑有较大的区别，淮南窑的四系瓶最具特色，在其他各窑中都未被发现。具有隋代器物特征的高足盘也独具风格，罐的形制也不相同。河北、河南二窑所流行的钵形器及大小平底碗在淮南窑址未被发现。在器物的胎质与釉色上也不一样，胎质较粗呈青灰色者较多，而且胎中由于留有细小的砂粒而存在着大小不同的气孔，因而产生出许多铁色的斑点。釉为青色，有些器物呈现出青中带绿、青中带黄，在积釉处往往还有紫翠色的窑变釉。施釉方法与北方窑相同，但釉薄，透明度也较差，因而比较稳定。器物成型主要以轮制为主，装饰方法多为印花、贴花和划花三种。在装饰题材与构图方法上与湖南湘阴窑稍有区别。淮南窑的窑具较比简单，只发现三叉支托与四叉支托两种。在烧瓷技术上不如河南安阳窑，品种也比较单调，器物釉色的多变化也说明在窑炉结构以及控制窑炉气氛方面还存在着一些不足之处。

第二节　《茶经》中记载的著名瓷窑

唐代著名的青瓷窑，有越州窑、鼎州窑、婺州窑、岳州窑、寿州窑和洪州窑等六大瓷窑。陆羽在《茶经》中把越州窑放在首位，以越州窑烧制的茶碗为最好。唐代瓷窑均以州命名，六大青瓷窑除了鼎州窑还未发现外，其余浙江两个，湖南一个，江西一个均已发现。当时北方的邢窑白瓷也已发展起来。《茶经》对岳州瓷青、寿州瓷黄、洪州瓷褐等也都作了具体的描述。上述越州、婺州、岳州、寿州、洪州五大青瓷窑均分布在南方，以越州窑为代表，形成了南方青瓷发展体系，北方邢窑白瓷发展起来以后，与南方青瓷并驾齐驱。隋代以前，青瓷生产处于主导地位。《茶经》中记载的唐代青瓷窑就是在隋代青瓷生产的基础上延续与发展起来的。唐代越窑是指隶属越州的绍兴、上虞、余姚等地的瓷窑。其中以余姚上林湖一带瓷窑为代表，烧制的器物在唐代前期仍保持南朝和隋代青瓷的风格，中晚唐以后，越窑瓷器既有继承前代的形式，也有按照社会生活需要而创新的器皿。碗和盘是当时人们的主要餐具。当时已经通行撇口碗，碗壁外斜，玉璧形底，制作工整。到了晚唐，碗的形式越来越多，计有荷叶形碗、海棠式碗和葵瓣口碗等。陆羽在《茶经》中所提到的茶碗，碗口不外卷，底卷而浅，就是为适应饮茶需要而出现的新品种。鼎州窑至今未能发现，对其窑址说法不一，一说在陕西省富平县，一说在泾阳县，最近有人认为是陕西省铜川的黄堡镇，理由是陕西境内发现的唐代青瓷窑址只有铜川窑青瓷，而铜川隶属鼎州。《茶经》中虽然把鼎州窑排列在第二位，但没有进一步论述它的特征，其窑址问题还有待于进一步的调查研究。陆羽把婺州窑列于第三位，同鼎州窑一样也未提及它的特征，不过考古工作者在唐时隶属婺州的金华地区，发现瓷窑多处，从东晋至宋代的窑址皆有，其中唐代青瓷窑应当就是陆羽《茶经》中的婺州窑。岳州窑与寿州窑已经过多次调查。岳州窑位于湖南湘阴南境窑头山一带，是隋代湘阴窑所在地，唐时隶属岳州。岳州窑从东晋、南朝直到隋、唐都烧造青瓷。唐代岳州窑所产器物一般胎壁较薄，釉色明亮，多采用支钉烧法，底足有釉，器物制作精细。

《茶经》将其排列在第四位并提出"岳瓷皆青，青则益茶"。寿州窑位于淮南市田家庵区的上窑镇，是隋代淮南窑的所在地，唐代隶属寿州。寿州窑在隋代开始生产青瓷，釉色青，器身常有印花装饰。唐代寿州窑器物釉色青黄，胎质粗，因而陆羽把它列于第五位，并指出"寿州瓷黄，茶色紫"。洪州窑位于丰城县曲江镇的罗湖村，东晋、南朝时期就开始烧造青瓷，器口沿上的褐色斑点以及莲花瓣纹饰，为其早期特征。唐代器物一般较为粗糙，釉色以黄褐者居多。丰城在唐代属洪州，丰城窑的唐代遗物又与《茶经》中记载的"洪州瓷褐，茶色黑"相符。

我国瓷器生产历史悠久，南北各地瓷窑既具地方特色，又有共同的时代风格，每一瓷窑都经历了产生、发展与衰落的过程。唐代瓷窑在隋代的基础上有了较大发展，其中有些瓷窑延续烧造青瓷，如上述《茶经》中提到的6个青瓷窑；有些瓷窑在烧制青瓷的基础上有了新的发明创造，如以河北邢窑为代表的北方白瓷窑、河南地区兴起的"花瓷"窑以及湖南烧制釉下彩瓷器的长沙窑等。青瓷窑中以越州窑的历史最为悠久。唐代的越窑讲究釉色美，晚唐出现了简练的花纹装饰。由于当时人们习惯于使用青瓷，加以外销的需要，越瓷的造型更加丰富，制作更为精工，窑业兴旺发达，越窑遂成为南方青瓷的代表。婺州窑受越窑的影响而生产青瓷，属于浙江越窑青瓷系统，故也得到相应的发展。湖南的岳州窑在唐代后期就逐渐衰落，而由长沙窑的釉下彩瓷器所代替。寿州窑的前身为淮南窑，在隋代是比较发达的青瓷之一，到了唐代，瓷器的胎质粗糙，尽管在胎上常用化妆土，但釉色泛黄，不为当时人们所喜爱。洪洲窑在隋代已很发达，烧制的青瓷多具花纹装饰。同寿州窑一样，它在唐代已经逐渐衰落，趋于下坡，其产品粗糙，釉色以黄褐者居多，所以陆羽把它列于第六位。

唐代青瓷窑，除了处于沿海地区的浙江越州窑、婺州窑有较大发展外，湖南的岳州窑、安徽的寿州窑以及江西的洪州窑，均面临衰败境地。唐代后期，烧制釉下彩瓷器的湖南长沙窑、河南地区"花瓷"窑的兴起，尤其是河北邢窑白瓷的发展，都在不同程度上削弱了南方青瓷的生产。

6.《中国的瓷器》，轻工业部陶瓷工业研究所编著，轻工业出版社，1983年7月修订版第一次印刷，第120、121页。

[唐]陆羽《茶经》中除提到越州、邢州外，还提到鼎州、婺州、岳州、寿州和洪州。据文献记载，鼎州窑在今陕西省径阳县境内，但至今还未发现确切窑址。婺州窑，唐代窑址在浙江省金华县东南的上塘西、石楠塘、南街和汉灶窑等四处，当时是六大青瓷产地，出土物除青釉外，还有黑褐釉，遗物有碗、注子、钵及罐等器。岳州窑的窑址据湖南省文管会调查，认为湘阴县的铁角咀窑头山很可能就是岳州窑窑址。唐武德初改天下诸郡为州，湘阴隶

属岳州，故岳州窑为湘阴无疑。湘阴古窑的年代早至两晋(或汉末)而盛于南朝隋唐之际。岳州窑早期青瓷有几何印纹，并出现连珠形点彩等装饰手法。中期青瓷以莲花作为主要装饰，晚期青瓷比较朴素，其另一支则逐步向釉下彩发展，即一般所称的"长沙窑"。总之，岳州窑属青瓷系统，尤其是盃子，几乎全部使用素釉.青瓷，既不点彩，也不印花。值得注意的是，该窑在烧制盃、碗、盘、洗时，已大量使用匣钵，这是制瓷工艺中一大革新，匣钵的使用对后世瓷器质量的提高有重大意义。

寿州窑，窑址分布在今安徽省淮南市高塘湖东岸的李咀子、管家咀、马家岗、上窑镇、余家沟及外窑等地，以管家咀烧造时代最早，可以上溯到隋代。出土器物有四系弦纹瓶、高足盘、碗、注子和枕等，器物均施黄釉，与陆羽所说"寿州瓷黄"相合。有的器身有贴花划花装饰，碗与注子均为平底，注子多方形短流，枕多小长方形，显然具有典型的唐代风格。余家沟窑与《茶经》所记相同，证实了唐代寿州窑就在这里。

7.《新中国的考古发现和研究》，中国社科院考古研究所编，文物出版社，1984年第1版第638页。

（4）安徽淮南市的寿州窑。窑址位于淮南市田家庵区幸福公社，距寿县县城约40公里，窑址延续约4公里。寿州窑窑床呈圆形，早在六朝时即烧青瓷，隋唐时盛烧。除青釉外，主要以氧化焰烧制黄釉瓷、搅釉瓷等。窑具有匣钵，器物胎色呈白、绛红、灰白、青灰等，质粗细不一。器形有碗、杯、钵、注子等日用器及炉、枕、玩具等。在安徽省萧县、浙江东阳、广东潮安等地也发现生产黄釉瓷的唐代窑址，有的可能是受寿州窑影响或仿制的。

8.《中国陶瓷》，主编：冯先铭，编撰者：安金槐、朱伯谦、李辉柄、冯先铭、阎玉章、汪庆正， 上海古籍出版社，1994年11月第1版，第340～341页。

7.安徽寿州窑

寿州窑位于今淮南市田家庵区的上窑镇，遗址散布在镇的南郊和北郊、高塘湖和窑河的东岸、老鸹山的西麓，上起管家咀，下至外窑，长约4公里，其中以余家沟窑址最为集中。以管家咀窑址的时代最早，从窑址分布与年代的早晚，可以了解到烧瓷是从北而南扩张的。镇北的管家咀以烧青瓷为主，器物具有明显的隋代特征，余家沟以烧黄色釉瓷器为主，与陆羽《茶经》的"寿州瓷黄"的记载正相吻合，由此可以推断，余家沟瓷窑就是唐代著名的寿州窑。

唐代寿州窑烧制的器物以黄釉为主，釉色有蜡黄、鳝鱼黄、黄绿以及铁褐釉等，釉层厚薄浓淡不匀。胎有粗、细两类，胎色近白色或白中微带红和绛红等色调。一般器物均先施一层白色化妆土，然后罩釉入窑烧制而成。器类有碗、钵、杯、注子等，以碗最多。碗敞口、深腹、厚唇、平足，足底微向内凹，碗内施满釉，碗外仅施至腹下，底足全部露胎。另一种碗，浅腹、器壁微曲，胎质较粗。杯为小口、直壁、深腹、平底；器内施满釉，外部施釉不到底，底足露胎；胎灰色较粗。钵为敛口、深腹、平足；器内外施釉，外部釉不到底，足全部露胎；胎青灰色较粗。注子为喇叭口、长颈、溜肩、平底；颈与肩部一侧贴带状柄，另一侧贴多棱形短流，器内施釉，外部施釉不到底，底部露胎。

寿州窑的窑具有匣钵、各种支托及三岔、四岔支钉等。匣钵直腹、厚壁、平底。腹中部穿一圆孔，质地粗糙。支托有大小高低的不同。三岔支钉呈120°度交角，四岔直角十字交叉。从这些窑具与实物对照起来看，寿州窑基本上是采用叠烧方法，一部分器物虽已使用匣钵，但匣钵高度超过碗高度一倍以上，可能仍是一匣多器，用三岔支钉叠烧，粗器则直接在窑内明窑叠烧。寿州窑瓷器的最大特点是瓷黄，说明它在氧化焰中烧成，由于氧化程度不同，釉的呈色不稳定，有深浅、浓淡不同的黄色。遗址堆积中有大量已涂化妆土而未施釉的半成品，说明寿州窑瓷器有一部分是经过素烧，然后施釉再烧而成的。寿州窑瓷器的胎、釉都比较粗糙，但普遍使用化妆土，并在未施釉以前先经过素烧提高了它的质量。遗址中由于未发现有晚于唐代的遗物，说明寿州窑的烧瓷终于唐。

上窑镇水路交通方便，木帆船可以经窑河通往淮河，寿州窑瓷器就依这条水路运销沿淮各地。在沿淮工程中，上自河南的东部，东至苏北，中经皖北，长达数百里的工地上，都有唐代黄釉瓷器的出土，其中可能一大部分应是寿州窑的产品。

9.《安徽科学技术史稿》，张秉伦、吴孝铣、高有德、胡炳生、吴昭谦编著，安徽科学技术出版社，1990年3月第1版，第120～123页。

淮南青釉瓷窑

1960年，在淮南市田家庵区上窑镇发现青瓷窑址。据研究，上窑镇瓷窑开始烧于六朝末年，直到隋代，主要是烧制青瓷。镇南管家咀地区的遗物即以青瓷为主，已发现的青釉瓷瓶、罐和豆等类，与芜湖、合肥地区六朝末至隋代墓葬中出土的遗物大致相同，可定为青瓷窑址，《中国陶瓷史》取名"淮南青瓷窑"。

淮南窑烧制的主要器物有四系瓶、高足盘、小口罐等物。胎质般坚硬、细腻，胎壁厚度0.8～1.2厘米，击之有清脆声，烧成温度在1200℃左右，属青釉瓷，为透明玻璃质，光泽很好。釉层厚薄不一，釉厚处色浓，釉薄处色淡，还有些青中带绿或青中带黄。一般器皿施釉只及腹下，釉面常有小开片，有些器物在积釉处往往产生一些紫翠色的窑变釉。瓶和罐上的装饰方法分划花、贴花、印花三种。划花有单弦纹、复弦纹、弧纹、波浪纹和莲瓣纹等；帖花只发现一种忍冬纹；印花为圆形几何图形花纹。一种器物上常常兼用几种装饰组成带状或团花状图案。

淮南窑烧制的盘口四系瓶，为同期其他省窑址所未见，而在安徽各地出土较多。其盘口外撇、长颈、溜肩、平底，颈部装饰凸弦纹数道，颈肩交界处帖附四系或两系，腹部呈椭圆形，颈与肩部往往有几朵卷叶纹和莲瓣纹装饰，颈与肩部往往有几朵卷叶纹和莲瓣纹装饰，形式美观大方，为隋代新的创造。另外，隋代的青釉壶，通体戳印暗花，为该窑的佳品。唐至五代的淡青色釉瓷执壶，腹饰蓝彩，寥寥数划，似喷泉飞溅蓝天，可谓笔力传神；彩绘执壶，体披褐绿彩图案，格外富丽醒目。

寿州黄釉瓷窑

唐代寿州窑烧制的茶具是全国六大瓷窑名产之一。陆羽从评茶角度，根据"寿州瓷黄，茶色紫"的特色，在《茶经》中把寿州茶碗列在越州、鼎州、婺州、岳州之后，洪州窑产品之前。1960年2月，淮南市的上窑镇、李咀子、三座窑、徐家圩、费郢子和李家咀等地发现了唐代寿州窑窑址。烧瓷的时代，始于隋，盛于唐，历时200的余年，窑场由马家岗、上窑镇发展到余家沟、外窑一带，形成了长达2公里的大窑场。

马家岗和余家沟发现的窑炉遗迹表明：窑室为圆形，直径3米左右，室内排列有整齐的匣钵(依瓷坯大小不等，可装一件或数件瓷坯)，匣钵之间留有8厘米左右的火路。普通粗器不用匣钵，可直接入窑烧成。其中余家沟窑烧制的器物，是我国唐代黄釉瓷器的代表，已发现的器皿有碗、盏、杯、钵、注子、瓷枕、玩具和狮形足等；窑具有匣钵、托杯、三岔支托、四岔支托、印模和支棒等。

寿州窑出土的器物，胎体较厚重，器物多平底，少数底心微凹。碗盏类器足边棱用刀削过；钵类器物，形体较高，敛日圆唇，腹壁微曲，注壶类器物为唐代流行式样；喇叭口、圆唇、长颈，壶柄为带形曲柄，壶嘴为多棱形短嘴或圆柱形短嘴，平底；枕类器物为长方形、平底，棱角作圆形或方形；瓷玩具有骑马俑，马首高昂，壮体短尾，骑人两腿夹马腹，双手持缰绳，姿态生动，形象逼真。

根据出土器物分析，寿州窑黄釉瓷的坯体制作分轮制、模制和手制3种。圆形器物一般都是轮制的；柄和嘴是用模制的，再以瓷泥和釉料配成浆水粘合在主体上；玩具都是用手制的。坯外均施光滑细腻的化妆土，表面为透明的玻璃质釉，釉层厚度约3微米，釉面光滑，开小片纹，釉色以黄为主，有蜡黄、鳝鱼黄、黄绿等色。

上窑镇等窑在隋代烧制青釉瓷，而余家沟等窑在唐代则以烧制黄釉瓷为主。由青釉发展到黄釉，并非原料不同，而是改变了窑炉的烧成条件，即隋代青釉瓷是以还原焰烧成的，而唐代黄釉瓷则是以氧化焰烧成的。由青釉发展到黄釉，形成了唐代寿州窑的时代风格。另外，寿州窑的黑釉瓷在古文献中未见记载，近年来在窑址有所发现，弥补了史书的不足。

10.《中国古陶瓷》，陈文平著，上海世界出版集团上海书店出版社，2003年1月第1版，第152～153页。

一、寿州窑

窑址在今安徽省淮南市，唐属寿州，故名。共发现隋唐窑址六处，是唐代著名的黄釉瓷产地之一，其特征和鉴定要领是：

（1）隋代产品

①隋代烧青瓷，胎质坚硬，胎体较厚，胎色青灰；断面较粗，有大小不等的气孔和铁质斑点。

②釉色青中带黄或带绿，光泽很好，器物一般只施半釉，釉面常有小开片。

③装饰方法有印花、划花、贴花三种，划花有莲瓣纹、单弦纹、复弦纹、波浪纹等；贴花仅见卷草纹，图案的组成常采用带状或团花状。

④器型主要有四系瓶、高足盘、小口罐等。

（2）唐代产品

①胎体比较厚重、胎色白中泛黄。

②釉色以黄为主，釉面光润，开小片纹，表层有透明的玻璃质感，大多施用化妆土，但釉与化妆土结合不牢，有剥釉现象。

③采用三足支钉或托珠叠烧，碗、盘内心和底足留有三个支钉或托珠痕。

④器形有碗、盏、杯、钵、注子、枕、玩具等，器多数平底、有的底心微凹。碗、盏一类器足的边棱用刀削去，注子有多角形短流，枕为小长方形、都具有典型唐代风格。

出土寿州窑产品的隋唐墓葬很多，但有明确纪年的比较少。客观地判断，目前公私机构和个人收藏的寿州窑瓷器都应来自墓葬，鲜有传世的寿州窑瓷器。出土寿州窑瓷器并有明确纪年的隋代墓葬有4座。

第二节　出土与收藏

出土寿州窑产品的隋唐墓葬很多，但有明确纪年的比较少。客观地判断，目前公私机构和个人收藏的寿州窑瓷器都应来自墓葬，鲜有传世的寿州窑瓷器。出土寿州窑瓷器并有明确纪年的隋代墓葬有4座。

隋开皇三年砖室墓。1984年5月，安徽博物院在合肥市西郊七里墩配合基本建设工程，发掘残砖室墓一座。根据墓志记载为隋开皇三年（583年），出土遗物有淡青灰釉四桥系盘口壶1件，淡青灰釉仰覆莲瓣纹盘口壶1件，淡青灰釉碗、盏6件。此墓出土的重要遗物为2件淡青黄釉桥形系盘口壶，通过这2件器物，我们知道了在隋代初年盘口壶的系以桥系为特征，寿州窑特有的双股系还没有使用。同墓还出土一件淡青灰釉仰莲纹深腹碗，碗的外壁上的仰莲莲瓣纹是剔划而成的，纹饰不规整，可知此时尚未用戳印方法装饰。这种剔划方法也运用到同时代的盘口壶中，后期的盘口壶中，大莲瓣纹均以模具戳印。

隋开皇五年砖室墓。1964年冬，寿县博物馆在寿县双门公社李祠大队祠东小队清理"开皇五年"刻铭砖的砖室墓一座，该墓出土了青釉四系盘口壶1件，青釉弦纹罐1件。其中青釉四系盘口壶的壶颈部有二周凸弦纹，这与合肥开皇三年墓中淡青灰釉桥系盘口壶不相同，该墓中的二件盘口壶均无弦纹。仅2年时间，隋代寿州窑已演化出自己的特色——宽厚的凸弦纹。其次，由开皇三年的桥形系演化出双股系，这也是寿州窑隋唐二代的标志性符号。

隋开皇六年砖室墓。1973年7月，安徽博物院为配

青黄釉四系盘口壶

青釉四系盘口罐

合农田水利建设在合肥市西郊五里岗清理发掘了一座有龙虎纹墓砖的砖室墓。据墓志记载为伏波将军墓，该墓下葬于开皇六年。出土遗物有青釉覆莲纹盘口壶1件，青釉瓷灯盏1件。盘口壶的形制高大，在肩部有戳印的圆形莲花纹，肩、腹部处戳印三层覆莲瓣纹。在形制上，腹部高度所占的比例虽然还很大，但颈部变的细长了，尤其是从开皇三年的剔划方法演变为了戳印方法，仅三年的时间，寿州窑盘口壶的所有特点已经完成，可见寿州窑的烧造技术是在短时间内得到全面发展的。

隋开皇二十年砖室墓。1973年亳州市博物馆在亳州市河北轮窑厂清理了一座隋开皇二十年（600年）砖室墓（M2）。根据墓志记载为王翰墓，此墓出土的一件青釉四系盘口罐十分重要，反映了隋代中晚期寿州窑的面貌。该四系盘口罐的形制在寿州窑产品中非常少见，盘口下的颈部很短，使盘口与肩部很近。更有意义的是，胎体上有明显的化妆土，在腹部下方，釉、化妆土和胎体三者分明，实证了在隋代中晚期寿州窑使用了化妆土，淮南市博物馆收藏了一批施过化妆土的小盘口壶。此罐的下腹较小，也不同于一般隋代的瓷罐，有球腹罐特点，这种形制在唐代比较流行。

唐代寿州窑瓷器的出土总量远远多于隋代，但是，有明确纪年的墓葬十分少见。

1984年6月在淮南市孔店乡（原长丰县孔店乡）大柿园鲍庄发现一座砖室墓，淮南市博物馆闻讯后予以清理发掘。该墓出土了一件茶盏，是迄今为止发现的烧造水平最好的黄釉类碗盏形器物。该盏为浅腹，玉璧形底，满施黄釉至足底，釉色接近玉米色，莹润而饱满，正是陆羽在《茶经》中记载的"寿州瓷黄，茶色紫"一类的品茶用茶盏。同出的有墓志一合，遗憾的是，文字漫漶不清，无法辨识。从该器形制判断，应在唐代中晚期。

唐代寿州窑产品的出土地点主要分布在淮南、寿县、凤阳、怀远、蚌埠、合肥、六安以及扬州等地，合肥、扬州、南京一带唐墓出土的寿州窑产品质量要高于其他地区，这可能与当时的商品交易市场有关。

除安徽省省内文博机构收藏的寿州窑产品外，扬州市博物馆是省外收藏最多的文博单位。广州南越王墓博物馆接收香港著名收藏家杨永德先生捐赠的瓷枕中，经胡悦谦先生鉴定有十件属寿州窑产品，除此之外，在天津市博物馆、上海博物馆等各地文博机构中也有少量收藏。

第三节　安徽省文博机构收藏的重要寿州窑瓷器汇总表

名称	时代	尺寸（厘米）	来源	单位
青釉刻划花六系盘口壶	南朝~隋	口径16，底径11.8，高36.8	1984年安徽省合肥隋开皇三年（583年）墓出土	安徽博物院
黑釉瓷枕	唐	枕面16.7×11.7，高7.3	1972年9月23日巢县建六公社塘团大队第八生产队出土	安徽博物院
黄釉瓷枕	唐	枕面15×11.3，高8.5	1958年芜湖范罗山出土	安徽博物院
黄釉大盆	唐	口径36.6，底径14.5，高9.7	1957年11月阜阳市太和县文化馆拨交	安徽博物院
青釉莲瓣纹碗	隋	口径13.2，底径5.9，高7.3	1982年合肥市西门干休所隋墓出土	安徽博物院
青釉莲瓣纹碗	隋	口径12，底径4.2，高8.3	1984年合肥隋开皇三年墓出土	安徽博物院
青釉六系盘口壶	隋	口径14.8，底径13.5，高41	1984年合肥隋开皇三年墓出土	安徽博物院
青釉模印花卉盘口壶	隋	口径15.5，高4.7，	1973年合肥市郊区杏花村公社五里岗隋墓出土	安徽博物院
青釉双龙柄堆塑动物纹连体瓶	隋	口径4.5，底径3.5，高18	淮南市凤台县泥集出土	安徽博物院
青釉碗	隋	口径14，底径6.7，高6.7	1984年合肥隋开皇三年墓出土	安徽博物院
青釉弦纹四系罐	隋	口径11，底径11，高21	1957年寿县牛尾岗发掘	安徽博物院
黑釉如意形瓷枕	唐	枕面12.3×8，高6.6	寿县征集	安徽博物院
黑釉执壶	唐	口径8.3，底径7.7，高21.3	1981年寿县出土，许传先捐	安徽博物院
黄釉碗	唐	口径16.5，底径7.8，高5.2	1959年治淮工地出土	安徽博物院

名称	时代	尺寸（厘米）	来源	单位
黄釉执壶	唐	口径10.4，腹径16.1，高23.2	泗洪汴河出土	安徽博物院
青釉四系龙柄盘口壶	唐	口径6.6，底径6.1，高23	1974年合肥市长丰出土	安徽博物院
青釉贴塑罐	南朝	口径11，底径9.5，高22.5	1982年寿县出土，许传先捐赠	安徽博物院
青釉戳印莲花纹四系盘口壶	隋	口径14.2，腹围22.8，底径12，高41.8	20世纪80年代初合肥市白水坝齿轮厂施工出土	安徽省文物考古研究所
黑釉象座瓷枕	唐	枕面12.5×7，高7.5	2006年安徽省宿州市运河遗址062BT50护⑧：1出土	安徽省文物考古研究所
黑釉瓷枕	唐	枕面14.7×10.2，高7	2006年安徽省宿州市运河遗址062BT5⑧：34出土	安徽省文物考古研究所
黑釉深腹碗	唐		2004年安徽寿县官亭街出土	安徽省文物考古研究所寿县工作站
黄釉瓷枕	唐		2004年安徽寿县官亭街出土	安徽省文物考古研究所
黄釉璧形底葵口盏	唐	口径15，底径7.5，高4	安徽寿县出土	安徽省文物考古研究所寿县工作站
黄釉直口双系罐	唐	口径6.2，底径7，高18.5	安徽寿县出土	安徽省文物考古研究所寿县工作站
黑釉深腹碗	唐	口径12，底径6.2，高8	安徽寿县出土	安徽省文物考古研究所寿县工作站
黑釉深腹碗	唐	口径21.5，底径10.6，高12.1	安徽寿县出土	安徽省文物考古研究所寿县工作站
黑釉双系注子	唐	口径9，底径8.6，高18.2	安徽寿县出土	安徽省文物考古研究所寿县工作站
黄釉双系注子	唐	口径9.6，底径11.5，高21.9	安徽寿县出土	安徽省文物考古研究所寿县工作站
青釉人骑马	唐	长6.8，宽3.3，高6.8	安徽寿县出土	安徽省文物考古研究所寿县工作站

名称	时代	尺寸（厘米）	来源	单位
青釉四系盘口壶	隋	口径12.1，底径10.6，高32.8	1976年12月合肥蜀山公社上交	合肥市文物管理处
青釉四系盘口壶	隋	口径13，底径12.6，高37.2	合肥大兴出上	合肥市文物管理处
青釉四系盘口壶	隋	口径16.5，底径14，高47.2	合肥市东陈岗仪表厂工地出土	合肥市文物管理处
黄釉点褐彩四系罐	唐	口径12.1，底径14，高28.3	合肥市文物管理处藏品	合肥市文物管理处
酱釉瓷枕	唐	枕面15.5×9，高8.6	合肥市文物管理处藏品	合肥市文物管理处
黑釉松叶纹瓷枕	唐	枕面13.5×8，高7.9	长丰县文物管理所藏品	长丰县文物管理所
青釉刻花铭高足盘	隋	口径27.1，底径15.1，高14.3	长丰县文物管理所藏品	长丰县文物管理所
青黄釉四系盘口壶	南朝~隋	口径7.3，底径5.4，17.5	长丰县文物管理所藏品	长丰县文物管理所
青釉戳印花钵	隋	口径19.5，底径12.5，高19.6	长丰县文物管理所藏品	长丰县文物管理所
青釉戳印花钵	隋	口径19.7，底径13.6，高18.9	长丰县文物管理所藏品	长丰县文物管理所
青釉盘口四系罐	隋	口径14.5，底径13.5，高32.5	1973年亳州市河北轮窑厂M2隋开皇二十年（600年）王翰墓出土	亳州市博物馆
黄釉瓷碗	唐	口径15.4，底径6，高8.2	亳州市谯城区轮窑厂3号墓出土	亳州市博物馆
黄釉短嘴注子	唐	口径8.9，底径8.9，高19.5	1978年亳州市谯城区梅城出土	亳州市博物馆
黄釉贴花瓷枕	唐	枕面16×11.5，高10，底面长13.5	亳州市谯城区河北红旗窑厂工人捐赠	亳州市博物馆
青黄釉盂口瓶	隋?	口径3.2，底径5.5，高13.4	20世纪80年代末征集	亳州市博物馆
青釉印花盘口壶	隋	口径7.5，底径7.6，高20	1962年1月1日于阜阳市阜阳地区水电局移交	阜阳市博物馆
黄釉瓷注子	唐	口径9.6，底径8，高18	1975年3月12日于阜阳市阜阳县岳新酒场工地出土	阜阳市博物馆
青釉盘口瓷壶	隋	口径5.7，底径6.8，高17.3	1963年1月1日蒙城县文化馆移交	阜阳市博物馆

名称	时代	尺寸（厘米）	来源	单位
黄釉盘口瓷壶	隋	口径4.6，底径5.3，高12.2	1963年1月1日阜阳县文化馆移交	阜阳市博物馆
黄褐釉瓷壶	唐	口径4.7，底径4.7，高11.5	1974年3月1日阜南面粉厂出土	阜阳市博物馆
黄釉卷沿敞口瓷壶	唐	口径4.9，腹径8.3，底径4.8，高9.8	1963年1月1日太和县文化馆移交	阜阳市博物馆
黄绿釉瓷壶	唐	口径7.2，底径11.2，高27.2	1974年3月1日涡阳城郊唐墓出土	阜阳市博物馆
黄釉翻唇口四系瓷壶	唐	口外径11.6，足径11.5，高26.35	1985年1月阜阳市阜南县文管所征集	阜南县文物管理所
黄釉褐彩盘口瓷壶	唐	口径6.4，底径8.2，高18.3	1984年10月14日由临泉县博物馆征集	临泉县博物馆
黄釉四系盘口瓷壶	唐	口径7.7，底径5.3，高19.6	1983年3月于临泉县鮦城镇古城遗址出土	临泉县博物馆
黄釉注子	唐	口径7.5，高16	2000年4月3日界首市舒庄乡大陈自然村周玉祥捐献	界首市博物馆
黄釉注子	唐	口径10.4，底径7，高17.5	2004年8月大运河沿线出土	淮北市博物馆
黄釉划花纹瓷枕	唐	枕面16.8×11.5，高8.3	2004年8月大运河沿线出土	淮北市博物馆
黄釉碗	唐	口径17，高6.8	1978年安徽省宿州市原宿县东二铺轮窑厂收购	宿州市博物馆
黄釉盏	唐	口径16.2，高4.6	1984年11月安徽省宿州市原蕲县村孟庆昌捐赠	宿州市博物馆
黄釉四系盘口壶	隋	口径8.1，底径4.7，高17	1979年安徽博物院调拨	蚌埠市博物馆
青釉四系盘口壶	隋	口径12，高31.4	蚌埠市郊出土	蚌埠市博物馆
黄釉印花瓷枕	唐	枕面13.8×10.06，高9	1998年7月蚌埠市李楼八里岗出土	蚌埠市博物馆
青釉三系瓷罐	隋	口径9.5，底径10，高20.7	1973年蚌埠东郊李楼公社出土	蚌埠市博物馆
青釉四系盘口壶	隋	口径9.8，底径9，高30.4	2004年4月11日至14日蚌宁高速公路太平岗墓葬群M1出土	蚌埠市博物馆
青釉四系盘口壶	隋	口径13，底径12，高38.4	1973年蚌埠闸附近出土	蚌埠市博物馆

名称	时代	尺寸（厘米）	来源	单位
青釉戳印纹四系盘口壶	隋	口径11.5，底径11.8，高35，	1977年蚌埠市临淮关郊区出土	蚌埠市博物馆
青釉瓷壶	隋	口径6.3，底径5.6，高16.9	1975年蚌埠市李楼公社出土	蚌埠市博物馆
青釉四系盘口壶	唐	口径6.9，底径5.8，高15.3	1999年11月9日蚌埠市长青乡石巷村韩文伦挖交	蚌埠市博物馆
黄釉委角瓷枕	唐	枕面13.5×7.7，底长12.5×7.3，高6.5	1977年蚌埠市怀远县出土	蚌埠市博物馆
黄釉瓷枕	唐	枕面长15.2×11.2，底长14×9.2，高9.4	2005年5月8日蚌宁高速公路太平岗墓葬群M23出土	蚌埠市博物馆
蜡黄釉莲花纹烛台座	唐	长14.6，高5.7，宽14.6	蚌埠市铁路分局查获后移交	蚌埠市博物馆
蜡黄釉印花瓷枕	唐	枕面17×11.4，高8	1997年蚌埠市长青乡施徐村胡永东挖交	蚌埠市博物馆
青釉小盘口壶	隋	口径11.5，底径11.8，高32.2		皖西博物馆
青釉直口球腹印花罐	隋	口径6.3，足径4.8，高9.8，	1978年安徽省六安县出土	皖西博物馆
黄釉直口罐	唐	口径14.4，底径9.5，高20	1984年寿县西圈出土，许传先交	皖西博物馆
黄釉双系罐	唐	口径3.5，底径4.3，高10.5	1988年12月西郊砂砖厂出土	皖西博物馆
黄釉四系盘口壶	隋末唐初	口径16，底径12.5，高39.5	1984年7月平桥乡五里桥出土	皖西博物馆
青釉莲花纹四系罐	隋	口径9.8，底径9.3，高18.5	寿县八公乡玻璃厂附近出土	寿县博物馆
青釉小口垂腹瓷瓶	唐	口径4，底径5，高12	1964年寿县双门公社安城大队安城小队出土	寿县博物馆
黄釉盂口瓶	唐	口径3.5，底径6，高13	2002年10月20日寿县文物管理所移交（李山乡出土）	寿县博物馆
黄釉短束颈敞口罐	唐	口径11，底径10，高24	2008年11月4日寿县城南保障圩M16出土	寿县博物馆
青黄釉四系盘口壶	隋	口径14，底径12.2，高39.3	1964年冬寿县双门公社李祠大队祠东队开皇五年墓出土	寿县博物馆
酱釉四系盘口罐	唐	口径8.3，底径10，高22.8	旧藏	寿县博物馆

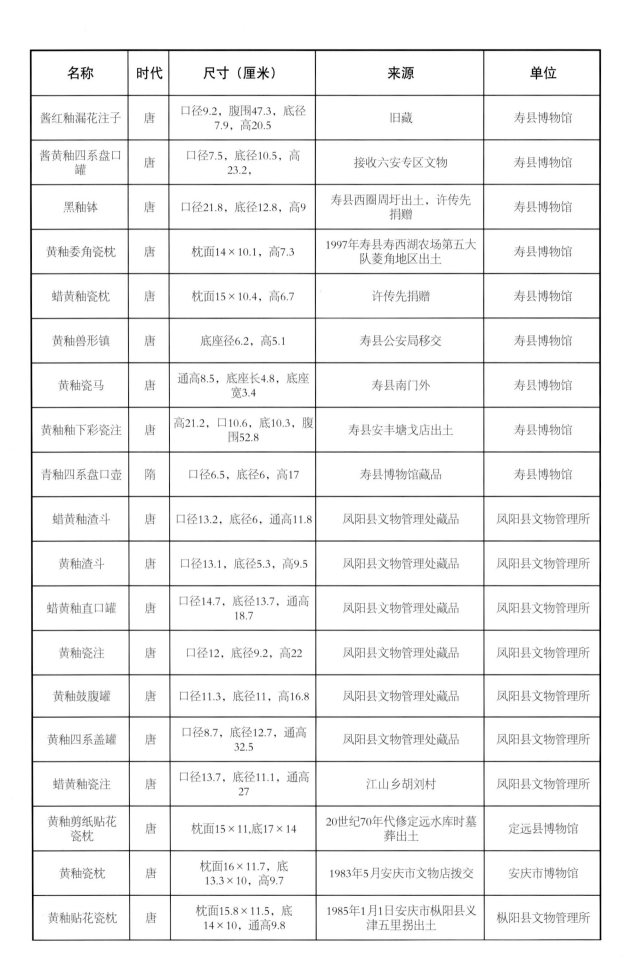

名称	时代	尺寸（厘米）	来源	单位
酱红釉漏花注子	唐	口径9.2，腹围47.3，底径7.9，高20.5	旧藏	寿县博物馆
酱黄釉四系盘口罐	唐	口径7.5，底径10.5，高23.2，	接收六安专区文物	寿县博物馆
黑釉钵	唐	口径21.8，底径12.8，高9	寿县西圈周圩出土，许传先捐赠	寿县博物馆
黄釉委角瓷枕	唐	枕面14×10.1，高7.3	1997年寿县寿西湖农场第五大队菱角地区出土	寿县博物馆
蜡黄釉瓷枕	唐	枕面15×10.4，高6.7	许传先捐赠	寿县博物馆
黄釉兽形镇	唐	底座径6.2，高5.1	寿县公安局移交	寿县博物馆
黄釉瓷马	唐	通高8.5，底座长4.8，底座宽3.4	寿县南门外	寿县博物馆
黄釉釉下彩瓷注	唐	高21.2，口10.6，底10.3，腹围52.8	寿县安丰塘戈店出土	寿县博物馆
青釉四系盘口壶	隋	口径6.5，底径6，高17	寿县博物馆藏品	寿县博物馆
蜡黄釉渣斗	唐	口径13.2，底径6，通高11.8	凤阳县文物管理处藏品	凤阳县文物管理所
黄釉渣斗	唐	口径13.1，底径5.3，高9.5	凤阳县文物管理处藏品	凤阳县文物管理所
蜡黄釉直口罐	唐	口径14.7，底径13.7，通高18.7	凤阳县文物管理处藏品	凤阳县文物管理所
黄釉瓷注	唐	口径12，底径9.2，高22	凤阳县文物管理处藏品	凤阳县文物管理所
黄釉鼓腹罐	唐	口径11.3，底径11，高16.8	凤阳县文物管理处藏品	凤阳县文物管理所
黄釉四系盖罐	唐	口径8.7，底径12.7，通高32.5	凤阳县文物管理处藏品	凤阳县文物管理所
蜡黄釉瓷注	唐	口径13.7，底径11.1，通高27	江山乡胡刘村	凤阳县文物管理所
黄釉剪纸贴花瓷枕	唐	枕面15×11，底17×14	20世纪70年代修定远水库时墓葬出土	定远县博物馆
黄釉瓷枕	唐	枕面16×11.7，底13.3×10，高9.7	1983年5月安庆市文物店拨交	安庆市博物馆
黄釉贴花瓷枕	唐	枕面15.8×11.5，底14×10，通高9.8	1985年1月1日安庆市枞阳县义津五里拐出土	枞阳县文物管理所

名称	时代	尺寸（厘米）	来源	单位
黄釉瓷猴	唐	底径2.9，高5	社会征集	淮南天宝双遗文化园
黄釉瓷猴	唐	底径3.4，高5.4	社会征集	淮南天宝双遗文化园
黄釉瓷马	唐	长5，宽2.5，高4	社会征集	淮南天宝双遗文化园
黄釉瓷水牛	唐	长5.1，宽3，高4.3	社会征集	淮南天宝双遗文化园
淮南瓷水禽	唐	长5，宽2.8，高3.2	社会征集	淮南天宝双遗文化园
黄釉瓷卧兽	唐	长6.5，宽3.9，高5.2	社会征集	淮南天宝双遗文化园
褐釉人面三孔埙	唐	长6.8，宽5.7，高5.4	社会征集	淮南天宝双遗文化园
黄釉人面三孔埙	唐	径4.5，高4.6	社会征集	淮南天宝双遗文化园
黄釉人面三孔埙	唐	径4.8，高4.4	社会征集	淮南天宝双遗文化园
黄釉人面三孔埙	唐	长3.3，宽3.2，高4.4	社会征集	淮南天宝双遗文化园
黄釉点褐彩水盂	唐	口径9.5，底径7.4，高10.7	社会征集	淮南天宝双遗文化园
酱釉双系长腹罐	唐	口径11.2，底径9，高20.2	社会征集	淮南天宝双遗文化园
蜡黄釉双系直口罐	唐	口径12.3，底径9.7，高20.6	社会征集	淮南天宝双遗文化园
黄釉双系垂腹瓷注	唐	口径8.2，底径9，高18.8	社会征集	淮南天宝双遗文化园
蜡黄釉盂口长腹瓶	唐	口径2.5，底径6，高17.6	社会征集	淮南天宝双遗文化园
青釉四系高盘口罐	唐	口径8.5，底径8.8，高20.2	社会征集	淮南天宝双遗文化园
黄釉双系瓷注	唐	口径6.8，底径7，高16.5	社会征集	淮南天宝双遗文化园
黄釉小喇叭口瓷瓶	唐	口径3.7，底径4.8，高12.3	社会征集	淮南天宝双遗文化园
黑釉双系广口小罐	唐	口径9.5，底径6.1，高8.5	社会征集	淮南天宝双遗文化园

名称	时代	尺寸（厘米）	来源	单位
黄釉漩涡纹纺轮	唐	孔径1，最大径6.7，高3.3	社会征集	淮南天宝双遗文化园
酱红釉穿带壶	唐	口径6，底径10.5，高28	社会征集	淮南市博物馆
青釉花朵纹贴花瓷枕	唐	枕面16.6×11.7，高10		私人
青釉四系盘口壶	隋	口径7.9，底径5.5，高18.6	2007年8月25日于淮北征集	淮南市博物馆
青釉四系盘口壶	隋	口径7.6，底径5.7，高18.9	2011年6月13日于淮南征集	淮南市博物馆
青釉四系小盘口壶	隋	口径5.5，底径5.4，高18.2	2011年6月10日于淮南征集	淮南市博物馆
青黄釉四系盘口壶	隋	口径7.7，底径6，高19.7	2011年6月13日于淮南征集	淮南市博物馆
素烧四系盘口壶	隋	口径8，底径6.4，高20.2	2011年6月10日于淮南征集	淮南市博物馆
青黄釉小盘口壶	隋	口径7.5，底径5.4，高17.5	2011年6月10日于淮南征集	淮南市博物馆
戳印纹四系盘口壶	隋	口径7.1，底径6.3，高18.4	2011年6月10日于淮南征集	淮南市博物馆
黄釉戳印纹四系小盘口壶	隋	口径7.4，底径6.8，高20.5	2012年3月于淮南征集	淮南市博物馆
青黄釉四系盘口壶	隋	口径12.5，底径9.6，高27.9	1972年谢家集区唐山公社九里岗大队出土	淮南市博物馆
青黄釉四系盘口壶	隋	口径15.3，底径13.5，高38.5	2009年12月21日于合肥征集	淮南市博物馆
青黄釉四系盘口壶	隋	口径15.5，底径14，高38.5	2009年12月21日于合肥征集	淮南市博物馆
青釉龙柄鸡首壶	隋	口径9.3，底径11.8，高46.7	2011年6月13日于淮南征集（柄下部修复）	淮南市博物馆
青釉釉龙柄鸡首壶	隋	口径7.5，底径6.3，高31	2011年于南京征集	淮南市博物馆
青釉四系罐	隋	口径7.8，底径9，高17	2011年6月11日于淮南征集	淮南市博物馆
青釉四系罐	隋	口径8.2，底径7，高15.5	2009年6月29日于淮南征集	淮南市博物馆
青绿釉高足盘	隋	口径12.8，底径8.9，高10.2	1985年4月于合肥三孝口拣选，2013年4月修复	淮南市博物馆

名称	时代	尺寸（厘米）	来源	单位
青釉高足盘	隋	口径12.3，底径9，高8.8	1988年上窑发掘ST8②Ⅰ.38（2013年4月修复）	淮南市博物馆
青黄釉高足盘	隋	口径13.1，底径8.9，高8.5	1988年淮南上窑管咀孜发掘T8②出土(口沿修复完整)	淮南市博物馆
青釉高足盘	隋	口径12.9，底径8.3，高5.7	1988年上窑发掘ST8②Ⅱ.38(2013年4月修复)	淮南市博物馆
青釉高足盘	隋	口径12.4，底径7.7，高5.5	无(2013年4月修复)	淮南市博物馆
青釉高足碗	隋	口径9.5，底径4.9，高7.2	1988年上窑发掘ST8②Ⅱ.34(2013年4月修复	淮南市博物馆
青黄釉小喇叭口瓷壶	隋	口径4.8，底径5.5，高14.5	2013年2月3日扬州征集	淮南市博物馆
青釉水盂	隋	口径3.5，底径3.9，高5.8	旧藏	淮南市博物馆
青釉小碗	隋	口径8.3，底径3.5，高4.7	2010年8月24日谢家集区新村砖墓出土	淮南市博物馆
青釉小碗	隋	口径8.2，底径3.6，高4.6	2010年8月24日谢家集区新村砖墓出土	淮南市博物馆
青釉烛台	隋	口径6.1，底径11.1，高5.7	窑址拣选，经修复完整	淮南市博物馆
青釉器盖	隋	钮径5，口径10.9，高4.5	窑址拣选，修复完整	淮南市博物馆
青釉灯形器残件	隋	残高16.8，最大径11.5	窑址拣选	淮南市博物馆
青釉高柄灯残件	隋	残高25.7，最大径8.6	2011年11月23日康杰捐赠	淮南市博物馆
青釉压条纹四系罐	隋	口径10.6，底径11.5，高21.2	1985年4月22日于上窑管咀孜征集	淮南市博物馆
青釉四系罐	隋	口径14.2，底径14.3，高24.8	1985年3月26日于田家庵区王巷村征集	淮南市博物馆
窑变釉直颈罐	隋	口径8.7，底径10.2，高20.8	1987年6月窑河鱼苗场出土	淮南市博物馆
青黄釉小龙柄鸡首壶	隋	口径6.4，底径6.1，高21.6	20世纪70年代大通出土	淮南市博物馆
青釉四系小盘口壶	隋	口径6，底径4.8，高15.2	1985年1月于上窑镇寿州窑出土	淮南市博物馆
青釉四系细颈盘口壶	南朝陈~隋	口径5.9，底径6.5，高15	1988年11月11日上窑镇马岗村民金箭宝捐赠	淮南市博物馆

名称	时代	尺寸（厘米）	来源	单位
青釉碗	隋	口径11.5，底径4.5，高4.3	1987年6月于窑河鱼苗场出土	淮南市博物馆
青釉四系罐	隋	口径12.4，底径9.9，高30.2	2009年4月9日于寿县征集	淮南市博物馆
黄釉四系盘口壶	唐	口径13，底径11，高33.5	1998年10月8日怀远孝仪乡姚卫村魏广树上交	淮南市博物馆
隋青釉堆塑压印纹四系罐	隋	口径11.1，底径10.6，高20.7	1985年3月15日上窑镇管咀孜征集	淮南市博物馆
青釉四系盘口壶	隋	口径7.1，底径6.5，高19	1985年3月14日于潘集区平圩汪庙小学出土	淮南市博物馆
青黄釉四系小盘口壶	隋	口径6.7，底径5.5，高16.8	2008年6月于合肥征购	淮南市博物馆
青釉四系盘口壶	隋	口径12.5，底径9.5，高33.5	2009年3月8日于扬州征集	淮南市博物馆
青釉四系高细颈弦纹盘口壶	隋	口径13.4，底径12.3，高34.9	2009年3月于扬州征集	淮南市博物馆
青釉四系盘口壶	隋	口径14，底径14.3，高44	2008年6月于合肥征集	淮南市博物馆
青釉碗	隋	口径10.2，底径5.5，高2.9	1972年10月唐山九里征集	淮南市博物馆
青釉碗	隋	口径14.8，底径6.7，高6.2	1985年4月22日上窑鱼苗场征集	淮南市博物馆
青釉碗	隋	口径11.1，底径4.3，高3.4	1972年1月唐山公社九里大队出土	淮南市博物馆
黄釉三系唇口罐	唐	口径10，底径13，高48	2010年1月12日于淮南征集	淮南市博物馆
青黄釉唇口四系罐	唐	口径10.5，底径14.5，高39.5	2010年1月12日于淮南征集	淮南市博物馆
淡黄釉唇口四系罐	唐	口径12，底径14.7，高47	2011年11月于淮南征集	淮南市博物馆
黄釉唇口四系罐	唐	口径9，底径12.6，高38.3	2010年9月谢家集区公安分局移交	淮南市博物馆
黄绿釉唇口四系罐	唐	口径7.5，底径11.8，高30	2007年4月12日于淮南征集	淮南市博物馆
黄釉褐彩唇口四系罐	唐	口径8.5，底径11.3，高29	2009年12月1日于扬州征集	淮南市博物馆
青黄釉唇口鼓腹四系罐	唐	口径9，底径10.7，高25.4	2010年1月12日于淮南征集	淮南市博物馆

名称	时代	尺寸（厘米）	来源	单位
黄釉敞口四系罐	唐	口径19.9，底径16.5，高51	2010年于合肥征集	淮南市博物馆
黄釉唇口四系罐	唐	口径14.5，底径13.3，高43.5	2012年5月于淮南征集	淮南市博物馆
蜡黄釉盂口四系罐	唐	口径11，底径13，高29	2009年12月21日于合肥征集	淮南市博物馆
酱釉盂口四系罐	唐	口径10，底径11，高30.1	2011年6月11日于淮南征集	淮南市博物馆
黄釉直口四系罐	唐	口径11.2，底径12.2，高20.8	2010年9月谢家集区公安分局移交	淮南市博物馆
黄釉直口双系罐	唐	口径9，底径6.6，高12.9	2009年3月于扬州征集	淮南市博物馆
黑釉直口双系罐	唐	口径15.6，底径11.9，高23.8	2010年1月12日于淮南征集	淮南市博物馆
青黄釉双系直口小罐	唐	口6.5，底5.5，高9.7	邱传龙捐赠	淮南市博物馆
青黄釉双系直口小罐	唐	口6，底5.5，高9.6	邱传龙捐赠	淮南市博物馆
青黄釉双系直口小罐	唐	口6，底5，高9	邱传龙捐赠	淮南市博物馆
黑釉直口双系小罐	唐	口径6.2，底径5.8，高10	2009年12月1日于扬州征集	淮南市博物馆
黄釉直口双系罐	唐	口径20，底径15.6，高22.7	2010年7月5日于淮南征集	淮南市博物馆
蜡黄釉直口双系罐	唐	口径16.5，底径9.8，高17.7	2011年6月11日于淮南征集	淮南市博物馆
黄釉直口双系小罐	唐	口径4.6，底径4.4，高7	1988年寿州窑遗址发掘出土	淮南市博物馆
青釉盂口罐	唐	口径5.6，底径9.7，高32.8	2011年6月13日于淮南征集	淮南市博物馆
黄釉四系穿带壶	唐	口径4.3，底径10.7，高27.5	2010年1月12日于淮南征集	淮南市博物馆
黄釉大瓮	唐	口径25.5，底径18.2，高45	2008年6月于合肥征集	淮南市博物馆
黄釉唇口四系大罐	唐	口径12，底径14.8，高44.5	2008年6月于合肥征集	淮南市博物馆

名称	时代	尺寸（厘米）	来源	单位
青黄釉唇口四系大罐	唐	口径13，底径15，高46.6	2007年4月25日淮北丁仰振捐赠	淮南市博物馆
黄褐釉大瓮	唐	口径18，底径20，高40.3	2008年6月于合肥征集	淮南市博物馆
青黄釉唇口四系大罐	唐	口径10.5，底径14.1，高43.3	2008年6月于合肥征集	淮南市博物馆
青绿釉唇口三系大罐	唐	口径11，底径13，高37.7	2007年4月22日于淮南征集	淮南市博物馆
黄釉唇口四系大罐	唐	口径10，底径13.3，高40	2008年6月于合肥征集	淮南市博物馆
青绿釉唇口四系大罐	唐	口径10，底径12.2，高34	2008年6月于合肥征集	淮南市博物馆
窑变釉四系大罐	唐	口径10.3，底径11.2，高37.7	2008年6月于合肥征集	淮南市博物馆
黄釉小盘口壶	唐	口径10.2，底12.3，高31.7	2007年4月25日于淮北市征集	淮南市博物馆
黄釉小喇叭口壶	唐	口径6.2，底径10.1，高22	1957年黑泥乡出土	淮南市博物馆
酱红釉四系罐	唐	口径9.9，底径10.6，高32.8	2008年6月于合肥征集	淮南市博物馆
黑釉四系罐	唐	口径9.8，底径9.5，高25.9	1973年沙瑞民交	淮南市博物馆
素烧四系盘口壶	唐	口径9.7，底径10.2，高23.7	淮南市化肥厂出土	淮南市博物馆
黑釉双系大口罐	唐	口径19.5，底径13，高23.5	2008年6月于合肥征集	淮南市博物馆
黑釉双系大口罐	唐	口径18.8，底径13，高25.1	2008年6月于合肥征集	淮南市博物馆
黑釉胆形腹盂口瓶	唐	口径4.8，底径8.6，高30.4	1987年6月上窑鱼苗场出土	淮南市博物馆
黄釉双系大口罐	唐	口径16.1，底径14.3，高22.6	2010年1月12日于淮南征集	淮南市博物馆
黄釉双系大口罐	唐	口径14，底径12.7，高16.3	2008年6月于合肥征集	淮南市博物馆
黄釉双系直口罐	唐	口径10，底径8.7，高16.9	2008年6月于合肥征集	淮南市博物馆

名称	时代	尺寸（厘米）	来源	单位
黄釉褐斑小口瓶	唐	口径5.5，底径6.3，高17.8	1996年上窑马岗出土	淮南市博物馆
黄釉小口瓶	唐	口径4，底径6.1，高13.7	2007年4月25日于淮北征集	淮南市博物馆
黄釉球腹盉口瓶	唐	口径2.5，底径4.2，高10	征集品	淮南市博物馆
黄釉碗	唐	口径11.3，底径5.5，高4.2	2007年4月12日于淮南征集	淮南市博物馆
黄釉高足碗	唐	口径11，底径5.5，高6.5	2011年6月13日于淮南征集	淮南市博物馆
黄釉碗	唐	口径12.5，底径5.5，高6	旧藏	淮南市博物馆
黄釉碗	唐	口径13.1，底径6.3，高4.7	2010年7月5日于淮南征集	淮南市博物馆
黄釉深腹碗	唐	口径11，底径5，高6	1998年10月8日怀远孝仪乡姚卫村魏广树捐赠	淮南市博物馆
烧深腹碗	唐	口径10.3，底径4.1，高5.3	1985年7月10日工农乡连岗大队征集	淮南市博物馆
素黄釉盏	唐	口径12，底径4.2，高4.6	2007年4月12日于淮南征集	淮南市博物馆
黄釉盏	唐	口径13.4，底径4.3，高4.4	2007年4月25日淮北陈军捐赠	淮南市博物馆
青釉盏	唐	口径14.4，底径5，高5.3	2007年4月25日淮北陈军捐赠	淮南市博物馆
黑釉碗	唐	口径13.7，底径5.6，高6.9	2011年6月13日于淮南征集	淮南市博物馆
黄釉碗	唐	口径15.7，底径7.9，高8	1988年10月26日上窑住院部HST6②发掘出土	淮南市博物馆
黄釉碗	唐	口径14.5，底径6.7，高5.5	旧藏	淮南市博物馆
黄釉盏	唐	口径15.3，底径6.2，高5.1	2010年11月4日于淮南征集	淮南市博物馆
黄釉璧形底盏	唐	口径14.8，底径7.1，高4.4	1984年6月长丰县孔店乡柿园鲍庄出土	淮南市博物馆
黄釉贴花葵口盏	唐	口径14.9，底径6.4，高4.1	2012年3月于淮南征集	淮南市博物馆

名称	时代	尺寸（厘米）	来源	单位
黄釉璧形底盏	唐	口径15.5，底径7.3，高4.6	2011年6月13日于淮南征集	淮南市博物馆
黄釉璧形底盏	唐	口径16.1，底径7.5，高4.5	2007年5月于扬州征集	淮南市博物馆
青黄釉璧形底盏	唐	口径16.3，底径6.7，高5.7	2011年6月13日于淮南征集	淮南市博物馆
青釉璧底碗	唐	口径18.3，底径8.4，高6.2	2010年7月5日于淮南征集	淮南市博物馆
黑釉碗	唐	口径18，底径8，高6.5	2010年7月5日于淮南征集	淮南市博物馆
茶叶末釉大碗	唐	口径21.6，底径8.4，高6.9	2011年6月10日于淮南征集	淮南市博物馆
青黄釉大碗	唐	口径24.4，底径6.3，高11.1	2011年6月13日于淮南征集	淮南市博物馆
黄釉大碗	唐	口径23.2，底径9.2，高8.5	2011年6月13日于淮南征集	淮南市博物馆
青黄釉盘	唐	口径6.4，底径9，高3.7	2011年7月淮南征集	淮南市博物馆
酱釉碗	唐	口径16.1，底径6.7，高6.8	2006年田家庵区史院乡邵庄村唐墓出土	淮南市博物馆
黑釉瓷枕	唐	枕面15.1×10，高8.4	2010年11月4日于淮南征集	淮南市博物馆
黑釉委角瓷枕	唐	枕面13.1×8.8，高6.9	2010年11月4日淮南征集	淮南市博物馆
黑釉瓷枕	唐	枕面11.5×8.8，高6.5	2010年11月4日淮南征集	淮南市博物馆
酱釉瓷枕	唐	枕面14.3×10.5，高8	2010年9月20日于合肥征集	淮南市博物馆
酱红釉蝴蝶纹贴花瓷枕	唐	枕面15×10.5，高7.9	2011年7月于淮南征集	淮南市博物馆
黄釉贴花瓷枕	唐	枕面15×11.2，高9.1	2010年11月4日于淮南征集	淮南市博物馆
黄釉贴花瓷枕	唐	枕面16.6×12.5，高10	2009年10月1日于扬州征集	淮南市博物馆
黄釉艾叶纹贴花瓷枕	唐	枕面15.7×11.9，高7.5	2011年6月13日于淮南征集	淮南市博物馆
黄釉贴花瓷枕	唐	枕面16.7×12.5，高10	2009年6月29日于淮南征集	淮南市博物馆

名称	时代	尺寸（厘米）	来源	单位
蜡黄釉贴花瓷枕	唐	枕面14×10，高8.5	2009年6月29日于淮南征集	淮南市博物馆
黄釉瓷枕	唐	枕面14.7×10.2，高6.5	2012年11月25日于淮南征集	淮南市博物馆
黄釉瓷枕	唐	枕面15.7×11.9，高7.5	2011年6月13日于淮南征集	淮南市博物馆
蜡黄釉瓷枕	唐	枕面16.9×10.8，高10.7	2011年6月13日于淮南征集	淮南市博物馆
蜡黄釉瓷枕	唐	枕面20×13.6，高7.5	2012年12月13日于铜陵征集	淮南市博物馆
酱釉瓷枕	唐	枕面13×9，高6.7	2012年12月12日淮南康杰捐赠	淮南市博物馆
酱釉瓷枕	唐	枕面13.7×10.5，高7	1988年上窑窑址发掘出土	淮南市博物馆
酱釉漏花瓷枕	唐	枕面15×10.5，高6.6	2012年5月20日淮南康杰捐赠	淮南市博物馆
黄釉瓷枕	唐	枕面14.5×11.2，高8.6	2009年6月5日于扬州征集	淮南市博物馆
黄釉贴花瓷枕	唐	枕面16.5×12.1，高9.3	2012年11月25日于淮南征集	淮南市博物馆
黄釉蝴蝶纹贴花瓷枕	唐	枕面14.5×11.7，高8.5	2012年11月25日于淮南征集	淮南市博物馆
黄釉瓷枕	唐	枕面16×12，高8	2012年4月29日淮南紫云斋刘秉泉捐赠	淮南市博物馆
茶叶末釉兽形瓷枕	唐	枕面12.2×7.4，高9.8	2010年9月21日于淮南征集	淮南市博物馆
黑釉瓷枕	唐	枕面13.5×9.8，高6.6	1979年4月于寿县出土	淮南市博物馆
黄釉瓷枕	唐	枕面15.7×9.1，高8	2008年6月于合肥征集	淮南市博物馆
青绿釉瓷枕	唐	枕面16.3×9.6，高8.5	2006年7月扬州征集	淮南市博物馆
青釉瓷枕	唐	枕面14×10.2，高7.6	1986年1月1日于上窑泉源征集	淮南市博物馆
黄釉束腰形瓷枕	唐	枕面14.2×10.7，高7.8	2009年4月9日寿县寿春镇征集	淮南市博物馆

名称	时代	尺寸（厘米）	来源	单位
黄釉"大中祥符"铭龙纹瓷枕	北宋	枕面14.8×9.8，高8.7	2011年7月于征集	淮南市博物馆
黄釉"大中祥符"铭龙纹瓷枕	北宋	枕面14×9.2，高8.3	2012年11月25日征集	淮南市博物馆
黄釉龙纹瓷枕	北宋	枕面14×9.1，高7.8	2005年征集	淮南市博物馆
元宝形模印纹瓷枕	北宋	枕面15×9.5，高8.3	2010年11月12日于淮南征集	淮南市博物馆
元宝形模印纹瓷枕	北宋	枕面14.8×9.7，高8.4	2010年11月12日于淮南征集	淮南市博物馆
瓷枕	北宋	枕面15×10，高8	2010年1月12日征集	淮南市博物馆
黑釉兽形瓷枕	唐	枕面11.9×6.5，高8.3	2011年7月于淮南征集	淮南市博物馆
黑釉象形瓷枕	唐	枕面15.1×8.5，高8.3	2011年12月于淮南征集	淮南市博物馆
酱釉象形瓷枕	唐	枕面13.5×7.3，高7.3	2010年11月4日于淮南征集	淮南市博物馆
黄釉委角瓷枕	唐	枕面12.5×8.4，高7.2	2012年3月于淮南征集	淮南市博物馆
黄釉委角瓷枕残件	唐	残长11，宽12.4，高7.8	2013年5月13日淮南征集	淮南市博物馆
酱釉双系注子	唐	口径4.2，底径6.2，高15.6	2011年6月13日于淮南征集	淮南市博物馆
酱釉注子	唐	口径6.9，底径8.3，高20	2011年淮南康杰捐赠	淮南市博物馆
酱釉双系注子	唐	口径8.2，底径8，高22.5	2009年6月29日于淮南征集	淮南市博物馆
黑釉注子	唐	口径7.9，底径7.5，高19.8	2010年11月4日于淮南征集	淮南市博物馆
黑釉注子	唐	口径8.9，底径8，高19.5	2009年6月29日于淮南征集	淮南市博物馆
黑釉注子	唐	口径9.2，底径8.8，高21.8	2010年9月谢家集区公安分局移交	淮南市博物馆
黑釉双系注子	唐	口径8.8，底径8.4，高19.7	2009年3月于扬州购买	淮南市博物馆
黑釉双系注子	唐	口径9.8，底径10.3，高21.5	2011年6月13日于淮南征集	淮南市博物馆

名称	时代	尺寸（厘米）	来源	单位
黑釉双系注子	唐	口径8.5，底径8.9，高23.9	2009年3月于扬州购买	淮南市博物馆
青黄釉双系注子	唐	口径9，底径10.5，高22	2010年1月12日于淮南征集	淮南市博物馆
黄釉注子	唐	口径7.9，底径7.1，高18	2011年6月8日于合肥征集	淮南市博物馆
黄釉注子	唐	口径8.9，底径8.5，高23.1	2009年3月于扬州征集	淮南市博物馆
黄釉注子	唐	口径10.6，底径9.2，高21.6	2010年11月4日于淮南征集	淮南市博物馆
黄釉注子	唐	口径10.7，底径8.8，高23	2009年6月29日于淮南征集	淮南市博物馆
黄釉圆腹注子	唐	口径10.2，底径11.8，高18	2008年6月合肥征集	淮南市博物馆
青釉双系注子	唐	口径11.7，底径11.7，高28.7	2008年6月合肥征集	淮南市博物馆
酱釉双系注子	唐	口径12.1，底径11.5，高28	2008年6月合肥征集	淮南市博物馆
黄釉注子	唐	口径9.6，底径9.6，高21	1992年5月收购	淮南市博物馆
黑釉双系注子	唐	口径9.6，底径9.4，高21.3	1992年5月收购	淮南市博物馆
黑釉注子	唐	口径8.7，底径8.5，高20.4	1986年2月于谢家集区征集	淮南市博物馆
酱釉注子	唐	口径6.8，底径7.4，高16.1	1986年1月于上窑泉源征集	淮南市博物馆
黄釉双系注子	唐	口径10.5，底径11.5，高22.7	2007年8月5日于淮北购买	淮南市博物馆
黄釉注子	唐	口径10.2，底径9，高21.8	2011年6月13日于淮南征集	淮南市博物馆
黄釉注子	唐	口径11，底径10，高23.3	2007年5于扬州征集	淮南市博物馆
黄釉注子	唐	口径10.3，底径9，高22.2	2007年5于扬州征集	淮南市博物馆
蜡黄釉注子	唐	口径11.4，底径10.5，高23.5	2011年12月2日于淮南征集	淮南市博物馆
黄釉注子	唐	口径10.5，底径10.5，高17	2010年7月5日于淮南征集	淮南市博物馆

名称	时代	尺寸（厘米）	来源	单位
黄绿釉注子	唐	口径6.3，底径6.8，高17.8	2010年11月4日于淮南征集	淮南市博物馆
黄釉小瓷注	唐	口径4.4，底径4.6，高12.3	2012年12月12日淮南康杰捐赠	淮南市博物馆
青釉双系注子	唐	口径11.3，底径14.5，高27.5	2011年6月13日于淮南征集	淮南市博物馆
黄釉双系注子	唐	口径12，底径13，高31	2009年3月于扬州征集	淮南市博物馆
青釉双系唇口注子	唐	口径12.3，底径13.4，高29	2010年1月12日于淮南征集	淮南市博物馆
黄釉双系唇口注子	唐	口径8.6，底径9.7，高22.7	2011年11月于淮南征集	淮南市博物馆
黄釉双系唇口注子	唐	口径9，底径8.7，高22	2010年11月4日于淮南征集	淮南市博物馆
黄釉撇口注子	唐	口径12.1，底径10.5，高21	2011年6月13日于淮南征集	淮南市博物馆
黄釉葡萄纹注子	唐	口径10.6，底径8.2，高20.1	2009年12月21日于合肥征集	淮南市博物馆
青釉撇口注子	唐	口径9.4，底径9，高21	2009年12月21日于合肥征集	淮南市博物馆
黄釉双系鼓腹注子	唐	口径10.9，底径12.5，高22	2011年12月于淮南征集	淮南市博物馆
青釉双系鼓腹注子	唐	口径10.2，底径9.7，高16.8	2010年11月4日于淮南征集	淮南市博物馆
黄釉双系兽面錾注子	唐	口径9.2，底径11.5，高17.4	2010年1月12日于淮南征集	淮南市博物馆
黄绿釉双系球腹注子	唐	口径9.5，底径7.8，高17.3	2011年6月13日于淮南征集	淮南市博物馆
黄釉双系垂腹注子	唐	口径6.4，底径8.8，高15.5	2011年6月13日于淮南征集	淮南市博物馆
黄釉双系鼓腹注子	唐	口径7.5，底径6.8，高16.3	2010年7月5日于淮南征集	淮南市博物馆
黄釉双系敞口注子	唐	口径15.3，底径12，高27.7	2013年5月13日征集	淮南市博物馆
正面龙首纹瓦当	唐	直径15，厚2	窑址拣选	淮南市博物馆
长方形龙纹砖	唐	长20.2，宽12.6	20世纪80年代东小湾窑址拣选	淮南市博物馆

名称	时代	尺寸（厘米）	来源	单位
黄釉香薰器盖	唐	直径17.8，高8.2	2010年7月5日淮南市康杰捐赠	淮南市博物馆
青绿釉瓷塑兽残器	唐	高12.1，宽7.4，厚3.4	2013年1月淮南康杰捐赠	淮南市博物馆
青釉水盂	唐	口径2.5，底径3.8，高3.3	1962年上窑出土	淮南市博物馆
蜡黄釉水盂	唐	口径2.3，底径4.3，高3.2	1962年上窑出土	淮南市博物馆
青釉水盂	唐	口径2.3，底径3，高3.5	1962年上窑出土	淮南市博物馆
黄釉水盂	唐	口径2.7，底径4.2，高2.6	1962年上窑出土	淮南市博物馆
青黄釉纺轮	唐	直径6.5，厚2.5	2008年6月淮南张建军捐赠	淮南市博物馆
素烧纺轮	唐	直径6，厚3.3	2008年征集	淮南市博物馆
黄釉水盂	唐	口径2.5，底径3.5，高3.5	2013年3月4日于扬州征集	淮南市博物馆
青黄釉水盂	唐	口径2.8，底径4，高4.2	2011年6月13日于淮南征集	淮南市博物馆
青釉水盂	唐	口径2.9，底径5.3，高6	2011年6月13日于淮南征集	淮南市博物馆
青黄釉水盂	唐	口径6.5，底径5，高5	2011年6月13日于淮南征集	淮南市博物馆
褐釉水盂	唐	口径6.5，底径5.6，高6.9	2010年1月12日于淮南征集	淮南市博物馆
青釉水盂	唐	口径11.5，底径7.2，高7.7	2010年1月12日于淮南征集	淮南市博物馆
黄釉水盂	唐	口径10.8，底径6，高10.3	2011年6月13日于淮南征集	淮南市博物馆
青釉水盂	唐	口径10.7，底径8.4，高10.7	2010年1月12日于淮南征集	淮南市博物馆
浅黄釉水盂	唐	口径16，底径8，高13.7	2011年6月13日于淮南征集	淮南市博物馆
蜡黄釉水盂	唐	口径13.4，底径7.2，高11.8	2010年7月5日于淮南征集	淮南市博物馆
黄釉褐斑堆塑水盂	唐	口径10.1，底径8.8，高9.9	2011年6月8日于合肥征集	淮南市博物馆

名称	时代	尺寸（厘米）	来源	单位
黄釉带流水盂	唐	口径10.6，底径8.1，高9.4	2011年6月13日于淮南征集	淮南市博物馆
青釉瓷塑马	唐	底座4.1×3.6，高8.2	上窑林场周加林捐赠	淮南市博物馆
青釉瓷狗	唐	长4.7，残高3.3	2007年5月于扬州征集	淮南市博物馆
青釉狗首	唐	长5.8，高3.9	1988年4月上窑林场发掘T4出土	淮南市博物馆
黄釉人骑马瓷塑	唐	长4.9，宽2.5，高5.6	2012年3月于淮南征集	淮南市博物馆
黄釉人骑马瓷塑	唐	长5，宽2.7，高6.5	2010年7月5日于淮南征集	淮南市博物馆
黄釉人骑马瓷塑	唐	长5.2，宽2.4，高6	2012年3月于淮南征集	淮南市博物馆
青白釉小瓷马	唐	长4.9，宽2.5，高3.5	2012年3月于淮南征集	淮南市博物馆
黄釉小瓷羊	唐	长6.4，高5.3	2008年6月6日淮南沈汗青捐赠	淮南市博物馆
黄釉小瓷马	唐	长5，宽2.7，高6.5	2010年7月5日于淮南征集	淮南市博物馆
青釉胡人骑马瓷塑	唐	长7.5，宽3.1，高8.9	2010年7月5日于淮南征集	淮南市博物馆
青釉胡人骑马瓷塑	唐	长6.8，2.6，高9.2	2010年7月5日于淮南征集	淮南市博物馆
黑釉人骑马瓷塑	唐	长5.8，高6.8	2008年6月6日淮南沈汗青捐赠	淮南市博物馆
黑釉小瓷猴	唐	底径2.9，高5.3	2012年3月于淮南征集	淮南市博物馆
黄釉小瓷猴	唐	底径3，高5.3	2012年3月于淮南征集	淮南市博物馆
黄釉小瓷猴	唐	底径2，高3.5	2012年3月于淮南征集	淮南市博物馆
青黄釉小瓷马	唐	长4.5，宽2.4，高3.8	2012年3月于淮南征集	淮南市博物馆
青黄釉小瓷马	唐	长5，宽2.2，高4.3	2011年6月10日于淮南征集	淮南市博物馆
黄褐釉小瓷马	唐	长4.8，宽2.3，高4	2011年6月10日于淮南征集	淮南市博物馆

名称	时代	尺寸（厘米）	来源	单位
蜡黄釉卧兽形镇	唐	底径5.9，高4	2010年7月5日于淮南征集	淮南市博物馆
黄釉卧兽形镇	唐	底径8.8，高5.7	2010年11月4日于淮南征集	淮南市博物馆
黄釉狮形镇	唐	长8.2，宽5.5，高4.8	2010年1月12日于淮南征集	淮南市博物馆
黄釉小瓷水滴	唐	底3.5，高5.2	2011年6月13日于淮南征集	淮南市博物馆
黄釉多足砚	唐	直径19.3，高6.3	2011年6月13日于淮南征集	淮南市博物馆
青黄釉多足砚	唐	直径16.9，高6.9	2011年6月8日于合肥征集	淮南市博物馆
青绿釉暖砚	唐	直径18.5，高9.5	2011年11月23日淮南康杰捐赠	淮南市博物馆
黑釉瓷砚	唐	口径10.1，底径9，高2	标本修复	淮南市博物馆
黄褐釉卧虎镇	唐	长18.5，宽10.7，高11.5	2013年5月13日淮南征集	淮南市博物馆
黄釉方形筷笼	唐	长13，宽7，高14	征集品	淮南市博物馆
印花模具	隋	直径6.9	大通区上窑镇管咀孜窑址拣选	淮南市博物馆
匣钵	唐	直径31.2，高17.4	1985年上窑镇拣选	淮南市博物馆
陶拍	唐	直径14.8，高7.8	1986年寿州窑泉山窑址拣选	淮南市博物馆
陶拍	隋	直径13，高7.9	窑址拣选	淮南市博物馆
凤鸟形器盖	唐	长14，宽7.8，高8.5	东小湾窑址采集	淮南市博物馆
黄釉莲花纹烛台座	唐	长12.2，宽12.2，高8.6	1988年上窑医院住院部窑址拣选	淮南市博物馆
黄褐釉人面瓷坝	唐	长3.9，宽3.4，高4	2012年3月于淮南征集	淮南市博物馆
黄褐釉象形坝	唐	长5.5，宽4.3，高5	2010年7月5日于淮南征集	淮南市博物馆

主要参考文献

1. 唐·陆羽：《茶经》。

2. 清·朱琰撰，傅振伦译注：《陶说》，轻工业出版社，1984年。

3. 胡悦谦：《寿州瓷窑址调查记略》，《文物》1961年第12期。

4. 中国硅酸盐学会编，主编小组：冯先铭、安志敏、朱伯谦、汪庆正等：《中国陶瓷史》，文物出版社，1982年9月。

5. 胡悦谦：《谈寿州窑》，《考古》1988年第8期。

6. 淮南矿务局史志办公室编：《淮南煤矿志》，1989年。

7. 胡欣民：《寿州窑隋代瓷器的认识》，《文物研究》第7期，1991年。

8. 林淑钦、陈树榆、王昌燧、李广宁、何西学、荻原三雄、铃木稔、井上嘉：《唐寿州窑黄釉瓷器》，《文物研究》第14期，1995年。

9. 熊海堂：《东亚窑业技术发展与交流史研究》，南京大学出版社，1995年。

10. 长沙窑课题组编：《长沙窑》，紫禁城出版社，1996年10月。

11. 汪景辉、阚绪杭、徐孝忠、文立中、汪茂东：《淮南泉山96工程处窑址的发掘》，《文物研究》第11期，1998年。

12. 淮南市地方志编纂委员会编：《淮南市志》，1998年12月。

13. 慈溪市博物馆编：《上林湖越窑》，科学出版社，2002年10月。

14. 河北省邢台文物管理处：《邢台隋代邢窑》，科学出版社，2006年7月。

15. 赵庆纲、张志忠：《千年邢窑》，文物出版社，2007年10月。

16. 张柏主编：《中国出土瓷器全集》，科学出版社，2008年3月。

图

版

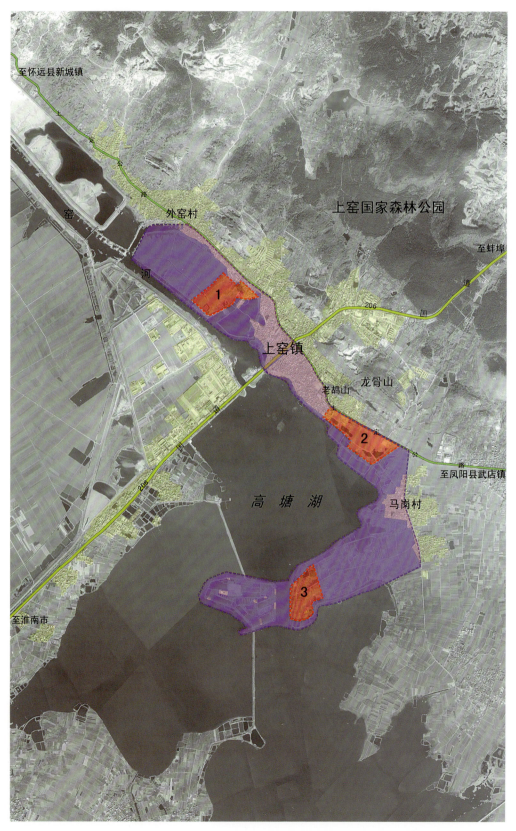

上窑镇、窑河、高塘湖卫星图片

（1.松树林、东小湾窑址　　2.医院住院部遗址　　3.管咀孜窑址）

上窑镇全景照片（自东南向西北。1. 东小湾窑址　2. 松树林窑址）

上窑镇全景照片（自西北向东南。3. 医院住院部窑址　4. 高窑窑址　5. 管咀孜窑址）

上窑镇管咀孜窑窑址（自东向西）

管咀孜窑址散落的标本

1988 年管咀孜窑址考古发掘出土标本

1988 年管咀孜窑址考古发掘出土标本

1988 年管咀孜窑址考古发掘出土标本

1988年管咀孜窑址考古发掘出土标本

2011年淮南市谢家集区隋代墓葬出土的盘口壶残片

寿州窑隋代印花模具

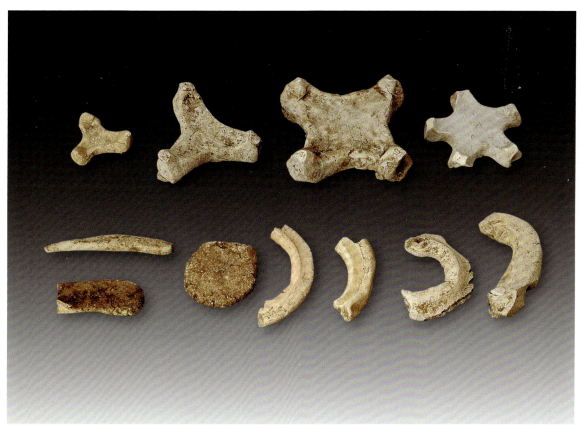

上窑镇管咀孜窑址窑具

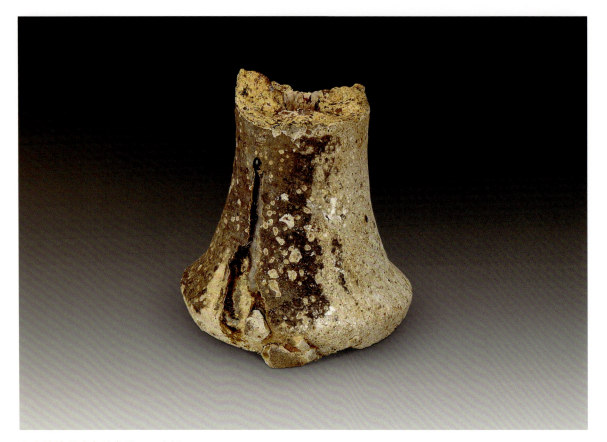

上窑镇管咀孜窑址窑具——支托

上窑镇医院住院部窑址（自西向东）

上窑镇医院住院部窑址（自西向东）

1988年上窑镇医院住院部窑址发掘出土标本

1988 年上窑镇医院住院部窑址发掘出土标本

1988 年上窑镇医院住院部窑址发掘出土标本

1988年上窑镇医院住院部窑址发掘出土标本

上窑镇医院住院部窑址出土的碾轮

上窑镇窑址出土匣钵

在上窑镇采集的瓷土

寿州窑唐代陶拍（1986年寿州窑泉山窑址拣选）

寿州窑唐代陶拍

上窑镇高窑窑址（自东南向西北）

上窑镇高窑窑址（自东南向西北）

上窑镇东小湾窑址（自东向西）

上窑镇东小湾窑址堆积物

东小湾窑址采集到的凤鸟形器盖

上窑镇松树林窑址（自南向北）

上窑镇松树林窑址、东小湾窑址拣选标本

上窑镇松树林窑址、东小湾窑址拣选标本

上窑镇松树林窑址、东小湾窑址拣选标本

上窑镇松树林窑址、东小湾窑址拣选标本

上窑镇松树林窑址、东小湾窑址拣选标本

上窑镇松树林窑址、东小湾窑址拣选标本

上窑镇管咀孜窑址拣选标本——窑棒

淮南市山南新区建设中发现的寿州窑筒形器

2012 年在淮南市三和乡第二通道寿州窑窑址南侧出土的红烧土和釉的烧结物

寿
州
窑

青黄釉小龙柄鸡首壶

隋（581~618年）
口径6.4厘米，底径6.1厘米，高21.6厘米
20世纪70年代大通出土
淮南市博物馆藏

　　此器约在20世纪70年代出土于淮
南市大通区，距寿州窑窑址很近。出土
时龙柄残缺，后修复完整。该器的整体
造型趋向于北方邢窑特点，尤其是下腹
部所占比重较大，有寿州窑隋代早期或
更早期的时代面貌。其盘口的深度比例，
颈部、腹部间的比例接近西安李静训墓
出土的白釉双系鸡首壶。隋代寿州窑大
型盘口壶的整体造型修长高大，此器腹
部比例较大，形态饱满，通体施青釉，
偏黄，釉层较厚，发色、玻化很好，是
早期寿州窑的代表性作品。

青釉龙柄鸡首壶

隋（581~618 年）
口径 7.5 厘米，底径 6.3 厘米，高 31 厘米
2011 年于南京征集
淮南市博物馆藏

　　龙柄鸡首壶是隋代寿州窑标志性产品，它以修长俊朗的造型，写实粗犷的表现手法，显示出寿州窑窑工的高超技艺和对瓷器美学的独到理解。寿州窑龙柄鸡首壶总体风格趋向于北方窑口，但变化很大，主要体现在壶的颈部与腹部比例关系上。邢窑的鸡首壶腹部比例要比寿州窑大，盘口深且小。此件龙柄鸡首壶是寿州窑隋代产品中的精品。龙柄粗壮有力，龙首、鸡首以写实风格构成，系窑工以娴熟的技艺随手捏塑成型。装饰腹中部的二周方棱凸弦纹粗犷厚重，成为鸡首和龙柄的支撑点。龙首口衔盘沿，龙须向外翻卷，眼球硕大。鸡首向后扬起，口中衔以小珠，栩栩如生，以强烈的写实风格和优雅的形态，给观者以美感。该器釉色发色很好，通体施青釉，色偏黄绿，釉层较厚，在盘口、颈部及腹的凹陷处产生积釉并发生窑变，使整器的釉色看上去更加富于变化。

青釉龙柄鸡首壶

隋（581~618年）
口径9.3厘米，底径11.8厘米，高46.7厘米
2011年6月13日于淮南征集（柄下部修复）
淮南市博物馆藏

　　此器高大修长，造型优雅，龙柄、鸡首形态生动自然，是隋代寿州窑瓷器中的代表性作品，是已发现的隋代鸡首壶中形制最大的一件。

　　深腹小盘口，唇口外卷，盘底出棱角，制作规范。细长颈上窄下宽，呈宝塔状。颈的上部饰二周凹弦纹，因积釉使颜色加深变暗。下腹部约占总高度的二分之一，比例十分协调，增加了整器的美感。斜溜肩上饰一昂首鸡首，鸡冠高拱，小圆眼外凸，十分精神。长龙柄自溜肩处向上弓起，强而有力。龙吻口衔小盘口，有吞噬壶中宝物之态。溜肩下部饰二周凸起的弦纹，粗壮有力，弦纹的凹陷处积满釉水，釉色酱而泛黑，更显弦纹的装饰之美。施青釉，青中泛黄，釉层较厚，在肩腹处釉有脱落，施釉至腹下部，因釉的肥厚而形成十数道蜡泪痕。胎质细白，坚硬。平底微凹。

青釉四系龙柄盘口壶

隋（581~618 年）
口径 6.6 厘米，底径 6.1 厘米，高 23 厘米
1974 年合肥市长丰出土
安徽博物院藏

　　此器很有特点，其形制如同隋代
寿州窑的龙柄鸡首壶，但没有装置鸡
首，十分少见，迄今仅见此例。器物
的造型粗犷厚重，小深腹盘口，长细
颈上饰三周凸弦纹，广丰肩上置四枚
对称的双股系，肩上饰一周粗壮的凸
弦纹。长鼓腹，腹下缓收至足上，平
足外撇。在盘口与肩之间置一修长龙
柄，龙口口衔盘口，龙吻深入盘内，
做吸允状。通体施青釉，积釉处窑变。
此器造型修长，盘口，龙柄及腹部之
间比例十分协调，给人以挺拔俊美之
感，代表了隋代寿州窑风格和面貌。

青釉双龙柄堆塑动物纹连体瓶

隋（581~618 年）
口径 4.5 厘米，底径 3.5 厘米，高 18 厘米
淮南市凤台县泥集出土
安徽博物院藏

　　此器是迄今为止发现的唯一一件隋代寿州窑龙柄连体瓶。盘口，单颈，双腹，双平底。双腹上各塑一个修长的龙柄，龙头口衔盘口，龙首探进壶内，犹如正在吸允瓶中美酒，双联腹上对称置四个动物，龙柄一侧的下方动物形如猴状。对称一侧有残。器物的胎体呈淡乳色，施青釉，釉色偏淡，脱釉严重。此类器物在各地同时期窑口发现很少，陕西西安李静训墓曾出土一件，天津市博物馆收藏有一件，二件器物均出自邢窑，属早期白釉产品。安徽博物院收藏的这件双龙柄联体瓶从一个侧面反映了寿州窑早期文化面貌受北方窑口影响较多的事实。

青釉四系细颈盘口壶

南朝至隋（420~618 年）
口径 5.9 厘米，底径 6.5 厘米，高 15 厘米
1988 年 11 月 11 日上窑镇马岗村民金箭宝捐赠
淮南市博物馆藏

　　此器是目前已发现的最早的寿州窑产品。

　　小盘口，细束颈，颈与肩部结合处有一周弦纹，斜溜肩，肩部四个对称的桥形系。长鼓腹，平底。施青釉，色泛黄，至腹下，有蜡泪痕。器内满施釉，釉面较薄，有细小开片，胎体灰白，质较细，平足。一般认为，寿州窑创烧于南北朝中晚期，目前已发现的窑址时代最早的是隋代窑址，主要位于上窑镇管咀孜和相邻的凤阳武店一带。据捐赠人口述，该器出土于马岗村附近的砖室墓，马岗村距管咀孜窑址约 1.5 公里，出土这件盘口壶的墓葬有可能是窑工墓。

　　该器整体造型规整，有典型的南朝时期的文化面貌。其四个小桥系制作是以手工捏塑而成，不十分规整，到隋代时，寿州窑的系均为双股系，是该窑口的标志性符号，盘口壶也演变成器形高大，装饰精美的特色产品。此器发现于管咀孜窑址附近，又是早期产品，足以证明寿州窑至少在南朝时就已经创烧，更显此器弥足珍贵。

青釉四系盘口壶

南朝至隋（420~618年）
口径7.9厘米，底径5.5厘米，高18.6厘米
2007年8月25日于淮北征集
淮南市博物馆藏

　　此器有寿州窑早期产品特征，即釉色与胎色相近，釉层很薄，且厚薄不匀，在高温烧造下，器胎稍薄处略有变形。该器的小盘口尚规整，但盘口略小，颈部与肩的连接部分稍扭曲。施青釉，色泛土黄，在盘口下沿和颈、肩上部有稍厚的积釉，其余的釉色与胎色很接近，没有玻璃光泽，有大面积脱釉。灰红色胎尚细腻，平足略外撇，平底，修足规范。

青黄釉四系盘口壶

南朝至隋（420~618年）
口径7.3厘米，底径5.4厘米，高17.5厘米
长丰县文物管理所藏

　　此器在烧造中盘口部分略有变形。浅盘口，圆唇，口沿外翻，细短颈，肩上置四对称双股系，制作不甚规范，宽丰肩，圆鼓腹，平足，足内凹陷。施青黄釉，釉层剥蚀严重，在盘口下沿和器身的凹陷处残留釉层，整器露灰色胎体，胎质粗糙，胎泥未经淘洗。此器造型、拉坯工艺、烧造水平等都具有寿州窑早期面貌。

青釉刻划花六系盘口壶

南朝至隋（420~618 年）
口径 16 厘米，底径 11.8 厘米，高 36.8 厘米
1984 年安徽省合肥隋开皇三年（583 年）墓出土
安徽博物院藏

　　盘口外撇，浅腹，长细束颈，溜肩上置六个桥形系，这种形制的系在寿州窑隋代产品中罕见，应更早一些。鼓腹，腹的最大径在腹中部，有二周细凹弦纹将腹部分割，上部饰一周覆莲瓣纹，下部饰一周仰莲瓣纹，装饰方法以划花法，其纹饰的风格和剔划的方法符合寿州窑产品风格，这种方法在整个隋代都在使用。半施青釉，釉层玻化很好，下腹有数道蜡泪痕。足下露灰色胎体，质坚细，平底微凹。该墓共出土 2 件盘口壶，均为六桥系，共同特征是颈部尚没有隋代寿州窑特有的 2~3 周凸弦纹，是为早期面貌。此器为纪年墓出土，为隋代标准器之一。

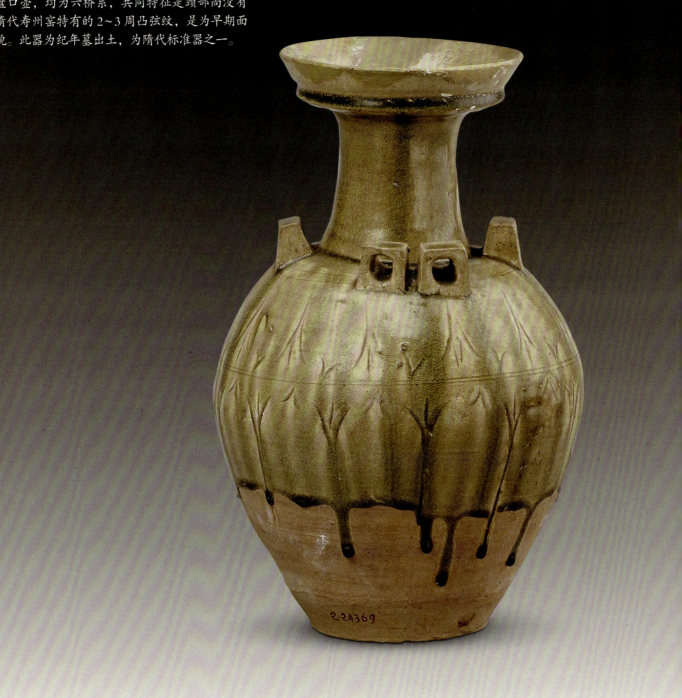

青釉四系盘口壶

隋（581~618 年）
口径 12 厘米，高 31.4 厘米
蚌埠市郊出土
蚌埠市博物馆藏

　　此器造型简约，壶体修长，盘口与足底比例适当，整器协调美观。盘口外撇，圆唇口沿，口沿的圆润与盘底的棱角形成对比。长细束颈的曲线流畅自然，广丰肩上四枚精致的双股系十分规整，系的上下有二周深浅不同的弦纹。半施青釉，釉层厚而均匀，下腹部露灰色胎体，平足略外撇，与外撇的盘口相对应，尤显窑工的良苦用心。

青釉四系盘口壶

隋（581~618 年）
口径 12.5 厘米，底径 9.5 厘米，高 33.5 厘米
2009 年 3 月 8 日于扬州征集
淮南市博物馆藏

　　该器造型端庄秀丽，制坯、施釉及烧造工艺俱佳，是隋代寿州窑同类产品中的精品。深盘口呈喇叭状，口沿部分处理的很细腻，口沿圆润而略向外折，盘底平整，并向外凸起。长细颈，向下渐粗，呈倒置的长喇叭状。肩、颈接胎处形成凸弦纹。丰肩，肩上置四个对称的双股系，制作很规范，是同类器物中四系制作最为讲究的。通体施青釉，釉色偏黄绿，釉层肥厚，在盘底及凹陷处产生积釉，并有蓝色窑变，腹下有数道蜡泪痕。足下露砖红色胎，质坚细。

青釉戳印纹四系盘口壶

隋（581~618 年）
口径 11.5 厘米，底径 11.8 厘米，高 35 厘米
1977 年蚌埠市临淮关郊区出土
蚌埠市博物馆藏

寿州窑

　　此器是隋代寿州窑产品中在造型、釉色、装饰和烧造工艺上的巅峰作品，也是目前所见为数不多的、最为精美的隋代寿州窑产品之一。整器从上部的盘口至足底的制作非常讲究，十分规整。盘口外撇，圆唇口沿，盘底出棱角，长束颈，上饰二周凹弦纹，颈部向下渐大，颈下部饰戳印的七瓣小团花，广丰肩上置四枚对称的双股系，系的下端装饰十数瓣戳印的团花纹。肩部以二周凹弦纹隔断，在肩的上部饰一周戳印的由团花和树叶纹组成的二方连续图案，弦纹内有一周六瓣团花，腹部的下方装饰一周由戳印团花和树叶纹组成的四花瓣纹。整器装饰有四层纹饰，在隋代寿州窑器物装饰上算是繁缛华丽了。器物施青釉，釉色均匀纯正，腹下部露胎，有数道蜡泪痕。露胎处显示出胎体细白、紧密。

青釉小盘口壶

隋（581~618年）
口径11.5厘米，底径11.8厘米，高32.2厘米
皖西博物馆藏

　　此器腹部下坠，颈部略显短小，是隋代寿州窑早期盘口壶的特点。浅腹盘，口沿外撇，长细束颈，颈上有三周凹弦纹。这种装饰方法后期演化成粗壮的凸弦纹。丰肩上置四枚双股系，系下有二周凹弦纹，腹部硕大，腹下缓收至足底。半施青釉，釉色均匀，玻化很好。下腹部露淡乳色胎体，质坚细。此器虽然装饰简单，但造型敦厚，形制规范，保存完好，是寿州窑早期产品的代表作。

青釉六系盘口壶

隋（581~618 年）
口径 14.8 厘米，底径 13.5 厘米，高 41 厘米
1984 年合肥隋开皇三年墓出土
安徽博物院藏

　　这件器物是早期寿州窑的标准器。此器的颈部与腹部之间比例与后期的盘口壶不同，腹部偏大，颈部稍大一些。颈部上没有后来形成的寿州窑盘口壶的标志性符合，即凸弦纹和凹弦纹，系的形制也还没有定型，不是常见的双股系鋬，而是不规整的桥形系。从这些特征看，此器虽出土于隋开皇三年的纪年墓中，但有可能时间会更早一些，当在南朝晚期。器物的形制很规整，盘口稍大一些，半施淡青灰色釉，釉层虽然不厚，但玻化程度很高，有细小开片。从露胎处观察，胎质细腻，烧造温度较高。

青釉四系盘口壶

隋（581~618 年）
口径 12.1 厘米，底径 10.6 厘米，高 32.8 厘米
1976 年 12 月合肥蜀山公社上交
合肥市文物管理处藏

　　该器可看做隋代寿州窑比较标准的四系盘口壶。其造型端庄典雅，形制规范中显示出秀丽，因釉层肥厚而产生的十数道蜡泪痕，本是一个缺陷，但在此器中形成了一种釉色变化之美。浅盘口外撇，呈大喇叭状，圆唇丰润，盘底外凸，厚积釉，细直颈，挺拔有力，颈中部有二周较细的凹弦纹。肩部丰满，上置四个对称的双股系，系的形状、安放很讲究。腹部饱满，下腹缓收，平足外撇，微凹。施青绿釉至腹中部，釉层较厚，发色很好。露灰红色胎，胎质坚硬，较细密。

青釉戳印莲花纹四系盘口壶

隋（581~618 年）
口径 14.2 厘米，腹围 22.8 厘米，底径 12 厘米，高 41.8 厘米
20 世纪 80 年代初合肥市白水坝齿轮厂施工出土
安徽省文物考古研究所藏

　　圆唇，浅盘口，颈稍长，颈部有两道凸起的箍。圆溜肩，肩口有四个双股系。圆腹，下腹内收，饼足外撇。上腹部施釉，颈部和肩部均戳印一周相间的花朵和莲花。肩腹部有四道凹弦纹作隔断，上下两层戳印一周垂莲瓣纹。中间饰花瓣与叶片组成的图案。此器是目前已发现的隋代寿州窑产品中装饰最繁缛华丽的两件盘口壶之一，另一件收藏在蚌埠市博物馆。自颈部至腹下有凸弦纹、莲花纹共计 11 层。花朵和莲花是以制好的小花头均匀整齐的戳印到器上的，十分漂亮，是隋代寿州窑的代表性作品。

州
窑

青釉四系盘口壶

隋（581~618 年）
口径 16.5 厘米，底径 14 厘米，高 47.2 厘米
合肥市东陈岗仪表厂工地出土
合肥市文物管理处藏

　　该器是目前所见隋代寿州窑盘口壶中形制最高大的器物。深盘口外撇，呈喇叭状，平底外凸，长细颈，颈的上部装饰二周凸弦纹。颈部与肩接胎很规范，结合处略向下凹，形成一种凹弦纹，四个双股系对称安置，斜丰肩，肩部装饰二周凹弦纹，腹下部缓收至足底，足部外撇，修足规整。施青釉，至腹下部，釉色晶莹，是隋代盘口壶中釉色发色十分出色的一类，玻化程度很高。此器出土时残破成数块，修复完整，虽有残缺，但仍能看到隋代寿州窑烧造高峰时期窑工们驾驭大型器物的能力。

青釉四系盘口壶

隋（581~618 年）
口径 13 厘米，底径 12.6 厘米，高 37.2 厘米
合肥大兴出土
合肥市文物管理处藏

　　深盘口外撇，呈大喇叭状，盘底外凸，出棱角。长颈，上细下粗，颈上部和颈下部各饰一周粗壮的方棱凸弦纹，丰肩，肩上置四个形态美观的双股系，系的下部通过指压与肩部结合很好，连为一体。肩下饰二周细细的凹弦纹。平足，修足很规整。施青釉，釉层较厚，釉色发色很好，玻化程度高，是寿州窑同类器物釉色中的佼佼者，施釉至腹下部。未施釉处露灰白色胎体，胎质较细，质坚硬。此器颈部接胎很有特点。寿州窑隋代盘口壶一般在肩上接胎，而此器的接胎是在颈的下部弦纹处，在腹部拉坯成型时，多拉出一部分，看上去犹如台阶状。

青黄釉四系盘口壶

隋（581~618 年）
口径 14 厘米，底径 12.2 厘米，高 39.3 厘米
1964 年冬寿县双门公社李祠大队祠东队开皇五年墓出土
寿县博物馆藏

　　盘口，卷沿，略呈喇叭状，盘底外折，制作规整。壶细长束颈，上有二周凸起的粗弦纹。颈部在四系的顶端弦纹处接胎。丰肩上对称置四枚双股系，肩上有数周细弦纹，长鼓腹，最大腹径在腹上部。下腹缓收至足底，底部略外撇。半施青黄釉至腹中部，在盘底、弦纹等凹陷处产生积釉，釉色深黑。隋代寿州窑管咀孜窑址生产有大量盘口壶，1988 年在此地的发掘中出土了一大批盘口壶的颈、口部，从高度判断，整器通高应在 45 厘米左右。此件器物应是管咀孜窑产品。此器出土于寿县安丰塘乡双门街道李祠，同出的有"开皇五年"刻铭砖。

青釉四系盘口壶

隋（581~618 年）
口径 13 厘米，底径 12 厘米，高 38.4 厘米
1973 年蚌埠闸附近出土
蚌埠市博物馆藏

　　此器造型很美观，惜釉色发色不好，青釉发色不正，变成了黄褐色釉。说明在还原氛围烧造时，窑膛中含有少量的氧，故釉色偏黄。小盘口浅腹，方唇沿，长束颈，颈上有二周凸弦纹，广丰肩上置四枚双股系，长鼓腹，小平足外撇。腹部以三层凹弦纹将腹部分成三个部分，每层内戳印花草，有大莲花瓣纹、莲花纹和缠枝花纹等。虽有釉色缺陷，但整器制作规范工整，纹饰漂亮，是隋代盘口壶中难得的精品。

青釉模印花卉盘口壶

隋（581~618 年）
口径 15.5 厘米，高 47 厘米
1973 年合肥市郊区杏花村公社五里岗隋墓出土
安徽博物院藏

　　目前所见大型盘口壶装饰有戳印、模印花纹的总量不多。除此件外，仅在安徽省文物考古研究所、蚌埠市博物馆见有 2 件完整器。此器与上述二器的形制风格基本相近。从形制上看，三件器物稍有区别，安徽省考古所收藏的青釉戳印花四系盘口壶形似后代的凤尾尊，腹部居中，口、足均小巧一些。蚌埠市博物馆收藏的青釉戳印四系盘口壶，腹部重心下坠，而安徽博物院收藏的这件居于两者之间，重心虽有些下坠，但口、足都要小一些。这可能不仅仅是形制上的区别，也是烧造时间上的前后不同。从形制演化上判断，蚌埠市博物馆收藏的时间要早一些。

黄釉戳印纹四系小盘口壶

隋（581~618年）
口径7.4厘米，底径6.8厘米，高20.5厘米
2012年3月于淮南征集
淮南市博物馆藏

　　此类戳印花纹四系小盘口壶在淮南市博物馆收藏有2件，造型、工艺技术、时代大致相同。此件器物更显规整。小盘口外撇，唇部丰厚，一侧微残。沿上饰一周凹弦纹，盘底形态规范。颈肩结合的很自然。四小系置于颈肩结合处，较规整，系的下端有指压痕。斜肩处饰一周凹弦纹，戳印花纹呈圆圈状，由15个点状环带构成，上下错位成二方连续图案。从其工艺看，应是用竹类器物削制成模具一次戳印成纹。通体施黄釉，釉下施化妆土。寿州窑到唐代才普遍使用化妆土，早期瓷器少见用化妆土。

戳印纹四系盘口壶

隋（581~618 年）
口径 7.1 厘米，底径 6.3 厘米，高 18.4 厘米
2011 年 6 月 10 日于淮南征集
淮南市博物馆藏

　　同类器物已发现 2 件，是具有寿州窑早期装饰风格的代表性器物。小盘口呈喇叭状，颈部无弦纹，颈部的长度较同时期的盘口壶相比稍短，可能是寿州窑早期盘口壶的制作尚未定型的原因。颈、肩接胎处痕迹明显，四个小系不甚规整，系的下端指压痕明显，且稍有扭曲。在肩和腹部装饰二周戳印花纹，每朵花纹由十四个戳点构成圆圈，应当是用模具一次戳印而成。这种装饰方法延续到隋代晚期的高大器型的盘口壶上使用，并加以丰富变化。

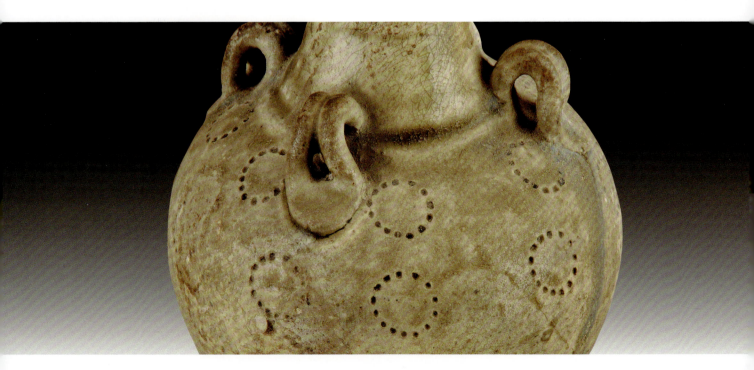

青釉三系盘口壶

隋（581~618年）
口径 7.6 厘米，底径 5.7 厘米，高 18.9 厘米
2011 年 6 月 13 日于淮南征集
淮南市博物馆藏

　　小盘口丰满圆润，口沿上饰一周四弦纹，盘口底部略外鼓，转角处外凸，拉坯很规整。细长颈与肩部的结合处形成规整的叠压。溜肩，圆腹，腹部很饱满。施青釉，釉色发色较好。值得关注的是此器在施釉前上过化妆土，一般认为隋代寿州窑各类产品均不施化妆土，唐代寿州窑才使用化妆土技术。但在淮南市博物馆收藏的 10 余件高度在 20 厘米左右的早期盘口壶中，有 3 件是上化妆土后烧造的。收藏于亳州市博物馆的隋开皇二十年盘口罐，有明显的施过化妆土痕迹，证明在隋代已使用化妆土。

青釉四系盘口壶

隋（581~618年）
口径 9.8 厘米，腹围 51 厘米，底径 9，高 30.4 厘米
2004 年 4 月 11 日至 14 日蚌宁高速公路太平岗墓葬群 M1 出土
蚌埠市博物馆藏

　　此器造型修长，其比例接近龙柄鸡首壶的造型。深腹折沿的小盘口，长细束颈上有三周四弦纹，长鼓腹，斜肩上有四枚小双股系，系下有二周四弦纹。半施青釉，积釉处泛蓝色窑变。肩下和腹下各有一处窑粘。下腹露灰红色胎骨，质坚细。在盘口壶中多见腹部宽大类的器型，像此器瘦长比例的比较少见。

青釉盘口四系罐

隋（581~618 年）
口径 14.5 厘米，底径 13.5 厘米，高 32.5 厘米
1973 年安徽省亳州市河北轮窑厂 M2 隋开皇
二十年（600 年）王翰墓出土
亳州市博物馆藏

　　浅盘口，圆唇，盘壁外卷，短颈，圆肩，肩部竖装双泥条状四系，鼓腹，平底。肩腹结合部一周凸棱。青釉呈黄色，有开片，匀净光亮，器内满釉，器外施半釉，肩部和盘部分积釉处呈蓝灰色的窑变色。腹下露胎处可见乳白色化妆土，可知至少在隋代中晚期时寿州窑已经使用化妆土。从腹下釉面边缘看，该器的施釉方法为刷釉，与常见的蘸釉法有别。盘口下的颈部很短，使整器看上去接近四系罐造型，器足尺寸较小，也不同于通常的四系罐形态。该罐为纪年墓出土，是隋代标准器之一。

青黄釉小盘口壶

隋（581~618 年）
口径 7.5 厘米，底径 5.4 厘米，高 17.5 厘米
2011 年 6 月 10 日于淮南征集
淮南市博物馆藏

　　该器是目前已发现的寿州窑产品中时代较早的一件。器物的拉坯制型不甚规整，小盘口略有变形，口沿外翻，丰满圆润，沿上有一周凹弦纹。颈部所占比例稍小，颈上无弦纹，这是早期面貌常见的特征。颈、肩接胎处很自然，四小系不甚规整，系略变形，系的下端指压痕明显。通体施青黄釉，釉下有化妆土。因施化妆土的缘故，胎釉结合不好，剥釉现象严重，在腹部出现大面积脱釉现象。釉只施到腹中部，露胎处可见胎色乳黄并泛红。烧结尚好，胎质细坚。

素烧四系盘口壶

隋（581~618 年）
口径 8 厘米，底径 6.4 厘米，高 20.2 厘米
2011 年 6 月 10 日于淮南征集
淮南市博物馆藏

　　此器为素烧器，即施过一层薄薄的化妆土后，未施釉即入窑烧造。一般认为最早在西晋时期婺州窑开始在瓷器上使用化妆土，然而马鞍山三国朱然墓中出土的越窑青瓷盆、卤形壶中已有使用化妆土，说明其使用时间可能更早。寿州窑在唐代普通使用化妆土，多为素烧后施釉再入窑烧成。此件器物具有显著的隋代特征和鲜明的时代风格，由此看来，寿州窑不仅早在唐代以前就开始使用化妆土，而且素烧方法也早于唐代。此器小盘口，口沿部分塑形不甚规整，稍有变形，估计因为这个原因而未施釉入窑烧造。通体呈乳红色，烧结较好。

青黄釉四系盘口壶

隋（581~618 年）
口径 7.7 厘米，底径 6 厘米，高 19.7 厘米
2011 年 6 月 13 日于淮南征集
淮南市博物馆藏

　　该器造型端庄，上下比例协调，虽为小型盘口壶，但有大器风范。小盘口制作规整，口沿部分丰满圆润，向外侧翻转，沿上饰一周凹弦纹。颈部装饰三周凹弦纹。肩部饱满，颈部与器肩的接胎很规整，颈腹处四系制作规范，系的曲线流畅。下腹急束，平足外撇，足心微凹。通体施青釉，色偏黄。仔细观察，釉下有化妆土，是早期瓷器中十分少见的。因施化妆土的缘故，釉色晶莹，玻璃光很强。在盘口上的凹弦纹和颈肩处的凹弦纹有积釉现象，并发生窑变。露胎处可见乳黄色胎骨，质坚细。

青釉四系小盘口壶

隋（581~618 年）
口径 5.5 厘米，底径 5.4 厘米，高 18.2 厘米
2011 年 6 月 10 日于淮南征集
淮南市博物馆藏

　　此器造型修长，釉层肥厚，有隋代盘口壶的典雅之美。细长颈上部的三周凹弦纹因积釉形成特殊的装饰效果。盘口的直径略略大于颈部直径，更显器物的高大修长。颈部下端与腹部的结合处形成凹弧面，圆溜肩的肩腹部分可见三层拉坯痕。四个双股系高高拱起，在颈、肩结合处，系的下部有明显的指压痕。通体施青釉，釉色发色很好，尤其是腹下部的釉层很厚，为蘸釉法施釉后，釉向下流淌所致，在系的上部略有脱釉现象。足下露胎处，可见胎色乳白，质坚细。修足很规整，足底平，微凹。整器虽高不到 20 厘米，但其修长的体型与馆藏寿州窑龙柄鸡首壶相比，除无鸡首和龙柄外，其造型、施釉毫不逊色。

青釉四系盘口壶

隋（581~618 年）
口径 14 厘米，底径 14.3 厘米，高 44 厘米
2008 年 6 月于合肥征集
淮南市博物馆藏

　　此器造型高大，形制工整，釉色肥厚，是隋代寿州窑产品中的代表性作品。浅盘口外撇，口沿圆润丰满。细长颈，颈部上沿与盘底同径，在隋代盘口壶中少见，一般是颈部小于盘底。颈部向下渐粗，在上部和下部各饰二周凸起粗弦纹，颈、肩的接胎处在较下的凸弦纹下，形成一种凹陷，丰肩上置四个对称的双股系，系的下沿饰二周凹弦纹，弦纹很规整。施青绿釉至腹下部，釉层很厚，玻化程度很高，在盘底，凹弦纹处有积釉，并产生窑变，腹下有数道蜡泪痕。胎体坚细致密，胎色呈乳红状。

青釉四系高细颈弦纹盘口壶

隋（581~618 年）
口径 13.4 厘米，底径 12.3 厘米，高 34.9 厘米
2009 年 3 月于扬州征集
淮南市博物馆藏

　　整体造型修长，腹部呈长鼓腹状，颈部细而长。盘口口沿外撇，沿唇部边缘有一圈凹弦纹，盘口下伸出平底并出棱角。长细颈向下渐粗，上部饰三周凹弦纹，颈腹连接处也饰一周凹弦纹。在颈部下方与肩相连处置四个对称的双股系。圆溜肩，腹部中间有接胎痕，可以看出，整器是由颈、上腹、下腹三部分相接而成。腹下也饰有一道凹弦纹。胎体厚重，紧密，色呈淡灰红。整器饰青釉，有细小开片。在盘口和颈部凹陷处产生窑变釉。

　　该器造型十分美观，是隋代南北方各窑口都流行的常见器型。在寿州窑管咀孜窑址曾大量出土这种器物的残件。从残器看，有些盘口壶可高达 50 厘米以上，反映出这种器物有盛水或盛酒等多种用途。

黄釉四系盘口壶

隋（581~618 年）
口径 8.1 厘米，腹围 35 厘米，底径 4.7 厘米，高 17 厘米
1979 年安徽博物院调拨
蚌埠市博物馆藏

　　此器形制较小，而盘口的比例过大，足部较小，比例失调，在寿州窑隋代盘口壶中少见。盘口的制作很规整，细束颈上装饰有三周凹弦纹，四枚双股系大小适宜，生动自然，鼓腹肩下有一周凹弦纹。从其釉面脱落较严重判断，烧造温度较低，胎釉结合不致密。但整器的制作尚工整，也不失为一件小巧玲珑的盘口壶。

青釉四系盘口壶

隋（581~618 年）
口径 7.1 厘米，底径 6.5 厘米，高 19 厘米
1985 年 3 月 14 日于潘集区平圩汪庙小学出土
淮南市博物馆藏

该器于 1985 年淮南市第二次全国文物普查中在淮南市潘集区平圩镇发现。深盘口，外撇，呈喇叭状，盘底制作规整，沿外凸呈棱角，肩颈接胎处略有凹陷，斜溜肩上置四个对称的双股系，系的制作及安置比较规范，系的下部装饰二周凹弦纹。长鼓腹，腹下缓收，平足，略外撇。施青釉，偏黄绿，釉不及底，至下腹止。露灰白色胎体，胎质比较细腻、坚硬。此器虽形制不大，但造型修长，玲珑可爱。

青釉四系小盘口壶

隋（581~618 年）
口径 6 厘米，底径 4.8 厘米，高 15.2 厘米
1985 年 1 月于上窑镇寿州窑出土
淮南市博物馆藏

此器是隋代寿州窑盘口壶中形制最小、釉色漂亮的小型盘口壶。器型虽小，但有大器风范。小盘口，深腹外撇呈小喇叭状，盘底形制规整，因积釉而釉色加深。长细颈上部饰凹弦纹，肩部斜溜，长鼓腹，最大腹径在腹中部。肩、颈处置四个对称的双股系，系的制作和安装很规整，系下饰二周凹弦纹。施青绿釉至腹下，下部露白色胎体，质坚细。平底，修足规整。

青釉印花盘口壶

隋（581~618 年）
口径 7.5 厘米，底径 7.6 厘米，高 20 厘米
1962 年 1 月 1 日于阜阳市阜阳地区水电局移交
阜阳市博物馆藏

　　此器造型优雅，盘口的曲线与足底外撇的形态相映成趣，十分美观。器物制作方法很有特点，盘口是以接胎方法粘接在已经拉坯成型的小喇叭口壶上，在盘底能够辨识到其结合处。长束颈和腹部上有七周凹弦纹，斜肩上和腹中部有三层模印花，纹样是以点状的圆圈构成。这种装饰方法的器物，淮南市博物馆收藏有二件形制相同的盘口壶，但器身只装饰有二层，形制也不如此器规整。

青黄釉四系盘口壶

隋（581~618 年）
口径 12.5 厘米，底径 9.6 厘米，高 27.9 厘米
1972 年谢家集区唐山公社九里岗大队出土
淮南市博物馆藏

　　该器大盘口，口沿外翻，颈部稍短，颈肩接胎很好，丰肩，下腹急收，在颈的上部和颈肩处装饰弦纹。通体施青釉，偏黄，釉下疑有化妆土。此器是早期寿州窑产品，颈部略显短粗，颈的凹弦纹发展到隋代时改变成凸弦纹，且粗壮有力，综合判断应属早期寿州窑产品。早期盘口壶一般 20 厘米以下，像此件高大的盘口壶比较少见。

青釉四系盘口壶

隋（581~618 年）
口径 12.4 厘米，底径 9.9 厘米，高 30.2 厘米
2009 年 4 月 9 日于寿县征集
淮南市博物馆藏

　　大盘口外翻，盘底外凸，形成棱角。颈部较粗，呈喇叭状，颈的上部饰二周凹弦纹，因凹陷处积釉产生蓝色窑变。肩部较宽，上置四个对称的双股系，形状规整。最大腹径在肩上部，半施青绿釉。腹下露乳白偏灰色胎，质坚细，平底内凹，修足规整。此器是寿州窑隋代常见的盘口壶形制，有一定的代表性意义。其变化在于颈部，一般饰二周凸弦纹，而该器装饰二周宽大的凹弦纹，很有特点。

寿州窑

青釉四系盘口壶

唐（618~907 年）
口径 6.9 厘米，腹围 32.5 厘米，底径 5.8 厘米，高
15.3 厘米
1999 年 11 月 9 日蚌埠市长青乡石巷村韩文伦挖交
蚌埠市博物馆藏

　　浅腹小盘口，翻唇沿，长细束颈，溜肩上置
四枚对称的小双股系，圆鼓腹。半施青釉，釉
色浅淡，釉面肥厚，有缩釉现象。下腹露淡乳
色胎体，足部外撇。器型造型简洁，线条流畅，
是典型的小型盘口壶形制，省略了颈部、腹部
的弦纹装饰。

青釉瓷壶

隋（581~618 年）
口径 6.3 厘米，底径 5.6 厘米，高 16.9 厘米
1975 年蚌埠市李楼公社出土
蚌埠市博物馆藏

　　小盘口，翻唇口沿，长细束颈，广丰
肩，圆鼓腹，腹下急收至足底，平足内凹。
此器无系，十分少见。半施青釉，缩釉严
重，釉面呈斑状。下腹部露胎，胎质较粗糙。
从其形制特点看，此器的烧造时间应在隋
末唐初这个时间段上。

黄釉四系盘口壶

口径 7.7 厘米，底径 5.3 厘米，高 19.6 厘米
1983 年 3 月于临泉县铜城镇古城遗址出土
临泉县博物馆藏

　　此器很有特点，器型有典型的隋代寿州窑盘口壶特征，但其颈部已经产生变化，长束颈上的凹弦纹和凸弦纹已经消失，更重要的是该器是施过化妆土后烧造，腹有明显的脱釉现象，在腹部釉面与胎体的界线中能够清晰的看到所施化妆土略多于釉面。该器釉色为黄釉，这是在氧化焰下才能够获得的釉色，说明烧造这件瓷器的窑炉以从还原气氛发展到氧化焰氛围中烧成，综合判断，此件盘口壶应是唐代初期产物，保留了隋代盘口壶的特征。

青黄釉小喇叭口瓷壶

隋（581~618 年）
口径 4.8 厘米，底径 5.5 厘米，高 14.5 厘米
2013 年 2 月 3 日扬州征集
淮南市博物馆藏

　　这种器型的瓷壶是由盘口壶演化而来的。在河北内丘隋代墓葬中曾出土有此类形制的瓷器，颈部和腹部基本相似，只是口沿部分保留了隋代盘口壶的特征，盘口演化的很小。此器口部呈喇叭状，侧面观察尚有盘口的遗风，长细颈，斜溜肩，最大腹径在腹下部。通体施青黄釉，缩釉现象严重，造成釉面不均匀。施釉至腹下，露灰色胎骨，质较粗，瓷土未经淘洗。

黄釉四系盘口壶

隋末唐初
口径 16 厘米，底径 12.5 厘米，高 39.5 厘米
1984 年 7 月平桥乡五里桥出土
皖西博物馆藏

　　浅盘口，唇沿，细长束颈，颈上部有一周凸弦纹，溜肩上置四个双股系。半施黄釉至腹下部，肩、腹部饰有凹弦纹。腹下缓收，平足外撇。此器有典型的隋代造型，但釉色黄，属氧化氛围中生成。釉下有乳白色化妆土，胎色也接近唐代寿州窑瓷器。颈部有一周凸弦纹的盘口壶少见。综合判断，应属隋代晚期寿州窑产品。

青釉四系盘口壶

隋（581~618 年）
口径 6.5 厘米，底径 6 厘米，高 17 厘米
寿县博物馆藏

青釉贴塑罐

南朝至隋（420~618年）
口径11厘米，底径9.5厘米，高22.5厘米
1982年寿县出土，许传先捐赠
安徽博物院藏

　　此器是寿州窑早期瓷器的代表作，十分少见，非常珍贵。直口，平沿，广肩，系的特点非常明显，是四桥系和双股系交错放置于肩部，这种方式在寿州窑产品中仅见此例。肩、腹部以二周凸弦纹将腹部分割成上、中、下三层。上层饰莲蓬、花草纹；中层饰犬、虎类动物纹，间以莲蓬纹；下层饰花草、菩提纹等。装饰方法是采用模印好的纹饰贴于罐体，三层纹饰、八个系和二周凸弦纹使罐体周身有很强的立体感，成为一件浮雕艺术作品。从其纹饰的艺术风格有较强的北方文化和佛教元素的特点来看，在陶瓷作品中十分少见。通体施青釉，凸弦纹上有积釉，釉色深暗。下腹有数道蜡泪痕，形成网状。此类罐发展到了隋代以后，纹饰简化，如淮南市博物馆收藏的堆塑压印纹青釉四系罐，简化了大部分贴塑纹饰，保留了其颈部形制和简约的装饰。

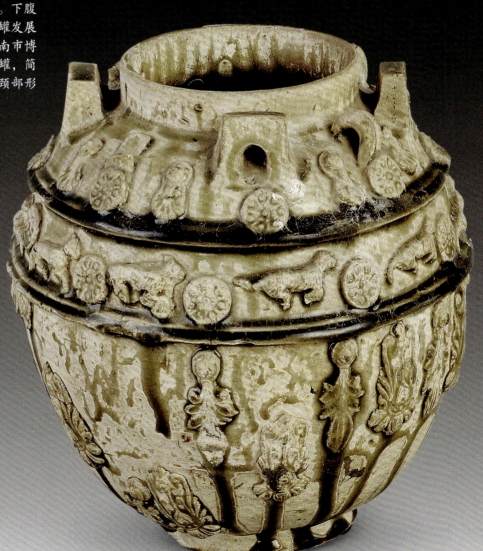

青釉莲花纹四系罐

隋（581~618年）
口径9.8厘米，底径9.3厘米，高18.5厘米
寿县八公乡玻璃厂附近出土
寿县博物馆藏

　　此器是隋代寿州窑四系罐的典型器，其装饰风格由早期的浅浮雕图案演化而来，更趋简约大方。平沿、敛口，口沿下颈部渐大至肩部，这种上小下大的口部，在寿州窑罐类器物中比较少见。肩上和下腹部各有二周凸弦纹，凸弦纹内装饰双层大瓣覆莲纹，每瓣覆莲纹内置有五瓣花式小覆莲纹，以戳印形式制成。腹部呈球状，腹下急收至足底，平底内凹，假圈足外撇。通体施青釉，在凹陷处有深色积釉。

青釉堆塑压印纹四系罐

隋（581~618 年）
口径 11.1 厘米，底径 10.6 厘米，高 20.7 厘米
1985 年 3 月 15 日上窑镇管咀孜征集
淮南市博物馆藏

　　卷口，短颈，鼓腹，平底，肩置四系，
胎色灰白，胎体细密。施青釉，器内满釉，
器外半釉。罐下部有流釉形成的蜡泪痕，
釉玻璃质感强，有细小开片。

　　该器装饰简洁，但很有特色。在肩部
和下腹部各饰一圈堆塑弦纹，两道弦纹与
竖向四道弦纹联结，弦纹上用工具断开，
形似江淮之间常用的柳编筐篓形状，腹下
部形成数道蜡泪痕，与弦纹协调一致，浑
然一体，非常简洁又十分生动。寿州窑在
隋代已颇具规模，多见瓶罐类器物。隋代
寿州窑产品不施化妆土，在还原焰下烧成，
釉面玻化强，有小开片。装饰手法丰富，
常见划篦弧纹和堆塑纹，简约而生动。

青釉弦纹四系罐

隋（581~618 年）
口径 11 厘米，底径 11 厘米，高 21 厘米
1957 年寿县牛尾岗发掘
安徽博物院藏

　　此器釉色晶莹，造型简约，是隋代寿州窑罐类器物的典型器。折沿，短细颈，丰肩，肩上对称置四枚粗壮的双股系，系下有二周凹弦纹，球腹。通体施青釉，釉面较厚，釉色均匀，玻化很好，有细小开片，腹下有积釉，有数道蜡泪痕。腹底露灰白色胎体，质细密。此器造型与亳州市博物馆收藏的隋开皇二十年盘口罐相比，除盘口外其他特征都十分相像，尤其是腹部、系下二周弦纹以及釉色均有共同特征，所以此器可看做是隋代中晚期的产品。

青釉四系罐

隋（581~618 年）
口径 14.2 厘米，底径 14.3 厘米，高 24.8 厘米
1985 年 3 月 26 日于田家庵区王巷村征集
淮南市博物馆藏

　　此罐是隋代寿州窑产品中常见的罐类
器型，其四系的装置特点和肩部及下腹部
的凸弦纹是当时普遍使用的一种装饰风
格。该器短直颈，斜溜肩，肩上置四个双
股系，肩、腹部上的凸弦纹不甚规整，施
青灰釉至腹部下。砖红色胎，胎质尚坚细，
平底微凹。整器看上去不甚规范，但代表
了隋代寿州窑的普遍面貌。

青黄釉四系小盘口壶

隋（581~618 年）
口径 6.7 厘米，底径 5.5 厘米，高 16.8 厘米
2008 年 6 月于合肥征购
淮南市博物馆藏

　　浅盘口外撇，口沿圆润，盘底边缘
外凸，制作规整，长细颈，颈、肩结合
形成一周弦纹，肩部较丰满，四个对称
双股系置于颈、肩处，长鼓腹，腹下缓收，
平足微凹。施青黄釉至下腹部，釉层较
薄，有脱釉现象，露砖红色胎，质较粗。
整器虽不高大，但形态简约规整，简化
了颈部的弦纹装饰，看上去不失典雅。

青釉三系瓷罐

隋（581~618 年）
口径 9.5 厘米，底径 10 厘米，高 20.7 厘米
1973 年蚌埠东郊李楼公社出土
蚌埠市博物馆藏

　　此罐很有特点，颈、口内敛，在隋代同类器中较少见，罐腹以三层凹弦纹装饰，简约而美观。罐的颈部很短，圆唇下有一周凹弦纹，颈肩处有二周凹弦纹，加上肩、腹部的 6 周弦纹，共计有 9 道弦纹，构成了此罐的主体装饰风格。广丰肩，肩上饰三枚双股系，少见。球腹，假圈足外撇，施青釉泛黄绿，有明显缩釉现象。

青釉压条纹四系罐

隋（581~618 年）
口径 10.6 厘米，底径 11.5 厘米，高 21.2 厘米
1985 年 4 月 22 日于上窑管咀孜征集
淮南市博物馆藏

　　此器短直颈，圆唇口，斜溜肩，肩部置四个双股系，系的下端有很深的指压痕，几乎与溜肩成平面状，是窑工为了保证系的坚固所致。肩上饰二周凹弦纹，腹中部饰二周堆塑压条纹，这种做法是在二周凸弦纹上用工具断开。同类器物在淮南市博物馆馆中有青釉堆塑压条纹四系罐，其压印纹饰形似柳编筐篓状，而此器更加简化，二器之间或有时间上的前后关系。整器施青釉，偏黄绿，釉层较薄，玻化很好。露淡乳红色胎，胎质较细密。

青釉四系罐

隋（581~618 年）
口径 7.8 厘米，底径 9 厘米，高 17 厘米
2011 年 6 月 11 日于淮南征集
淮南市博物馆藏

　　小口，直颈，颈部粗壮，口沿呈唇状，斜溜肩，颈肩处装饰四个双股系。施青釉至腹下部，釉层肥厚，下部露灰色粗胎，可辨胎骨未经淘洗，夹有砂粒。下腹部急内收，足部略外撇，平足，修足不甚规范。四系罐是隋代寿州窑常见产品，其中不乏精细类并装饰纹样的产品，但更多的是此类产品。该器虽胎骨粗糙，但以其玻化程度很好的釉色，遮掩了工艺上的缺陷，看上去仍有粗犷之美。

窑变釉直颈罐

隋（581~618 年）
口径 8.7 厘米，底径 10.2 厘米，高 20.8 厘米
1987 年 6 月窑河鱼苗场出土
淮南市博物馆藏

　　短直颈，圆唇，斜溜肩，圆鼓腹，最
大腹径在腹中部，腹下缓收，平足，修
足尚规整。通体施青釉，至腹下部。釉
层较厚，有高温产生窑变，因釉中含氧
化钴所致，釉色发蓝，因厚薄不匀而有
深浅变化。器胎质较粗，未经淘洗。此
器虽无纹样装饰，但造型简洁大方，粗
器胎与窑变釉相对比，体现了寿州窑的
粗犷之美。

青釉四系罐

隋（581~618 年）
口径 8.2 厘米，底径 7 厘米，高 15.5 厘米
2009 年 6 月 29 日于淮南征集
淮南市博物馆藏

　　此器是隋代寿州窑比较常见的器型。
直颈唇沿，小溜肩。肩上饰四个粗壮的双
股系。肩部和下腹部装饰二周浑圆的凸弦
纹。施青釉至腹下部，釉层较薄。胎体较
粗，露胎处可辨胎中含有砂粒，胎色灰红，
修足不规整。凹弦纹和凸弦纹是隋代寿州
窑常用的装饰方法，隋代早期的罐腹上装
饰有模印贴花，后期趋于简化，常见罐体
上装饰此类凸弦纹，十分简洁，是寿州窑
隋代产品标志性的装饰。

青釉直口球腹印花罐

隋（581~618年）
口径6.3厘米，底径4.8厘米，高9.8厘米
1978年安徽省六安县出土
皖西博物馆藏

　　此器整体制作并不十分精致，但由于其上有三种戳印花纹，并以几何式排列，显得轻松自然，使小罐看起来十分美观。该器直口，圆唇，溜肩与肩部置四枚对称的双股系，系的下端戳印四瓣小花朵，肩与腹部上饰三种粗细不同的圆形花朵，是以戳印方法制成，腹中部饰二周四弦纹。半施青釉至腹下部，釉色偏暗，发色较均匀。

寿州窑

青釉莲瓣纹碗

隋（581~618年）
口径 12 厘米，底径 4.2 厘米，高 8.3 厘米
1984 年合肥隋开皇三年墓出土
安徽博物院藏

　　直口，平沿，沿下饰一周凹弦纹，深直腹，腹下部急收至足底，小平足外撇。腹部装饰大瓣仰莲纹，每瓣莲纹有 5~6 层构成，以剔划方法制成，虽不甚娴熟规范，但自然有趣。这种剔划方法的仰莲瓣纹发展到隋代中期以后，采用戳印的装饰方法。通体施青釉，釉色浅淡，在纹饰的凹陷处，釉色较深。釉面玻化较好，有细小开片。此器出土于合肥隋代开皇三年的纪年墓中，同墓出土的还有盘口壶等，是隋代寿州窑的标准器，具有重要的断代标准意义。

青釉小碗

隋（581~618年）
口径 8.3 厘米，底径 3.5 厘米，高 4.7 厘米
2010 年 8 月 24 日谢家集区新村砖墓出土
淮南市博物馆藏

　　此器为同一墓出土的二件碗之一。二件深腹碗形制、釉色基本相同，此件稍规整一些。深腹直壁，腹下急收，小平底内凹。半施青釉，釉层较厚，发色较好，釉厚处有蜡泪痕，胎色呈淡乳色，质尚坚细。

青釉小碗

隋（581~618年）
口径 8.2 厘米，底径 3.6 厘米，高 4.6 厘米
2010 年 8 月 24 日谢家集区新村砖墓出土
淮南市博物馆藏

　　深腹碗是隋代时期比较常见的一种生活日用瓷。此器胎体较厚，形制尚规整，釉层较薄，属隋代寿州窑同类器物中时间稍早的一类产品。从其口径和腹深比例来看，此器可能是用作饮茶、酒一类的器具。

青釉莲瓣纹碗

隋（581~618 年）
口径 13.2 厘米，底径 5.9 厘米，高 7.3 厘米
1982 年合肥市西门干休所隋墓出土
安徽博物院藏

　　直口，平沿，沿下饰一周凹弦纹，深腹，腹部较直，下腹部急收至足底，平足，假圈足外撇，修足规整。通体施青釉，釉色浅淡，偏黄，釉面较薄，玻化很好，晶莹光亮，周身布满细小开片，胎色淡乳黄，质坚细。在腹的中上部装饰大瓣的仰莲纹，以剔划方法装饰，呈二方连续排列组合，每瓣莲花的形态不同，可以看出窑工的处理不是十分娴熟。在隋代的碗类产品中区装饰花纹并不多见，但此器造型端庄、规整，釉色均匀，是早期寿州窑碗类制品中的典型器。

青釉碗

隋（581~618 年）
口径 11.1 厘米，底径 4.3 厘米，高 3.4 厘米
1972 年 1 月唐山公社九里大队出土
淮南市博物馆藏

　　此碗是隋代寿州窑中的精品，比较少见。敞口，深腹，口沿部分微内敛，沿外有一周很细的弦纹。通体施青釉至足部，釉层很厚，发色很好，釉面的玻化很成功，碗的内外均有小开片。胎色灰白，质坚细。满施釉的碗在隋代寿州窑产品十分少见，此器形态规整，釉色饱满，是同时期产品中的佼佼者。

青釉碗

隋（581~618 年）
口径 14 厘米，底径 6.7 厘米，高 6.7 厘米
1984 年合肥隋开皇三年墓出土
安徽博物院藏

　　此器虽然造型、釉色很普通，但由于是隋开皇三年纪年墓出土，对早期寿州窑碗类产品的断代有重要意义。从器物上观察，其胎质很细腻，内外均半施釉，是其时代特征，应当加以关注。

青釉碗

隋（581~618年）
口径 11.5 厘米，底径 4.5 厘米，高 4.3 厘米
1987 年 6 月于窑河鱼苗场出土
淮南市博物馆藏

　　圆唇口沿，大敞口外撇，斜腹缓收至
足底，平足，足墙不甚规整。施青釉偏黄，
釉不及底，至腹下部。隋代寿州窑的碗一
般腹部较深，此碗的形制已开始变浅，应
属隋代后期产品。

青釉高足碗

隋（581~618年）
口径 9.5 厘米，底径 4.9 厘米，高 7.2 厘米
1988 年上窑发掘 ST8②Ⅱ.34（2013 年 4 月修复）
淮南市博物馆藏

　　高足碗在隋代寿州窑产品中比较少见，
此件产品为 1988 年窑址考古发掘中获得，经
修复完整。此器是在一个深腹小碗下增加一
个塔状高足，显得很美观。其足部的制作工
艺不同于一般高足盘的做法。通常见到的高
足呈倒置的喇叭形足，而此器的足部制作呈
三层台阶式的塔状高足，层层内收，应当是
由接胎工艺制作而成的。施青釉只到碗底，
足部均露胎，胎色乳白，质坚，烧造温度较高。

青釉碗

隋（581~618 年）
口径 14.8 厘米，底径 6.7 厘米，高 6.2 厘米
1985 年 4 月 22 日上窑鱼苗场征集
淮南市博物馆藏

　　大敞口，半施青釉，胎体厚重，足部较宽大，整器有粗犷敦厚之感。此器的形制是隋代寿州窑碗类中常见的器型，流行时间较长，范围很广，当时南北方窑口均有烧造，是普通百姓日常生活中不可缺少的生活用品。

青釉碗

隋（581~618 年）
口径 10.2 厘米，底径 5.5 厘米，高 2.9 厘米
1972 年 10 月唐山九里征集
淮南市博物馆藏

　　碗呈敞口状，圆唇口，口沿外装饰一周细线状的凹弦纹。半施青釉，釉色偏黄绿，釉层较薄，透过釉层能感到胎体的结构，腹下露白色胎骨，胎质尚细密。该器造型粗犷大方，是隋代寿州窑的主要产品，在管咀孜窑址的遗存中有大量此类残器。

浅腹状，口沿略向外撇，盘底也向外突出，形成盘的腹壁向内凹弧。大喇叭足，足底宽大，足沿向上翻卷。通体施青黄釉，釉层玻化很好。足下半施釉，露乳红色胎，胎质坚细。隋代寿州窑生产的盘口壶器型有大小二个类型，此类小型盘口壶多注重喇叭足的高矮变化，使其看上去变化丰富。隋代瓷器的釉色一般为青釉或青中闪绿，此器釉色偏黄，这是因为在弱还原气氛中烧成的缘故。

青釉刻花铭高足盘

隋（581~618 年）
口径 27.1 厘米，底径 15.1 厘米，高 14.3 厘米
长丰县文物管理所藏

寿州窑

　　此器是目前已发现的隋代寿州窑高足盘类中最大型的器物。出土时盘上置有杯类器物。盘口呈浅腹状，唇口，斜腹急收至高足上。高足呈倒置的大喇叭口，足底略卷起，修足很规整。通体施青釉，偏黄绿，盘口的沿部有脱釉。此器盘内装饰了精美的莲花纹样。盘的中部以二周细弦纹将盘面分割成内区和外区。中心部位饰莲蓬纹，莲蓬心是小竹子类器物戳印而成，有 17 个小莲子。另有 16 朵盛开的大莲花瓣，围绕莲心铺开，对称安排。外区以 12 朵缠枝莲环绕中区。盘的中区有 6 字刻铭，足上有 4 字刻铭，刻铭类器物在寿州窑产品中很少见到。此器纹饰是寿州窑窑工以熟练的技法一气呵成的，花瓣的形态以及花朵之间的衔接相当自然，整器看上去非常漂亮。如此娴熟的技法，一定是经常运用到瓷器上，遗憾的是已发现的隋唐寿州窑瓷器中少有这类装饰，我们期待更多的发现。

青釉高足盘

隋（581~618年）
口径 12.4 厘米，底径 7.7 厘米，高 5.5 厘米
（2013年4月修复）
淮南市博物馆藏

　　此器是隋代寿州窑高足盘类中较低矮的一类器型。盘口呈深腹直壁状，盘底为斜坡状收至足上。大喇叭足使器物看上去端庄平稳。施青釉至腹底，凹陷处有积釉并产生蓝色窑变。大喇叭足未施釉，露灰白色胎，胎质坚细。足部低矮的高足盘在寿州窑同类产品中所占比例较少，高足盘的足一般都为高喇叭足状，此器足部虽然不高大，但仍是一件十分精美的隋代瓷器。

青釉高足盘

隋（581~618年）
口径 12.9 厘米，底径 8.3 厘米，高 5.7 厘米
1988年上窑发掘 ST8 ② II.38（2013年4月修复）
淮南市博物馆藏

　　此器是隋代寿州窑高足盘中较精细的产品。该器盘口较深，所占高度的比例较大，给人以敦厚稳重之感。从其胎质看，色乳白偏红，已有唐代寿州窑瓷胎的特征。低矮的大喇叭足接近平足特征，但制作很规整，尤其足部外沿，圆润饱满。高足盘的功能从考古发掘看，其上放置有酒杯，但从其造型上看，也应有盛放食物的功能。

青釉高足盘

隋（581~618年）
口径 12.3 厘米，底径 9 厘米，高 8.8 厘米
1988年上窑发掘 ST8 ② I.38（2013年4月修复）
淮南市博物馆藏

　　高足盘是隋代寿州窑继盘口壶、罐、碗之后常见的产品，有两种器型：一种是直径在 20 厘米，高度在 15 厘米左右的大型高足盘；另一种就是此类造型的小型高足盘，一般高度在 10 厘米以内。该器盘口外撇，呈大敞口状，口部略外翻，圆唇丰满，盘底制作很规矩，底沿略外凸，形成棱角。凹陷处产生积釉。足部呈倒置的大喇叭状，足沿圆润饱满，修足很规整。施青釉不及底，喇叭足上半施釉，露乳白色胎，胎质较坚细。此器为 1988 年考古发掘获得的残器，经修复完整。

青绿釉高足盘

隋（581~618 年）
口径 12.8 厘米，底径 8.9 厘米，高 10.2 厘米
1985 年 4 月于合肥三孝口拣选，2013 年 4 月修复
淮南市博物馆藏

　　此器是隋代寿州窑同类器中造型比较美观的产品。这件器物整体看上去比较修长。盘口直，略外撇，盘底呈漏斗状与高足相接。造成盘内壁微凹，形成积釉。足部呈倒置的大喇叭口，底部的足沿略向上翻卷，形态规整而美观。施青绿釉至喇叭足的上部，下部露砖红色胎，胎质坚硬，烧造温度较高。

青釉水盂

隋（581~618 年）
口径 3.5 厘米，底径 3.9 厘米，高 5.8 厘米
淮南市博物馆藏

　　此件水盂虽无纹样装饰，但其造型十分规整，足部较一般水盂相比略略高一些，更显得此器端庄秀丽。隋代寿州窑生产的盂分大小两种类型，大的水盂一般在腹部装饰模印花纹；小的水盂素面无纹。此器小敛口，口沿外饰一周弦纹，圆溜肩，圆鼓腹，十分饱满，足部较高，外撇，修足规整。通体施青灰色釉，肩部釉层稍厚，产生蓝色窑变，腹及以下部分釉层较薄，腹下略有脱釉现象。

青釉戳印花钵

隋（581~618 年）

钵 1　口径 19.5 厘米，底径 12.5 厘米，高 19.6 厘米
长丰县文物管理所藏

钵 2　口径 19.7 厘米，底径 13.6 厘米，高 18.9 厘米
长丰县文物管理所藏

寿州窑

　　同类器型 2 件，均为隋墓出土。整器制作规范，造型饱满浑圆。大敛口，口沿饰一周凹弦纹，肩下饰二周凹弦纹。在口沿的弦纹外和肩下的弦纹下侧饰莲瓣纹，莲瓣纹外装饰小圆圈纹，二层莲瓣之间装饰花朵纹，花朵纹由二种形式组成，其一呈七瓣花朵，其二呈对称的六瓣花朵，六瓣花朵各饰一周点状纹。六瓣花朵和七瓣花朵成二方连续图案绕肩部一周，成为主题纹饰。这种佛教文化元素的图案装饰，反映了当时江淮地区的宗教流行及其影响。施青釉至腹下部，发色不均匀，釉色偏青黄，缩釉严重，有蜡泪痕。

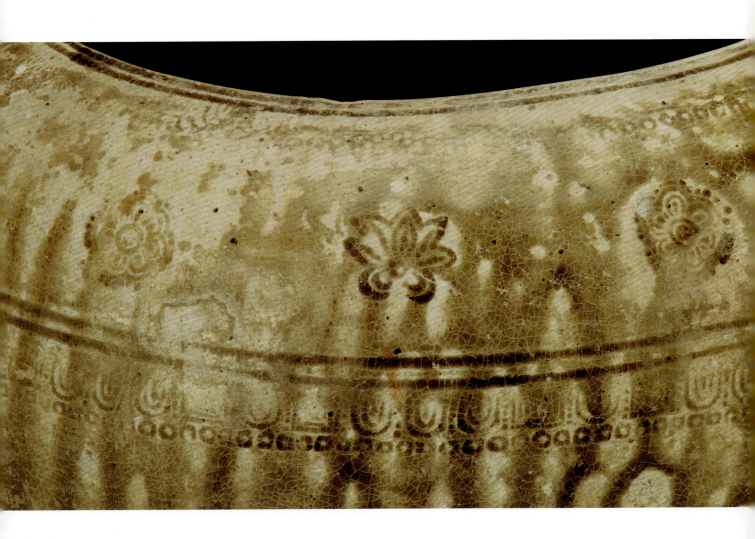

青釉烛台

隋（581~618 年）
口径 6.1 厘米，底径 11.1 厘米，高 5.7 厘米
窑址拣选，经修复完整
淮南市博物馆藏

　　该器呈三层台阶状，发现时残存一半，后修复完整。圆状的三层台层层相接，上小下大。最下面一层稍高大，在立面装饰四朵三叉花草纹。通体施青釉，棱角处脱釉。三层台的平面上积釉很厚，产生蓝色窑变釉。隋唐寿州窑都烧造烛台，形制上变化不大，唐代多见莲花座式烛台。

青釉器盖

隋（581~618 年）
钮径 5 厘米，口径 10.9 厘米，高 4.5 厘米
窑址拣选，后修复完整
淮南市博物馆藏

　　此器为瓶、罐类器物的盖，窑址拣选，发现时残存二分之一，经修复完整。器盖呈帽形状，执手部位柱状突起，盖面呈斜坡状，盖下有子口。通体施青釉，釉色发色很好，凹陷处有蓝色窑变。此器虽为残件，但做工讲究，是隋代器物中比较精细的产品。

青釉灯形器残件

隋（581~618 年）
残高 16.8 厘米，最大径 11.5 厘米
窑址拣选
淮南市博物馆藏

　　该器呈倒置的喇叭形状，中空，上部为盘口状，盘口以下至底部为卷沿形箍，又形似三层盘口壶的盘口相叠，如果不是中空和底座呈平底状，更像盘口壶的颈部。通体施青釉，偏黄绿，釉层很厚，玻化程度很好，在凹陷处有积釉。

青釉高柄灯残件

隋（581~618 年）
残高 25.7 厘米，最大径 8.6 厘米
2011 年 11 月 23 日康杰捐赠
淮南市博物馆藏

　　灯的盘口及底座残损，但仍能辨识其基本造型。盘口部分为二层，上、下层之间形成一周凹弦纹。柄部呈长高柱状，上小下大，在上部和下部各装饰二周凹弦纹。通体施青釉，釉层较厚，发色很好，在上部的盘口部分产生积釉。

黄釉双系注子

唐（618~907 年）
口径 12 厘米，底径 13 厘米，高 31 厘米
2009 年 3 月于扬州征集
淮南市博物馆藏

　　此注是目前已发现的寿州窑唐代瓷注形制中较大的一件。其形制还保留有早期壶、罐类器物演化过程中的一些特征，如流口较小，且呈竖直状向上昂起。发展到唐代中晚期，瓷注的流是向前伸出的。此器口沿丰满圆润，细颈形制很规整，如小喇叭状，曲线很美。弓形鋬不很大，但高高弓起，形态自然。小双股系很精巧，制作不失规范。硕大的袋状腹丰满肥胖。底径大于口径，因而虽然器型高大但给人感觉重心稳健。通体施黄釉，釉色非常饱满，是此类釉色中的佼佼者。釉色大多均匀，在肩和下腹处有局部过火。釉层肥厚，在腹底部有数道蜡泪痕。

酱釉注子

唐（618~907 年）
口径 6.8 厘米，底径 7.4 厘米，高 16.1 厘米
1986 年 1 月于上窑泉源征集
淮南市博物馆藏

　　此器有寿州窑唐代瓷注的早期特征，
主要体现在注子的流口和錾的形制上。
其流向上昂起，流的边缘与腹部几乎成
一条直线，流的边侧与注子颈部相粘连。
流的棱角模式已经形成，被削成六面体，
但不如后来的灵巧。錾的形状与常见的
弓形錾不同，虽为扁平状，但略成耳形，
注子的颈部也比中晚期的要细长一些。
器物的口部为宽唇沿，侈口，长细颈中
间束收，广肩，肩置流和錾，长直腹，
假圈足。平底，内凹。施酱釉，呈亚光状，
釉色玻化不好，有颗粒状斑点。

黑釉双系注子

唐（618~907 年）
口径 9.8 厘米，底径 10.3 厘米，高 21.5 厘米
2011 年 6 月 13 日于淮南征集
淮南市博物馆藏

寿州窑

　　该器呈喇叭口，圆唇丰满，短颈，窄肩，长鼓腹，溜肩上置短小带棱的流，对称的一侧置粗壮的扁平执手，弓形状，流与执手之间置二个对称双股系。通体施黑釉，釉色温润，足底露灰色胎，修足规整。寿州窑黑釉瓷注的形制有长柱形腹和圆鼓腹二种，淮南市博物馆收藏的 50 余件瓷注中有 13 件黑釉或酱黑釉产品，这些黑釉产品的形制均为柱状腹，而圆鼓腹状的产品往往都是黄釉产品，这种现象一方面是一个窑口中不同窑场生产的产品有所区别，同时，也是窑工掌握烧造工艺的水平及审美不同的结果。

青黄釉双系注子

唐（618~907 年）
口径 11.3 厘米，底径 14.5 厘米，高 27.5 厘米
2011 年 6 月 13 日于淮南征集
淮南市博物馆藏

　　此器是寿州窑瓷注中袋状腹类的代表性作品。这种腹部肥大、容积增多的器物是以方便实用为目的的产物。口部有残，经修复完整。侈口外撇，短细颈，斜溜肩上置小流口，流口削成七棱状，在肥硕的注体上显得小巧可爱。流口对称的一侧置小弓形錾，在流口与錾之间置二个短粗的双股系錾。注体上小下大，使其重心很稳，足部很宽大，更显此器的稳固。通体施黄釉，釉色偏绿，略有蜡质感，胎釉结合很好，没有脱釉现象。

黑釉双系注子

唐（618~907 年）
口径 9.6 厘米，底径 9.4 厘米，高 21.3 厘米
1992 年 5 月征集
淮南市博物馆藏

　　此器是唐代寿州窑黑釉瓷注的代表性作品。黑
釉釉色烧造的十分成功，从口部至底的黑釉发色漆
黑光亮，光彩照人。器物的形态为长细颈，喇叭口，
口沿圆润丰满，斜溜肩，长鼓腹，肩上置向上昂起
的六棱短流，流口对称的一面置扁平弓形鋬，对称
置二个小双股系。在口沿边、六棱流的棱角处和鋬
系的边缘处，黑釉泛酱色，是这些位置的釉层较薄，
露化妆土白色底的原因。足底露乳红色胎体，胎质
坚硬。整器胎、化妆土、釉水三者在高温烧造下结
合的很好，没有发生脱釉现象。

寿
州
窑

酱釉双系注子

唐（618~907年）
口径 4.2 厘米，底径 6.2 厘米，高 15.6 厘米
2011 年 6 月 13 日于淮南征集
淮南市博物馆藏

　　此器造型为寿州窑唐代早期形制，尤其口部呈深腹盘状，还保留着隋代盘口壶的遗韵，到唐代中晚期以后寿州窑的瓷注口部演化成细颈喇叭口状。其喇叭口虽然变化多样，但基本式样不变。此器的口沿圆润，深腹，略呈盘状，短细颈，斜溜肩，流口很短小，削呈棱角状，流口口沿削平，流对称的一面置弓形执手，在流口与执手之间两侧各有一系，系的形制较大，接近执手的大小，这是早期注子在形态上尚未发展成型，缺少执手与系的大小比例关系所致。通体施酱釉，釉偏红，釉的发色很好。

黄釉双系唇口注子

唐（618~907 年）
口径 9 厘米，底径 8.7 厘米，高 22 厘米
2010 年 11 月 4 日于淮南征集
淮南市博物馆藏

　　由罐形演化而来的瓷注因其腹部硕大，使得颈部显得细短。此注在造型中似有意将颈部稍稍加高，以增强其中比例协调关系。这类器物的口沿一般多为翻唇口，内沿凸起，沿口外伸。此器的肩部较同类器物要宽大、饱满，肩上置的小流口不甚精巧，没有一般稍小一些的瓷注口部精致，而是在圆柱上削成七棱面。弓形鋬上饰圆乳钉纹，既美观又加固了鋬与注体结合。通体施黄釉，釉色有过烧的特点，如温度再高一些，或烧造时间延长，可能呈现出酱色，故此注釉色不匀，流口一侧的注体釉色要偏暗一些。足下露砖红色胎体，质坚细，削足规整。

黄釉双系注子

唐（618~907 年）
口径 9.6 厘米，底径 11.5 厘米，高 21.9 厘米
安徽省文物考古研究所寿县工作站藏

　　侈口，卷沿，翻唇，唇部饱满，短直颈。斜溜肩，肩的一侧置六棱流，流口削平，流的对称一侧置小弓形鋬，鋬体宽厚。流与鋬之间对称置双股系。腹体呈袋状，最大腹径在腹中部。通体施淡黄色釉，足底露砖红色胎体，削足很规整。注体釉面剥蚀严重，因为烧造温度稍低和地下埋藏侵蚀的原因，釉质感几乎丧失，在一侧双股系下的腹上部，釉层剥落，露出乳红色的化妆土。

黑釉双系注子

唐（618~907 年）
口径 8.5 厘米，底径 8.9 厘米，高 23.9 厘米
2009 年 3 月于扬州征集
淮南市博物馆藏

　　瓷注又称执壶，唐代南北方各个窑口都有烧造。北方邢窑的黄釉瓷注与寿州窑相比形制大致相同，胎的厚重，鋬系的处理很相近，皆不如碗盏类精致；南方越窑的瓷注，胎体要薄，更为讲究，形体美观；而长沙窑注重形制之外的纹样、诗文装饰。南北方窑口呈现出不同风貌。在地理位置上，寿州窑位于南北方窑口之间，从而走上了一条寻求釉色之美的道路。在制胎工艺上，寿州窑比邢窑的精细，但不如越窑，在形制变化上算得上最为丰富的。此件小喇叭口黑釉瓷注，造型简约，细长颈，深腹部使得整器看上去修长美观，再加上其漆黑光亮的漂亮黑釉，使人感到赏心悦目，让人有追寻古人审美，思考他们是如何创造出这种美的想法。

蜡黄釉注子

唐（618~907 年）
口径 11.4 厘米，底径 10.5 厘米，高 23.5 厘米
2011 年 12 月 2 日于淮南征集
淮南市博物馆藏

　　此器釉色很成功，是唐代寿州窑产品中很少见的一种色彩——偏红的蜡黄釉色。细颈，喇叭口，口沿外卷，沿部丰唇状。斜溜肩上置小短流，流口朝上，有棱面，不分明。流口对称的一侧置弓形錾，整体的形制很精巧。通体施蜡黄釉至足下，自上至下很均匀，蜡质感很强。釉色蜡黄中泛红，观者能够感受到釉色十分漂亮、饱满。寿州窑的蜡黄釉产品中少有偏红色的器物，此器釉色发色精美，比较少见。

黄釉双系垂腹注子

唐（618~907 年）
口径 6.4 厘米，底径 8.8 厘米，高 15.5 厘米
2011 年 6 月 13 日于淮南征集
淮南市博物馆藏

　　侈口，短细颈，袋状腹。斜溜肩上置六棱流，流口向前伸出，棱角分明。弓形鋬自颈向下贴于腹部，鋬的下部用小乳钉装饰。在流口与鋬之间对称置双股系鋬，系的下端以较大的乳钉纹装饰。注子的底径远远大于口径，使其形态很稳固。通体施黄釉，釉色很淡，因烧造温度和地下埋藏的原因，釉层几乎全部脱落，在流口下方可见其细小开片。

黄釉双系瓷注

唐（618~907 年）
口径 6.8 厘米，底径 7 厘米，高 16.5 厘米
淮南市天宝双遗文化园藏品

　　此器是袋状腹形制瓷注中器型较小的一类，十分少见。侈口，翻唇，口部饱满。长直颈，窄肩斜溜。肩的一侧置带棱的小短流，流口对称的一面置长弓形鋬，流口与鋬之间对称置双股系各一枚，长袋状腹部，腹下部稍大。通体施黄釉，釉层较厚，腹底积釉，有数道蜡泪痕，在肩腹处有大面积的脱釉。袋状腹形瓷注发现有数件，一般烧造均不甚成功，大多发生脱釉现象。从此器釉色判断，腹的下部烧造温度较高，胎釉结合较好，口肩部分稍欠火候，发生脱釉。

黄釉双系注子

唐（618~907 年）
口径 10.5 厘米，底径 11.5 厘米，高 22.7 厘米
2007 年 8 月 5 日于淮北购买
淮南市博物馆藏

　　该器为短颈，大喇叭口，斜溜肩，肩上置六棱短流，小弓形錾，流与錾之间置二个对称的双股系。袋状长腹，上小下大，施黄釉至腹下部，足部露淡砖红色胎，胎质较坚细。注子的釉色不均匀，胎釉结合的不紧密，脱釉现象严重。尤其是注子的上部，形成大面积脱釉，说明在其烧造时温度稍低，胎釉结合不佳。寿州窑产品中的黄釉类器物普遍发生脱釉现象，而黑釉产品脱釉现象鲜见，这说明黄釉产品烧造温度大多低于黑釉类器物。

黄釉短嘴注子

唐（618~907 年）
口径 8.9 厘米，底径 8.9 厘米，高 19.5 厘米
1978 年亳州市谯城区梅城出土
亳州市博物馆藏

　　口外撇，细长颈，丰肩。肩上置七棱短流，流口略向上抬起，为唐代寿州窑瓷注的早期特征。流口对称的一面置扁平的弓形錾，錾上有二道竖向凹槽。长鼓腹，腹下缓收，平底，假圈足。施黄釉，釉色偏暗。脱釉严重，仅肩部、流口以及腹内残存部分釉面。从其灰色器胎判断，该器在埋藏时受到较重的侵蚀。

酱釉双系注子

唐（618~907 年）
口径 12.1 厘米，底径 11.5 厘米，高 28 厘米
2008 年 6 月合肥征集
淮南市博物馆藏

　　此器形制高大，造型饱满敦厚，是唐代寿州窑大型瓷注的代表性作品。器物形制为细颈喇叭口，口沿圆润丰满，短流，弓形鋬，对称置双股系，斜溜肩，圆鼓腹，最大腹径在腹中部。施酱色釉，不及底，足下露乳黄色胎，胎质坚硬。寿州窑的瓷注有两大类型，一类是由隋代壶、瓶类器演化而来的长腹形注；一类是由罐演化而来的鼓腹形注，此器即是此类器物。这类瓷注一般比长腹形高大，容积增加，拉坯制胎也相对厚重，更能够体现寿州窑自身的文化面貌和文化元素。

黄釉注子

唐（618~907 年）
口径 9.6 厘米，底径 9.6 厘米，高 21 厘米
1992 年 5 月征集
淮南市博物馆藏

　　长细颈，喇叭口，口沿外撇，翻卷。斜溜肩置六棱小短流，流口对称的一面置小弓形鋬。通体施暗黄色釉，口沿和鋬的边缘呈酱釉色，流口下的腹部有大面积酱釉斑。胎釉结合的很好，透过釉层可见胎质较粗，足下未施釉处露乳红色胎体，胎中含有细砂粒。此器的形制介于长腹形注和鼓腹形注之间。寿州窑瓷注一般有二个双股系，在瘦长形的瓷注上不安置双系。此器腹部虽然很饱满，但仍未安装双系，这可能与其高度和容积有关。

黑釉注子

唐（618~907 年）
口径 9.2 厘米，底径 8.8 厘米，高 21.8 厘米
2010 年 9 月谢家集区公安分局移交
淮南市博物馆藏

　　长直颈，颈部较粗。翻唇卷口，肩部较窄，直腹，斜溜肩上置一小六棱形短流，流口削平，对称的一侧置一扁平的弓形执手。颈部与肩部结合稍变形。通体施黑釉，釉色泛漆光，釉面玻化很好，有小开片。施釉至腹下，不及底，修足不甚工整。一般认为唐代寿州窑烧造黑釉类瓷器的时间要晚一些，但从瓷注的釉色看，黑釉瓷器贯穿着唐代的整个时期。

黄釉注子

唐（618~907 年）
口径 10.3 厘米，底径 9 厘米，高 22.2 厘米
2007 年 5 月于扬州征集
淮南市博物馆藏

略呈小喇叭状，短细颈，广肩，肩上置六棱小流口。流口制作十分讲究，六棱面以娴熟的刀法削成，流口削平，与颈口平行。流的对称一侧置小弓形鋬，鋬体较厚。长鼓腹，最大腹径在腹上部，腹下缓收到底，足底削足规整。通体施黄釉，釉色深沉，略有蜡质感。釉面玻化很好，透过釉层能感觉到化妆土厚薄不匀的起伏。整器造型修长、饱满，釉色均匀，是唐代寿州窑黄釉产品中的精品。

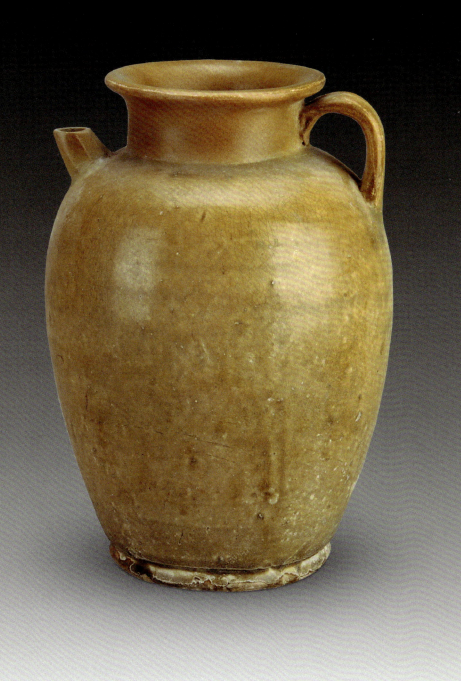

酱釉双系注子

唐（618~907 年）
口径 8.2 厘米，底径 8 厘米，高 22.5 厘米
2009 年 6 月 29 日于淮南征集
淮南市博物馆藏

　　该器是小喇叭口，圆润的口沿外翻，细颈，短流，执手稍大于双股系，置颈部和斜溜肩下，与腹部结合紧密。窑工在两个对称的双股系的下部起结处，通过按压将系、腹压成一体。通体施深酱色釉，肩部釉色呈茶叶末状，下腹釉色酱中泛红。腹底露乳红色胎，胎质稍粗糙，质坚。此器最有特点的是其向上直起的短流，这种形态的流口一般流行于唐代寿州窑的早期，随着时代的演化，流口增长，并向前凸起。

寿州窑

黄釉双系敞口注子

唐（618~907 年）
口径 15.3 厘米，底径 12 厘米，高 27.7 厘米
2013 年 5 月 13 日征集
淮南市博物馆藏

此器是唐代寿州窑从罐演化成注过程中的初期注的代表作。大喇叭口，长细颈，口沿部分外撇，圆润、饱满。圆溜肩上置向上昂起的六棱流，棱面削制规整，流口对称的一侧置小弓形錾，錾的上部贴于颈部，因挤压用力，颈部略向内凹陷；錾的下部贴于肩上，弓形錾形制不大，但制作十分讲究。肩平面上有二道凹槽。在流口与錾之间置二个对称的小双股系，系的下部各饰一枚小乳钉。通体施黄釉，玻化程度很高，釉面有晶莹剔透之感，发色很均匀，在罐形类瓷注中十分少见，应该是在匣钵中烧成，但此器形制高大，常见的匣钵尺寸较小，或许是在特别的匣钵中烧成。

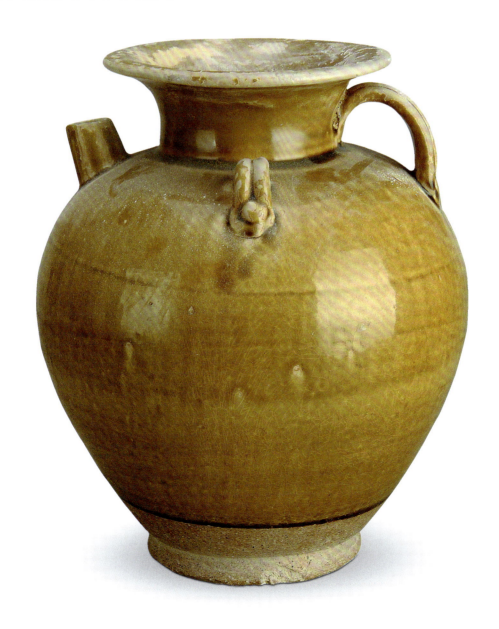

黑釉注子

唐（618~907 年）
口径 8.7 厘米，底径 8.5 厘米，高 20.4 厘米
1986 年 2 月于谢家集区征集
淮南市博物馆藏

　　侈口，直颈，圆肩，竖长腹，腹下微内收，饼形足，平底，肩上有一六棱形短流，与流对称的颈肩部之间有一扁条形鋬，鋬中起脊。周身及器内施黑釉，外釉不及底，釉面匀润而无光泽。足及底露乳白胎，质较粗，胎体较厚。整体造形规范、工整。

　　该器造型修长而端庄，短流与执手在不均衡的对称中十分和谐，是寿州窑瓷注类器物中颇具美感的作品。出土的寿州窑黑釉器在发色上分为两类：一类釉色漆黑光亮，器型多稍小，如碗、枕一类的产品；另一类黑釉呈亚光，有磨砂之感，器型稍大，如淮南馆藏的胆形腹大瓶、大直口罐。亚光的原因主要是在烧制过程中胎、化妆土和釉在高温下充分结合；同时，也与器物埋藏条件有关。此器属于后一类，通体亚光，釉色深沉，黑釉因无高光点而沉稳内敛，相比较漆黑光亮的黑釉器，更显沉静、温雅之气。

黄釉注子

唐（618~907 年）
口径 10.2 厘米，底径 9 厘米，高 21.8 厘米
2011 年 6 月 13 日于淮南征集
淮南市博物馆藏

　　喇叭口、直颈、上部略宽。颈肩结合处形成一周四弦纹。斜溜肩，肩部一侧置七棱流。流形制精巧，以刀削成的七个立面生动自然。流的对称一侧置弓形錾，整体扁平厚实，上有三道凹槽。通体施黄釉，釉色接近老玉米色，釉的烧造十分成功，是黄釉中精品。唐代寿州窑瓷注的釉色中黄釉居多，但一般烧造很难达到此器的水平。黄釉发色从上至下十分均匀，釉层很厚，玻璃光感极强，而且无脱釉现象，这在黄釉器中比较难得，说明其烧造温度较高，胎、化妆土和釉的结合致密。历经千年，今天看上去尤如刚出窑。

黄釉釉下彩瓷注

唐（618~907 年）
口径 10.6 厘米，腹围 52.8 厘米，底径 10.3 厘米，高 21.2 厘米
寿县安丰塘戈店出土
寿县博物馆藏

　　喇叭口，唇沿丰满，长细束颈，大鼓腹。广丰肩，肩上置带棱的短流，对称一侧置扁平宽大的弓形鋬，流与鋬之间置小双股系，系的下部饰一圆乳钉。在系的两侧装饰褐彩釉斑，形状接近如意纹，为窑工以软质类工具描绘而成。通体施黄釉至腹底部，腹下和足部露淡乳色胎骨，胎体中含有黑砂粒。假圈足外撇。该器造型敦厚，釉色饱满，釉下褐彩形似如意，十分生动。

黄釉注子

唐（618~907 年）
口径 11 厘米，底径 10 厘米，高 23.3 厘米
2007 年 5 于扬州征集
淮南市博物馆藏

　　瓷器口部有残，修复完整。整器造型优雅，线条流畅，颈、腹与流、鋬之间的比例十分协调，使瓷注看上去修长美观。通体施蜡黄釉，釉色深沉厚重。蜡质感极强，在腹部上能观察到，釉与胎体结合紧密，没有发生常见的脱釉毛病，足下未施釉处露淡砖红色胎体。胎体烧结温度较高，质地很细密。寿州窑在唐代烧造的蜡黄釉产品的釉色是其代表性釉色，这种釉色见于各类产品中，说明当时的窑工通过控制窑温能够有目的烧造出这种釉色。而同时期的其他窑口，虽有见到，但不如寿州窑的产量多和质量好。

黄釉注子

唐（618~907 年）
口径 7.5 厘米，高 16 厘米
2000 年 4 月 3 日界首市舒庄乡大陈自然村
周玉祥捐献
界首市博物馆藏

　　此注器型不大，是唐代寿州窑瓷注中形制较小的一类。丰唇，长束颈，广肩。肩的一侧置六棱小流口，流口向前伸出，口沿削成斜面。流口对称的一侧置小弓形鋬，鋬体较厚重，鋬下饰小乳钉纹。长鼓腹，腹下部缓收至足底，假圈足，修足较规整。通体施黄釉，釉层较厚，因釉水较稠的原因，在烧造中釉水流动不均匀，造成喇叭口内和下腹部缩釉严重。

黑釉双系注子

唐（618~907 年）
口径 9 厘米，底径 8.6 厘米，高 18.2 厘米
安徽省文物考古研究所寿县工作站藏

　　长喇叭颈，翻唇沿，斜溜肩，袋状腹，最大腹径在腹下部。肩上置六棱流，流口向上，削口沿，对称一侧置小弓形鋬，比双股系稍大，这种形制是唐代前期特征。双股系粗壮宽大，系根部有指压痕。通体施黑釉，黑中泛酱，尤其是肩部。釉层很厚，胎釉结合很好，釉面有小开片。足下露胎，胎质乳白，坚细。寿州窑中的黑、酱釉产品均烧造很好，胎釉的结合较黄釉要好，剥釉现象较少，这是烧成温度较高的缘故。

黄釉注子

唐（618~907 年）
口径 10.7 厘米，底径 8.8 厘米，高 23 厘米
2009 年 6 月 29 日于淮南征集
淮南市博物馆藏

此器造型是唐代寿州窑黄釉瓷注最具代表性的形制。虽釉层剥蚀严重，但仍不失其美观大方。寿州窑的各类瓷注中黄釉色的脱釉现象最为普遍，而黑釉瓷枕普遍较好，这是因为黑釉瓷注的烧造温度较高，时间也相对较长，使得瓷注的胎、化妆土、釉三者充分瓷化，结为一体，脱釉的缺点就大大减少。而黄釉瓷注釉色需要适当的氧化氛围，过高则釉色发暗，过低则釉色变浅，所以在黄釉瓷注中常常有脱釉现象。此器蜡黄釉发色很饱满，釉层很厚，蜡质光感很强，并且窑温还稍稍过了一点，但在地下埋藏千年后，经过土沁，发生这种脱釉。

黄釉注子

唐（618~907 年）
口径 10.6 厘米，底径 9.2 厘米，高 21.6 厘米
2010 年 11 月 4 日于淮南征集
淮南市博物馆藏

该器的形态雍容大方，虽腹下釉色剥蚀严重，但仍能看出当年刚出窑时是件釉色金黄、造型漂亮的瓷注。注的口部呈喇叭状，口沿修胎十分工整，饱满而圆润的向外翻卷，直颈的上部略略掌控，使颈部有曲线感，颈的下部与肩的接胎很严谨，略有凹陷。肩部丰满而浑圆，腹下缓收至足底，饼足底，微内凹。通体施蜡黄釉，口、肩及上腹部脱釉稍好一些，下腹部窑温稍低，脱釉现象更显严重。

黑釉注子

唐（618~907 年）
口径 8.3 厘米，底径 7.7 厘米，高 21.3 厘米
1981 年寿县出土，许传先捐
安徽博物院藏

　　此器为唐代寿州窑瓷注中的标准器，其造型端庄规整，瘦长腹，显得十分秀丽，黑釉乌黑透亮，十分珍贵。器物的形制为喇叭口，圆唇饱满，长直颈，丰肩，肩上置一小短流，流口对称的另一侧置小弓形錾。最大腹径在肩下，腹下缓收至足底，平底，假圈足。唐代寿州窑的黑釉瓷注发现不少，长直腹类器型总量却较少，淮南市博物馆收藏有 5 件此类形制的黑釉产品。

寿州窑

黄釉注子

唐（618~907 年）
口径 10.4 厘米，腹径 16.1 厘米，高 23.2 厘米
泗洪汴河出土
安徽博物院藏

　　此器是唐代寿州窑黄釉瓷注中的代表性
作品。虽口沿部分有残，但其烧造的十分成
功，为非常成功的蜡黄釉，十分珍贵。器物
的形制为大喇叭口，圆唇，细颈，广丰肩，
肩上置八棱短流，流口的制作很讲究，八个
棱面削的十分自然，与流口对称的另一侧置
弓形鋬，流鋬之间对称置二枚双股系，系的
形制很小巧，在系的下端饰小圆乳钉纹。长
鼓腹，腹下缓收至足底，假圈足外撇。通体
施黄釉，釉色很均匀，蜡质感极强，十分少见。

黑釉注子

唐（618~907 年）
口径 8.9 厘米，底径 8 厘米，高 19.5 厘米
2009 年 6 月 29 日于淮南征集
淮南市博物馆藏

此器口部已略呈喇叭状，是唐代寿州窑瓷注形制走向定型时期的产品，时间应在唐代早期偏后阶段生产。器物呈斜长颈，上部宽大，下部渐收，口沿圆润，向外翻卷，整个颈部开始前略似小喇叭口，肩很窄，呈斜溜肩状，长腹，最大腹径在肩下。肩上置一六棱小短流，略向前伸，改变了早期流口向上伸起的形态。与短流对称的一面置一弓形执手，执手为扁平状。短流、执手与肩、腹部的结合紧密，修胎很讲究。通体施黑釉，漆黑光亮。腹下黑釉中泛酱色，平底，足部略外凸，成假卷足形态。胎色乳白中泛红，胎质坚细。

黄釉双系唇口注子

唐（618~907 年）
口径 8.6 厘米，底径 9.7 厘米，高 22.7 厘米
2011 年 11 月于淮南征集
淮南市博物馆藏

翻唇口，沿内凸起，喇叭形长细颈，中间束收。圆鼓形腹部显得腹部肥硕。斜溜肩，肩上置短小的七棱流口，流制作精巧，流口削与颈口平行，向前方伸出。流口对称的一侧置圆弓形鋬，流与鋬之间对称置小双股系。通体施黄釉，釉色不匀，有缩釉现象，肩及腹下部脱釉严重，露出白色化妆土。足部略外撇，胎色乳黄。唐代寿州窑的瓷注一般有细长腹和圆鼓式的罐形腹，后一类瓷注器型多高大，其容积也远远大于细长腹类瓷注。从器型上判断，其使用功能多用于贮水。

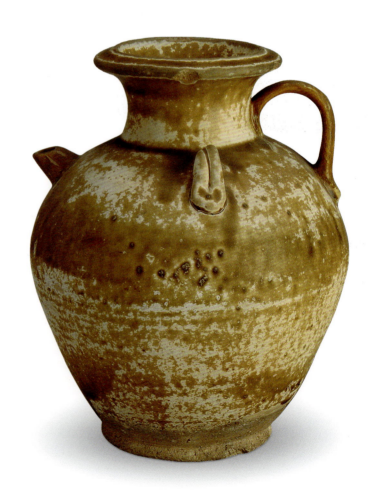

黄釉圆腹注子

唐（618~907 年）
口径 10.2 厘米，底径 11.8 厘米，高 18 厘米
2008 年 6 月合肥征集
淮南市博物馆藏

　　撇口，短束颈，圆肩，鼓腹，平底，肩饰八棱形短流，流对称处有一耳形鋬，两侧有双条耳形系一对，鋬及两系下部有一束结。施蜡黄釉，腹下底部未施釉处有淋釉现象。

　　这种在下部束结造型的鋬和系，在寿州窑产品中显得很特别。在上窑住院部窑址中出土有此类型的鋬，但并不多见，淮南市博物馆藏有两件。另有无束结但保留乳钉突的造型。该器鼓腹饱满，还保留着罐的形态，在罐的肩上置流和鋬系，成为注子，推翻了过去一般认为注子是由盘口壶演化而来的观点。说明注子的源流有可能从罐演化而来。

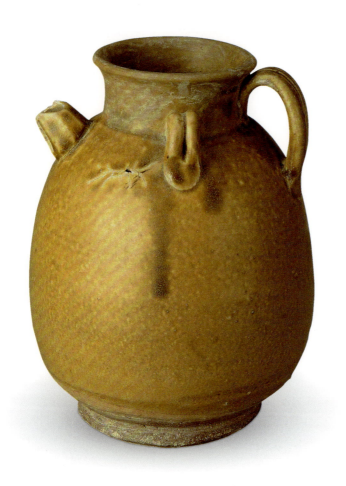

黄釉双系垂腹注子

唐（618~907 年）
口径 8.2 厘米，底径 9 厘米，高 18.8 厘米
淮南市天宝双遗文化园藏品

　　此器虽口部有残，但其釉色金黄亮丽、近似玉米黄，看上去十分喜人。唐代寿州窑生产的瓷注中，有一批形制上大下小的袋状腹，总量不多，但釉色往往较差，脱釉现象普遍发生，像此件器物的釉色就十分难得。该器圆唇口沿，长束颈，窄肩斜溜，肩上置七棱小短流，形态生动自然，对称的一侧置高高拱起的弓形鋬，鋬上有数道凹槽，流口与鋬之间对称的二侧各置一枚双股系。施黄釉及底，足部露淡红色胎体。

黄釉双系鼓腹注子

唐（618~907 年）
口径 7.5 厘米，底径 6.8 厘米，高 16.3 厘米
2010 年 7 月 5 日于淮南征集
淮南市博物馆藏

　　短细颈，圆唇，口沿外撇，丰肩，球腹。肩的一侧置细长流，流削成六棱体，口小底大，向前伸出。流口对称的一侧置弓形鋬，流与鋬之间二个较大的弓形系。鋬、系的下部装饰方法很少见，很有特点。其方法是一个较大的乳突上加饰一中心小乳钉，小乳钉外又环绕一周小乳钉。这种装饰方法和图案在寿州窑瓷注中仅见此例。施黄釉，有缩釉现象，釉发色不均匀，口部和腹下有脱釉现象。整器虽有缺陷，但其乳钉纹饰的高低起伏和釉色的斑驳形成了寿州窑产品的独特的粗犷美。

青黄釉双系注子

唐（618~907 年）
口径 9 厘米，底径 10.5 厘米，高 22 厘米
2010 年 1 月 12 日于淮南征集
淮南市博物馆藏

　　侈口，口沿外卷，直颈，斜肩，竖长腹，腹下渐大，最大腹径在腹底。足底直径大于口径，使器物显得重心很稳，斜肩上置六棱流，流的制作很简练，每刀一个斜面，非常自然生动，在流的对称一面置弓形鋬，流与鋬之间装饰二个对称的双股系，系下有较深的指压痕。该器釉色不均匀，应当是未入匣钵而直接入窑焙烧的。上腹的釉色较淡，脱釉很严重，下腹部烧造的温度较高，釉色发暗，胎、化妆土和釉的结合很好，未产生脱釉。由此看出，瓷注上的脱釉保存情况不仅与使用有关系，更与烧造时的温度关系密切。

黄釉注子

唐（618~907 年）
口径 9.6 厘米，底径 8 厘米，高 18 厘米
1975 年 3 月 12 日于阜阳市阜阳县岳新酒场工地出土
阜阳市博物馆藏

　　侈口，略呈喇叭状，直颈，斜溜肩上置六棱小短流，流口对称的一侧置小弓形鋬。长鼓腹，腹下缓收至底部，假圈足外撇，修足规整。通体施黄釉，釉色偏暗，釉面较均匀，有细小开片。此器颈部比例，比常见的唐代寿州窑瓷注的颈部要粗，可能是窑工们在使用中发现，增大颈口会更加方便使用的缘故。

黄釉双系兽面鋬注子

唐（618~907 年）
口径 9.2 厘米，底径 11.5 厘米，高 17.4 厘米
2010 年 1 月 12 日于淮南征集
淮南市博物馆藏

　　该器造型饱满，圆鼓腹肩上饰对称直立的索形系，系与肩部结合处有小乳钉，这在寿州窑产品中比较少见。七棱流短而粗壮，置于肩腹交界处，对应的鋬置于肩上。鋬呈兽面形，在隆起的执手上饰两列小乳钉纹，执手下端向两边伸出夸张的眼睛，眼睛下方写实的口部中间有 5 颗獠牙，有远古图腾之感，充满原始宗教的意趣。这种形制的鋬，在寿州窑产品中是仅见的孤例，应当是工匠在制器过程中突发奇想信手雕塑而成，在本来简单的器形上增加细部变化，令人耳目一新。整器通体饰黄釉，从腹下流淌的蜡泪痕看，施过两遍釉。黄釉发色比较均匀，当是置于匣钵在较稳定的氧化气氛中形成的釉色。能够看出，工匠是将此器当做一件精品制作的。

　　瓷注从罐、壶演化而来，早期的腹部尚保留罐、壶的特点，到唐代中后期，瓷注已演变成修长的特征。根据该器形制特点，此器属寿州窑唐代早期产品。

黄绿釉双系球腹注子

唐（618~907 年）
口径 9.5 厘米，底径 7.8 厘米，高 17.3 厘米
2011 年 6 月 13 日于淮南征集
淮南市博物馆藏

　　喇叭口，平沿，唇边，长细颈，球腹。斜溜肩上置粗壮流，流虽削六棱面，但由于流口直径上下一样，显得很粗壮。流口对称的一面置小弓形鋬，鋬下装饰的乳钉硕大呈乳突状。双股系不大，下部也装饰一个大乳突。在鋬和系的中间处各饰二周箍形纹。施黄釉，发色偏绿，釉色不均匀，腹中部以下脱釉较明显。釉到腹下，下部露砖红色胎骨，修足规整。唐代寿州窑的球腹形罐的釉色大多不甚均匀，原因是其器型较大不能入匣钵烧造，只能直接入窑烧造，窑内温度不同造成釉不均匀。

黑釉注子

唐（618~907 年）
口径 7.9 厘米，底径 7.5 厘米，高 19.8 厘米
2010 年 11 月 4 日于淮南征集
淮南市博物馆藏

　　长直颈，口部外撇，翻唇，肩部较窄，斜溜肩，长鼓形直腹，斜肩上置短小的圆柱形流，对称的一面置一长弓形执手，执手下部略有弯曲，没有双系。通体施黑釉，发色很好，深黑釉色，泛漆光，施釉不及底，足外撇，修足工整。露胎处可见胎色乳白中泛红，胎质细腻，坚硬。从此器的总体造型及风格看，流口较小，执手弯曲，尤其是口沿部分尚未形成喇叭口状，属于寿州窑唐代早期作品。

黄釉双系鼓腹注子

唐（618~907 年）
口径 10.2 厘米，底径 9.7 厘米，高 16.8 厘米
2010 年 11 月 4 日于淮南征集
淮南市博物馆藏

　　侈口，翻唇，短颈，广丰肩斜溜，圆鼓腹。斜溜肩上置八棱流，流的形制规整，口径宽大，但因其八棱面削制精巧，仍然很美观。弓形錾的形态很有特点，自肩下向上高高弓起，折返后向下急收，呈倒"U"字形状，錾的底部有一个高高凸起的大乳凸，在双股系的下方也同样装饰。这种硕大的乳凸装饰方法仅在罐式瓷注上发现，由细长腹的壶类演化而来的瓷注上装饰的多是扁平小巧的圆乳钉，有的在錾和系的下侧没有装饰，有的细长腹瓷注甚至没有双股系，这种细节变化可能不仅包含着窑工们对实用功能和审美的理解，也可能包含着我们今天尚不完全明白的一种文化信息。

酱红釉漏花注子

唐（618~907 年）
口径 9.2 厘米，腹围 47.3 厘米，底径 7.9 厘米，高 20.5 厘米
寿县博物馆藏

　　酱红釉类瓷注发现很少。1988 年春在寿州窑上窑医院住院部窑址中发现一件残器，后修复完整，与寿县博物馆所藏酱红釉的形制相似，没有贴花，但酱红釉的红色发色更好一些。此器口部呈小喇叭状，口沿圆润，长细颈，丰肩，肩的一侧置六棱小流口，对称的另一侧置弓形鋬。长鼓腹，腹下缓收至足底，假圈足外撇，修足规整。在腹的四面装饰由剪纸贴花产生的漏花。这种漏花是用剪好的图案敷于施过化妆土的腹壁上以后，再施釉烧成。有纸的部分露出下层的化妆土，故俗称漏花，事实上就是剪纸贴花。此类器物发现的很少，尤显珍贵。此件酱红釉剪纸漏花瓷注是唐代寿州窑产品中的精品。

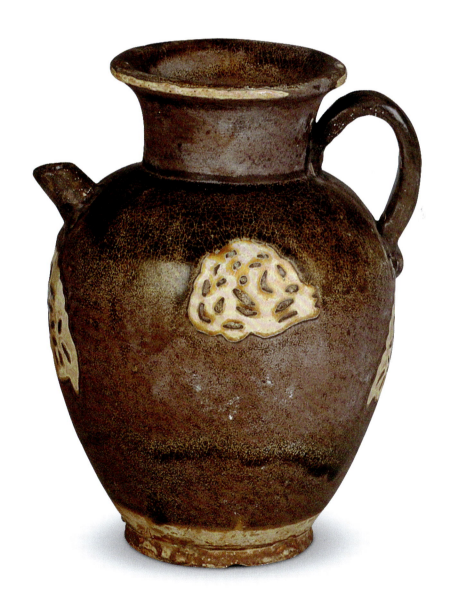

黄釉双系鼓腹注子

唐（618~907 年）
口径 10.9 厘米，底径 12.5 厘米，高 22 厘米
2011 年 12 月于淮南征集
淮南市博物馆藏

　　此注的形态犹如一件罐，充分显示出瓷注演化过程中的特点。注的颈口部还没有后期已形成的特点，口沿略直，颈部稍稍有喇叭形。球腹状的圆肩上，流、鋬、系三者还没有后期已经成熟的比例关系，弓形鋬显得比例较小，不甚协调，但其装饰很有特点，系和鋬的下部均置一硕大乳钉，在鋬和系的半腰处环绕二周箍形饰，粗壮漂亮。施黄釉偏褐绿色，釉不及底，只到腹下部，足下露灰色胎骨，质坚细。从釉的发色看，此器没有放置在匣钵中焙烧，而是直接入窑烧成，故釉色成色不均匀。

黄釉双系注子

唐（618~907 年）
口径 11.7 厘米，底径 11.7 厘米，高 28.7 厘米
2008 年 6 月合肥征集
淮南市博物馆藏

　　大喇叭口，丰肩，圆鼓腹。器物的口沿很有特点，翻唇口，内沿高高凸起，折转，缓落至平沿上。短细颈，呈喇叭状，丰满的肩上置七棱细流，流的棱角分明，制作工艺很娴熟，流口对称的一面置弓形的扁平状鋬，上有三道凹槽纹，鋬的底部和系的底部各有一个尖状小乳钉纹。通体施蜡黄釉，釉色偏暗，整器造型饱满端庄，是唐代寿州窑瓷注中器型较大的一类。

黄釉注子

唐 (618~907 年）
口径 12 厘米，底径 9.2 厘米，高 22 厘米
凤阳县文物管理所藏

　　此器虽然口沿部分有残，但其造型很饱满，体现了唐代寿州窑瓷注的风貌。该器口部呈大喇叭状，长束颈，广丰肩，无系。肩的一侧置六棱流，流口的棱角削的十分娴熟，有自然之美。流口对称的一侧置圆弓形鋬，鋬的下部饰一小乳钉。球形腹，腹下缓收至底部，假圈足略外撇，修足很规整。通体施黄釉，釉色均匀，有较强的蜡质感。

青釉双系唇口注子

唐（618~907 年）
口径 12.3 厘米，底径 13.4 厘米，高 29 厘米
2010 年 1 月 12 日于淮南征集
淮南市博物馆藏

此注的形态有明显的从罐类器物演化而来的特点。口为翻唇状，沿内侧突起，形如翻唇罐的口部。颈部较细，颈肩结合处修胎较好。广丰肩，最大腹径在肩下部。肩上置七棱短流，小巧精致。流口对称的一面置扁平的弓形鋬。双股系很短小，是同类器物中少见的，系下饰圆乳钉纹。这种小巧的系，应当没有什么实用意义，只起到装饰目的。十分有趣的是窑工将化妆土施至腹下接近足底处，而施釉时仅为半施釉，到腹中部偏下一点，所以整器一半有釉的颜色，黄中泛青；一半是化妆土色，白中泛酱色，加上足部砖红色胎体，别有一翻韵味。

黄釉注子

唐（618~907 年）
口径 10.5 厘米，底径 10.5 厘米，高 17 厘米
2010 年 7 月 5 日于淮南征集
淮南市博物馆藏

长细颈，侈口，丰唇，溜肩，小袋状腹。斜溜肩上置一稍显大的六棱流，流口对称的一侧置一粗壮宽厚的弓形鋬，鋬的下部饰小乳钉纹。这种小乳钉是窑工在完成鋬的制作后堆加上去的，一方面美观，另一方面也加固了鋬与注体结合。通体施黄釉，因埋藏在易浸蚀注体的环境中，造成全釉无光，有施过化妆土素烧的感觉，但仔细观察，注体腹上有细小的釉面开片，说明是施釉焙烧过的产品。

黄釉葡萄纹注子

唐（618~907 年）
口径 10.6 厘米，底径 8.2 厘米，高 20.1 厘米
2009 年 12 月 21 日于合肥征集
淮南市博物馆藏

　　寿州窑瓷注发现的较多，但贴花装饰瓷注十分少见。

　　该器口部为外撇的喇叭状，鼓腹下部渐收，在口沿下与上腹处置带状鋬手，下用乳钉粘结系与腹部，对称的一边置圆形流。通体施黄釉至底，底部露灰红色胎。在腹部上方至颈部边缘处，有对称的两个贴花，为一串葡萄和葡萄叶，叶出三道茎脉。

　　此器造型优雅，纹饰简约而美观，是寿州窑产品中的精品。尤其纹饰，乍一看似为模印所致。但仔细分析，装饰纹样的地方位于肩腹处，形状呈不规矩弧面，无法模印。但其纹样又有一定凹陷深度，也不会是剪纸贴花，应当比纸稍厚的软物质剪贴成型，才可出现较深的凹面贴花。寿州窑烧制的各种瓷注在形制、釉色上繁多，但保存完好带有贴花工艺的瓷注很少见，足见其珍稀程度。

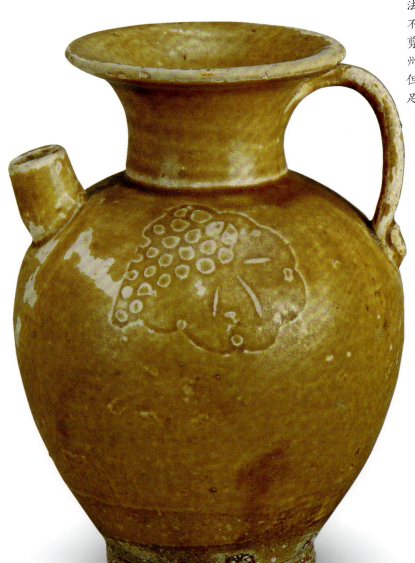

黄釉注子

唐（618~907 年）
口径 8.9 厘米，底径 8.5 厘米，高 23.1 厘米
2009 年 3 月于扬州征集
淮南市博物馆藏

　　整器造型修长美观，是唐代寿州窑黄釉瓷注中造型十分讲究的一类器物。侈口外伸，略呈喇叭状，长细颈，在同类器物中算得上颈部较长的。斜溜肩上置六棱流，流的制作很漂亮，棱角分明，向上伸起，十分挺拔。颈肩处置一扁平的弓形鋬，最大腹径在肩下，肩以下的腹部渐收至足底。通体施黄釉，釉色均匀。口部和鋬有残，修复完整。

黄釉注子

唐（618~907 年）
口径 7.9 厘米，底径 7.1 厘米，高 18 厘米
2011 年 6 月 8 日于合肥征集
淮南市博物馆藏

　　该器为小喇叭口，细长颈，丰肩，肩以下的腹部渐收至底部，整器修长美观，亭亭玉立。肩上置六棱流，流口略朝前伸，流口削平，流与肩的结合很好，对称一面的弓形鋬从颈上弓起，至腹上部，粗壮有力。通体施黄釉，釉色较纯正，腹釉薄处可见化妆土，足底露淡乳色胎，胎中有细黑砂粒，修足规整。六棱流口是寿州窑瓷注中最常见的做法，其工艺十分简洁，是唐代寿州窑瓷注的标志性符号，同时期各窑口的同类器物多制成小圆柱形流，远不如这种六棱流美观。

黑釉双系注子

唐（618~907 年）
口径 8.8 厘米，底径 8.4 厘米，高 19.7 厘米
2009 年 3 月于扬州购买
淮南市博物馆藏

　　该器口部略呈小喇叭口，中部颈稍细，呈凹弧状，丰肩，斜溜至腹下，长鼓腹。肩上置六棱流，较硕壮，对称的另一侧置圆弓形执手，流与执手之间对称安装二个双股系。通体施黑釉，黑中泛酱。腹底露乳色胎，胎体稍粗，质坚。此器的造型是唐代黑釉瓷注中常见形式，是瓷注形制走向成熟、定型阶段的产品，有浓郁的时代面貌和窑口特点。

寿州窑

青釉撇口注子

唐（618~907 年）
口径 9.4 厘米，底径 9 厘米，高 21 厘米
2009 年 12 月 21 日于合肥征集
淮南市博物馆藏

　　该器为小喇叭口，短直颈，圆鼓腹，最大腹径在腹部中间位置。八棱小短流，流口削平，对称一侧的肩腹上置宽厚的带状錾，錾上中间有一条不规则的小三角纹带，并形成凹槽，錾下有突起锥状乳钉。通体施青黄釉至腹下部。修足，露灰红色胎，细密坚实。在化妆土未施到的地方，釉色变浑。

　　该器錾下所饰乳钉在寿州窑同类产品中比较少见，一般制成圆状乳钉，这种锥状乳钉较为独特。整器造型简约、秀丽，非常可人。从其鼓腹短流的形制判断，属唐代寿州窑早期产品。

寿州窑

黄釉注子

唐（618~907 年）
口径 10.4 厘米，腹围 40.8 厘米，底径 7 厘米，高 17.5 厘米
2004 年 8 月大运河沿线出土
淮北市博物馆藏

　　喇叭口，长细束颈，广丰肩上置短圆流，流对称一侧置小弓形鋬，鋬为扁平状，上有二道凹槽纹，鋬下有一圆乳钉，腹下缓收至足部，平底，饼足，削足规整。通体施黄釉，釉色偏暗，有蜡光，釉层较厚，发色均匀。此器属唐代寿州窑瓷注类的典型器，形制端庄秀丽，尤其其短流，乍一看是短圆流，仔细观察是经过削面工艺的，有圆中带方的感觉，反映了瓷注流口演化的一个过程。此器发现于安徽省淮北市隋唐大运河一带，印证了唐代寿州窑瓷器产品通过淮河、运河输送到北方市场的判断。

酱釉注子

唐（618~907 年）
口径 6.9 厘米，底径 8.3 厘米，高 20 厘米
2011 年淮南康杰捐赠
淮南市博物馆藏

　　高细颈，小喇叭口，斜溜肩，鼓腹。在斜溜肩上置圆柱状流口，流口对应的一侧，饰高高弓起的执手，在执手的底部装饰一乳钉，不仅起到加固执手与注体的功用，也十分美观。瓷注通体施酱釉，釉色发色饱满，釉层深厚、均匀。此器虽不很高大，但其优美的造型和凝重的酱釉使得器物精致美观。

黄绿釉注子

唐（618~907 年）
口径 6.3 厘米，底径 6.8 厘米，高 17.8 厘米
2010 年 11 月 4 日于淮南征集
淮南市博物馆藏

　　唇口小细颈，呈喇叭状，广肩，肩上置圆柱形流，流上有三周细弦纹，流口对称的一面置一硕大的弓形鋬，鋬体宽厚、稍显笨重，鋬下部装饰有尖锐的乳钉纹。半施黄釉，釉色偏绿，下腹部露淡乳色胎体，足部稍外撇，修足较规整。唐代寿州窑瓷注的流口大多为六棱流，圆柱形流口所占比例较小。此器的鋬及其胎骨有着明显的寿州窑产品特征。

黄釉小瓷注

唐（618~907 年）
口径 4.4 厘米，底径 4.6 厘米，高 12.3 厘米
2012 年 12 月 12 日淮南康杰捐赠
淮南市博物馆藏

　　该器是唐代寿州窑瓷注中形制比较小的一类产品，发现的并不多。这种小型瓷注容积较小，显然不能用于茶水器，只能用于盛放酒或者调料用。长细颈小喇叭口，丰肩上置硕大的长流，流有斜棱面，不甚明显，流口对称的一侧置一粗壮的弓形鋬，鋬上似为龙首，但不清晰。半施浅色黄釉至腹下，足下露胎，胎色乳白，质坚细。器物上的釉基本脱落，在口部和鋬的侧面上残留少量，说明烧造温度不高，胎釉结合不好。

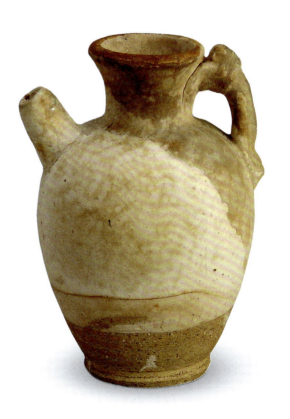

寿州窑

蜡黄釉贴花瓷枕

唐（618~907 年）
枕面 14 厘米 ×10 厘米，高 8.5 厘米
2009 年 6 月 29 日于淮南征集
淮南市博物馆藏

　　该枕釉色纯正，造型规整，圆弧角，枕面微凹，菱形贴花位于枕面中央，为上下对称的菊花纹样，图案四边呈锯齿状。因贴花造成釉色深沉，使枕面的釉色看上去富于变化。底部不施釉，胎色乳白，胎体细密。底面四边有修痕，在底边一侧靠角处有直径三毫米的出气孔。由于出气孔在底面，烧造时气流不畅，造成枕底略凸起。这件蜡黄釉瓷枕，造型、釉色、装饰俱佳，是寿州窑的代表性作品。

黄釉贴花瓷枕

唐（618~907 年）
枕面 15 厘米 ×11.2 厘米，高 9.1 厘米
2010 年 11 月 4 日于淮南征集
淮南市博物馆藏

　　此枕形制为方箱形，是唐代寿州窑瓷枕中的代表性作品。上枕面略大于枕的底面，枕面微凹，成弧面。通体施黄釉，釉色稍深，枕面转弯处有脱釉现象。枕底施化妆土，边角上有透气孔。胎质细腻坚硬。在枕面的中心部有剪纸贴花，纹样为四瓣花，每瓣三层，从其特征判断是将纸二次对折剪成，敷于釉面上烧成。寿州窑剪纸贴花有两种，一种是将剪纸贴于化妆土上再施釉烧成；另一种是将剪纸贴于施过釉的枕面上烧成。前者烧成的痕迹比较清晰，印迹较深，如淮南馆藏酱红釉瓷枕就属这类方法烧造。而此器烧成的纹样柔和，另有一种美的感受。

黄釉贴花瓷枕

唐（618~907 年）
枕面 15.8 厘米 × 11.5 厘米，底 14 厘米 × 10 厘米，
通高 9.8 厘米
1985 年 1 月 1 日安庆市枞阳县义津五里拐出土
枞阳县文物管理所藏

　　此枕为方箱形，枕面略大，呈上大下小状。枕的整体形制很规整，枕面微凹，成中间低，两端高的凹弧面。枕面中间饰剪纸贴花纹饰，为敷于施过釉的釉面上烧成。通体施黄釉，釉色浅淡，釉面较均匀，在边角处有脱釉现象。此器发现于长江岸边，说明在唐代时期寿州窑的各类产品通过淮河、大运河、长江，行销于江淮之间的广袤地区。

青釉瓷枕

唐（618~907 年）
枕面 14 厘米 × 10.2 厘米，高 7.6 厘米
1986 年 1 月 1 日于上窑泉源征集
淮南市博物馆藏

　　此枕是唐代寿州窑瓷枕中釉色发色较差的一类产品。枕的形制属于唐代中期左右的产品。其拉坯成型工艺还是讲究的，只是因为裸露在窑内烧造，枕面和立面上布满了窑火中的木炭粒，显得格外粗糙。而此枕出土地就在寿州窑窑址附近，或许当时的窑工认为这种质量的产品不应投放市场，而留作自己使用，才有随葬从而保存到今天。或许这只是今人的畅想吧。但是从一个侧面印证，一个窑口的产品质量本身存在着显著差异。

黄釉印花瓷枕

唐（618~907 年）

枕面 13.8×10.06 厘米，通高 9 厘米

1998 年 7 月蚌埠市李楼八里岗出土

蚌埠市博物馆藏

　　方箱形，枕面略大于底面。通体施黄釉，釉色黄亮，因釉面与化妆土、胎三者烧结温度稍低，结合不致密，导致大面积脱釉，尤其是边角处更加显著。枕面为一对折剪纸贴花，图案为花朵纹，是将剪好的图案敷于釉面上烧成。从已发现的剪纸贴花枕观察，在每个枕贴花处均未发现有脱釉现象，产生的原因是不是纸张本身也是一种可燃烧物质，此处温度产生变化。这只是一种判断，事实如何，还有待试验证明。

黄釉瓷枕

唐（618~907 年）
枕面 15 厘米 × 11.3 厘米，高 8.5 厘米
1958 年芜湖范罗山出土
安徽博物院藏

　　此枕的形制具有唐代寿州窑早期的产品特征。枕面和底面的尺寸相近，呈方箱形。枕面略呈凹弧面，枕心饰剪纸贴花，图案为缠枝花，形态近似菊花纹，为对折的剪纸贴于施好釉的枕面，烧成后枕面留下的，痕迹较深。通体施黄釉，釉色亮丽，在棱角处有脱釉现象。

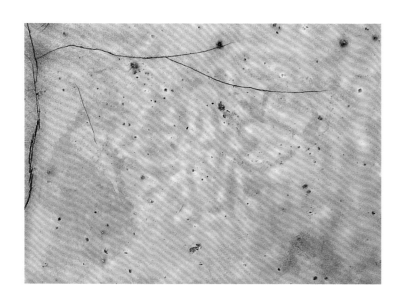

黄釉瓷枕

唐（618~907 年）
枕面 16 厘米 × 11.7 厘米，底 13.3 厘米 × 10
厘米，高 9.7 厘米
1983 年 5 月安庆市文物店拨交
安庆市博物馆藏

　　此枕为长方箱形，枕较高，属唐代中期以前的产品。其形制上大下小，枕面微凹，四边略弧。通体施黄釉，釉色浅淡，在边角处有脱釉现象。此枕收藏于安庆市博物馆，此地域属长江沿岸，证明隋唐时期的寿州窑产品通过淮河、巢湖，行销于江淮两岸。

黄釉贴花瓷枕

唐（618~907 年）

枕面 16.6 厘米 × 12.5 厘米，高 10 厘米

2009 年 10 月 1 日于扬州征集

淮南市博物馆藏

　　此枕造型很规整，为长方箱形状。枕面大于枕底，呈上大下小形。通体施黄釉，胎釉之间结合的很好，转角处因釉层较薄而釉色变浅。枕面中间装饰有二只对称的蝴蝶纹，从其特点判断是将纸二次对折后剪成，贴于施好釉的枕面上烧成。此枕在烧造中，因匣钵闭合不好，有小颗粒状砂土进入匣钵，在枕面形成点状窑粘，但该枕整体形制、釉色皆十分美观，是同类产品中的佼佼者。

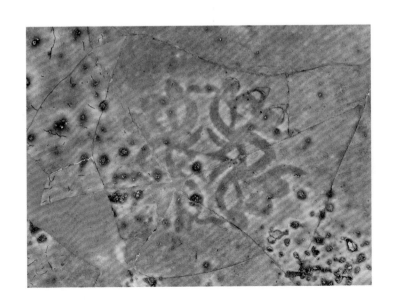

黄釉贴花瓷枕

唐（618～907 年）
枕面 16.7 厘米 × 12.5 厘米，高 10 厘米
2009 年 6 月 29 日于淮南征集
淮南市博物馆藏

　　此枕为长方箱形。枕面微凹，枕的上面比底面略大
一些。枕的底部因透气孔透气不畅而向外鼓起。通体
施黄釉，釉色偏淡，这种淡黄釉在寿州窑瓷枕类中较
少见，一般都发色较深。这是因为该枕埋藏在水坑墓
葬中，被侵蚀后，釉面失去光泽。在枕面中心部位装
饰用纸二次对折剪成的四瓣花纹敷于釉上烧成。四瓣
花纹每瓣四层，四边上有花蕊。有人将这种装饰纹样
归属为模印花纹，但仔细观察，没有发现有模印的凹痕，
整个纹饰是轻轻敷于釉的表层的。

黄釉瓷枕

唐（618~907 年）
2004 年安徽寿县官亭街出土
安徽省文物考古研究所藏

　　方箱形，枕面大于底面，略呈斗状。枕面微凹，四边角接胎规范。通体施黄釉，偏绿，釉色不匀，釉薄处露出化妆土，在枕面和立墙上有窑中灰尘污染造成的斑点，说明该器没有放入匣钵中焙烧，而是直接入窑烧造的。

黄釉瓷枕

唐（618~907 年）
枕面 15.2 厘米 ×11.2 厘米，底 14 厘米 ×9.2 厘米，通高 9.4 厘米
2005 年 5 月 8 日蚌宁高速公路太平岗墓葬群 M23 出土
蚌埠市博物馆藏

　　此器是唐代寿州窑常见的形制，也是寿州窑瓷枕类的典型器。方箱形，上大下小。施釉很规整，枕面的釉色比立墙稍深，这是因为烧造温度不同造成的，釉面较厚，胎釉结合很好，没有脱釉，在黄釉瓷枕中比较少见。足底露细白胎，因出气不畅，枕的底面略向外鼓。

黑釉瓷枕

唐（618~907 年）
枕面 11.5 厘米 ×8.8 厘米，高 6.5 厘米
2010 年 11 月 4 日淮南征集
淮南市博物馆藏

　　此枕为箱形方枕，是唐代黑釉枕中
的精品。枕面略大于枕的底面，呈上大
下小状。通体施黑釉至足底。在枕面的
转角处和侧立面的转弯处因积釉较薄形
成酱红色棱角。釉色发色很好，黑釉处
漆黑光亮，在枕的底部转角处可见其施
釉很规整，形成一道弧线。露胎处可见
白色化妆土，胎质很细腻，质坚硬。在
寿州窑唐代窑址中的东小湾窑址中曾发
现大量的黑釉枕残片，比照此器的釉色，
应当是东小湾窑生产。

酱红釉蝴蝶纹贴花瓷枕

唐（618~907 年）
枕面 15 厘米 × 10.5 厘米，高 7.9 厘米
2011 年 7 月于淮南征集
淮南市博物馆藏

酱红釉瓷枕发现较少，已知在扬州市博物馆和淮南市博物馆收藏有这类产品。此枕形制为方箱形状，枕面略呈凹弧面，通体施酱红釉，棱角处釉色稍深，在枕的一面装饰有剪纸贴花纹，纹样为蝴蝶纹，可以看出是用稍厚一些的纸对折剪好，敷于化妆土上烧成。有专家从其纹饰凹陷较深，判断用于剪贴的材料较厚，认为是皮革类剪成，但尚无直接证据。此枕形制规整，酱釉均匀，贴花纹样清晰，是寿州窑瓷枕中的精品。

酱釉瓷枕

唐（618~907 年）
枕面 13.7 厘米 ×10.5 厘米，高 7 厘米
1988 年上窑窑址发掘出土
淮南市博物馆藏

　　此器出土于 1988 年春季寿州窑唐代窑址上窑医院住院部窑址，为一残件，后经修复完整。该枕呈长方箱形，枕面微凹，一边立墙略高。通体施酱釉，发色不匀，边角处釉色加深，底边的一角有窑粘。从其形制看，属寿州窑中期以前的造型。

酱釉瓷枕

唐（618~907 年）
枕面 15.5 厘米 ×9 厘米，高 8.6 厘米
合肥文物管理处藏

　　此枕呈现出唐代寿州窑早期形态的一面，其立墙的高度较高，所占比例较大。枕的形制略呈方箱形，枕面微凹，四边角处理成圆弧面，枕墙的长边，一边弧，一边直。通体施酱釉，酱色深重，枕面发色不匀，枕面出现茶叶末状釉斑。早期瓷枕形制要比唐代中后期的小一些，立墙高起，随着窑工对这种实用器的认识，逐渐由高向矮，由小向宽大发展，此枕就是早期形制的典型器物。

黑釉瓷枕

唐（618~907 年）
枕面 15.1 厘米 ×10 厘米，高 8.4 厘米
2010 年 11 月 4 日于淮南征集
淮南市博物馆藏

　　此枕是唐代寿州窑黑釉瓷枕中的代表性器物。造型成箱形状，通体施黑釉，釉色漆黑光亮，纯正饱满，是黑釉瓷枕中的佼佼者。枕面呈凹弧状，四角圆弧，在弧形转折处因釉色稍薄，形成淡淡的紫红色筋。底部露胎处可见胎质细腻，胎色乳白。因出气孔开于底面，在烧造中影响排气量，造成底面微鼓，但未影响到瓷枕的整体造型，瓷枕的整体造型给人以浑厚端庄之美感。

黑釉瓷枕

唐（618~907 年）
枕面 13.5 厘米 ×9.8 厘米，高 6.6 厘米
1979 年 4 月于寿县出土
淮南市博物馆藏

　　箱形，长边内凹，施黑釉至底，胎色乳白。
　　黑釉瓷枕是寿州窑同类产品的一个主要品种。唐代早期时，寿州窑烧制黄釉瓷枕，到唐代中后期时，黑釉瓷枕比较多见。这件瓷枕釉色亚光，略有酱釉感，枕面四边棱角出筋，有明显的酱釉色。唐代陆羽在《茶经》中从品茗的角度记述了寿州窑的黄釉瓷，并未提到黑釉产品。事实上，寿州窑所烧制的黑釉产品涉及到各个品种，釉色漆黑光亮，比黄釉产品釉色更加成熟稳定，艺术成就丝毫不逊于黄釉产品。

酱釉瓷枕

唐（618~907 年）

枕面 13 厘米 ×9 厘米，高 6.7 厘米

2012 年 12 月 12 日淮南康杰捐赠

淮南市博物馆藏

　　此枕发现时是已经残破，经修复后完整。长方形，委角，枕面微凹，四边角处理成宽弧面。通体施酱釉，釉色不匀，弧面处釉色发色较深，釉色中含有点状灰色釉斑，接近茶叶末釉的结晶状。此器虽然不大，但造型玲珑可爱，可以感受到窑工在此器坯晾干后挤压成型，稍修弧面，自然成趣的制作过程。

黄釉艾叶纹贴花瓷枕

唐（618~907 年）
枕面 15.7 厘米 ×11.9 厘米，高 7.5 厘米
2011 年 6 月 13 日于淮南征集
淮南市博物馆藏

　　此枕平面呈椭圆状。枕面后部略高于前面，呈斜面状，中间微凹。椭圆形枕面与立墙转弯处形成一周凹弦纹，弦纹中有积釉。通体施黄釉，釉色发色很好，在枕面及立面上有缩釉现象，棱角处有椭圆。此枕最有特点的是枕面中的装饰纹样。一般认为剪纸贴花，经仔细辨识，并以艾叶实物的大小、形状对照判断，是窑工用正在生长的艾草叶敷于施过釉的枕面上烧成的。而这种装饰方法烧成的瓷器不仅在寿州窑，在同时期的其他窑口中都很少见，直到宋代时才在南方窑口中使用。

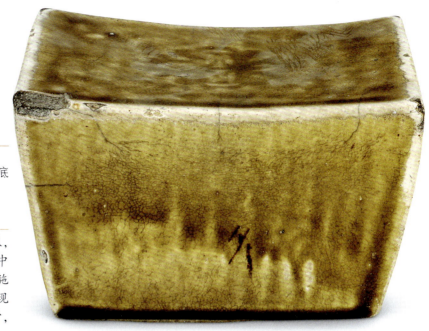

黄釉贴花瓷枕

唐（618~907 年）
枕面 16 厘米 × 11.5 厘米，高 10 厘米，底面长 13.5 厘米
亳州市谯城区河北红旗窑厂工人捐赠
亳州市博物馆藏

　　枕呈方箱形，上大下小，枕面微弧，平底。一直角内侧有一圆孔。枕面正中饰有剪纸贴花，纹饰似蝴蝶纹。通体施黄釉，釉色发色不匀，四边角有脱釉现象，枕面的一角有残，露出灰色胎骨，可见在化妆土掩饰下，瓷胎较粗糙。

黄釉瓷枕

唐（618~907 年）
枕面 16 厘米 × 12 厘米，高 8 厘米
2012 年 4 月 29 日淮南紫云斋刘秉泉捐赠
淮南市博物馆藏

　　枕的形状呈扁方形，通体施黄釉，釉色发色很好，黄中泛红，可惜入藏时枕面破碎成数块，经修复完整，但仍不失其韵味。唐代寿州窑的黄釉瓷枕在东小湾窑址中出土了大量标本，釉色普遍高于碗罐类。从已发现的黄釉枕观察，均釉色很好，估计是在匣钵中烧造，一匣一器，由于提高了质量，就影响了其产量，所以瓷枕的残片要远远少于碗盏类残片。从瓷枕的拉坯制胎工艺上看，其胎骨要比一般产品精细，甚至大多数瓷枕的底部是施过化妆土的。

黄釉蝴蝶纹贴花瓷枕

唐（618~907 年）
枕面 14.5 厘米 × 11.7 厘米，高 8.5 厘米
2012 年 11 月 25 日于淮南征集
淮南市博物馆藏

　　此枕形制为长方箱形。箱形枕一般枕面略
大于底面，这件枕的枕面与底面尺寸基本相似，
从形制演化看，时代要稍早一些。通体施黄釉，
釉色均匀亮丽，有蜡质感，是同时期寿州窑产
品中难得的上乘之作。枕面饰剪纸贴花纹，式
样为蝴蝶形。是将剪好的纹样敷于釉上入窑焙
烧而成的。边角处略有脱釉，枕底因烧造时气
孔出气不畅略向外鼓，但整器造型规整，釉
色精美，不失为唐代寿州窑早期枕中的代表
性作品。

黄釉花朵纹贴花瓷枕

唐（618~907 年）
枕面 16.6 厘米 × 11.7 厘米，高 10 厘米
私人藏品

　　此枕呈长方箱形，枕面大于底面，接胎、
修胎工整，方方正正。枕面装饰剪纸贴花，
图案纹样似一对称花朵纹，又似对称的二
只蝴蝶纹，因剪纸图案是敷于施过釉的枕
面上烧成，故细节部分有些模糊。唐代方
箱形瓷枕发现的数量较多，说明其产量较
大，淮南市博物馆收藏有这类形制的黄釉、
黑釉、酱釉等瓷枕十数件。此件瓷枕形制
规范，通体施黄釉，釉层较厚，有蜡质感，
在枕的足部和凹陷处产生积釉，釉色加深。

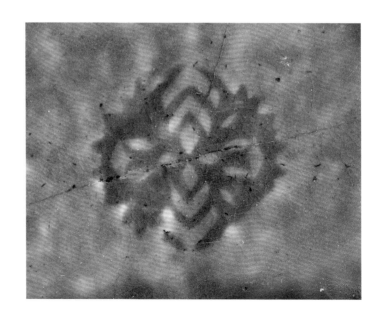

黄釉贴花瓷枕

唐（618~907 年）
枕面 16.5 厘米 ×12.1 厘米，高 9.3 厘米
2012 年 11 月 25 日于淮南征集
淮南市博物馆藏

　　此种呈长方箱型，枕面大于底面，
呈上大下小状。枕心微凹，四个立面微斜，
四边角呈弧状。通体施黄釉，釉色偏淡，
发色不均匀，在凹陷处有积釉现象，釉
色加深。枕面中装饰图案，为一蝴蝶形
状，剪纸图案是敷于施过釉的的枕面上
入窑烧成，图案的釉色加深，并产生窑变，
这种装饰方法常见同类瓷枕产品中。

黄釉委角瓷枕

唐（618~907 年）
枕面 14 厘米 ×10.1 厘米，高 7.3 厘米
1997 年寿县寿西湖农场第五大队菱角
地区出土
寿县博物馆藏

　　该枕形制为长方委角形，枕面及立墙微凹，四边角处理成宽弧面，使枕的形态圆润饱满。通体施黄釉，釉色均匀，有蜡质感，枕面的边缘稍有脱釉，底部在烧造时出气不畅，略向外鼓起。此器釉色莹润，胎体细腻，造型典雅，是唐代寿州窑瓷枕中的珍品。瓷枕是唐代的标志性产品，当时的南北方窑口均有烧造，但寿州窑的瓷枕在形制、釉色、装饰及产量等方面都略胜一筹。

图版　四　唐代瓷枕

黄釉贴花瓷枕

唐（618~907 年）
枕面 14.5 厘米 ×11.2 厘米，高 8.6 厘米
2009 年 6 月 5 日于扬州征集
淮南市博物馆藏

　　此枕呈长方箱形。枕面微凹，四边
角处理成圆弧状。通体施黄釉，发色比
较均匀，在枕面的中间装饰四花瓣形剪
纸贴花图案。剪纸贴花是贴于施过釉的
枕面上的，经烧结后留下比周边釉更深
一些的痕迹。此种贴花方法常见于唐代
寿州窑的瓷枕装饰上，淮南市博物馆收
藏有此类枕数件，另安庆市博物馆、寿
县博物馆等也有收藏。

酱釉瓷枕

唐（618~907 年）
枕面 14.3 厘米 × 10.5 厘米，高 8 厘米
2010 年 9 月 20 日于合肥征集
淮南市博物馆藏

　　此枕呈方箱形，上大下小。枕面及四周立面微内凹。施酱釉，发色不均匀。枕的四角及部分枕面有脱釉现象，枕面釉层有开片，立面的胎釉结合的很好，因釉层厚薄不匀而产生滴釉现象。此类形制和釉色的瓷枕是唐代寿州窑产品中比较多见的器型，从已发现的数量看，当时此类产品产量较大，在淮河两岸及长江北岸均有。

青绿釉瓷枕

唐（618~907 年）
枕面 16.3 厘米 × 9.6 厘米，高 8.5 厘米
2006 年 7 月扬州征集
淮南市博物馆藏

　　该枕平面呈椭圆状，立墙很高，在唐代寿州窑瓷枕中少见，属于唐代早期产品。立墙没有棱角，形成一个完整的椭圆形弧面，说明其修胎很讲究。通体施青绿釉，枕面釉色较深，发色不均匀，在枕面与立墙的转弯处有少许脱釉。从枕的釉色看，可能未放入匣钵中烧造，而是直接入窑焙烧而成。寿州窑唐代早期瓷枕发现的数量要少于中晚期瓷枕，说明枕在唐代早期寿州窑产品中并未有突出地位，随着工艺的进步和市场供需要求，寿州窑瓷枕成为江淮地区人民喜爱的生活日用产品。

黑釉委角瓷枕

唐（618~907年）
枕面 13.1 厘米 ×8.8 厘米，高 6.9 厘米
2010 年 11 月 4 日淮南征集
淮南市博物馆藏

　　枕的形制呈长方箱型，枕面四角
委，枕面微凹，四委角使枕面向立面
转折处形成宽窄不一的斜面。一侧
有裂，裂自枕面至枕底。通体施黑釉，
釉色呈亚光状，黑中泛酱，尤其是
委角处更显酱色。施釉至枕底转弯
处。枕底胎色乳白，胎质细腻。

黄釉瓷枕

唐（618~907 年）
枕面 15.7 厘米 ×9.1 厘米，高 8 厘米
2008 年 6 月于合肥征集
淮南市博物馆藏

　　该枕平面呈圆弧形，枕面内凹，四角弧状，施化妆土，黄釉均匀，釉色温润。

　　枕的起源可以追溯到殷商时代。《说文》云："枕，卧为所荐首者也。"到春秋战国时，枕的使用已经普及。隋代创烧瓷枕，唐代时大量生产，逐渐为人们喜爱，因其个头较小，并有"脉枕"一说。寿州窑瓷器中的枕在形制、釉色、品种上变化十分丰富。目前所见的形制有：方箱形、元宝形、亚字形、束腰形、腰圆形等数十种；釉色上有黄釉、黑釉、酱红釉、茶叶末釉以及由黄釉变化而产生青黄釉等等；装饰上常见贴花、模印花等方法。可以说寿州窑的瓷枕千变万化，代表了寿州窑在唐代时期烧造工艺特点和工艺水平。这件腰圆形黄釉瓷枕，造型简单却又寻求变化，枕的一长边呈直边，对称的另一边呈外弧状，四角圆弧自然，能够体会到窑工在造型上既能将一件琢器制作的十分娴熟，而又赋予它变化的美感。该枕黄釉釉色纯正，发色饱满，是一件近乎完美的瓷器。

黄釉剪纸贴花瓷枕

唐（618~907 年）
枕面 15 厘米 × 11 厘米，底 17 厘米 × 14 厘米
20 世纪 70 年代修定远水库时墓葬出土
定远县博物馆藏

　　此枕是比较典型的方箱形瓷枕，其枕面与枕底面大小基本相同。枕面微凹，饰对折的剪纸贴花菱形纹，是将剪好的图案敷于施过釉的枕面烧成，烧成后釉面较深的痕迹。通体施黄釉，釉色偏暗，釉面玻化很好，有细小开片，在枕的边角处有脱釉现象。

黑釉瓷枕

唐（618~907 年）
枕面 14.7 厘米 ×10.2 厘米，高 7 厘米
2006 年安徽省宿州市运河遗址 062BT5 ⑧：34 出土
安徽省文物考古研究所藏

　　此枕的形制呈长椭圆状，四面边角浑圆，
处理成宽弧面。枕面微凹，枕底面略向外凸起，
是气孔出气不畅所致。通体施黑釉，黑中泛酱
黄，可能是釉层较薄，透出下面的化妆土的缘
故。枕面上布满划痕，说明此枕在入土前曾长
期使用过。

黑釉瓷枕

唐（618~907 年）
枕面 16.7 厘米 ×11.7 厘米，高 7.3 厘米
1972 年 9 月 23 日巢县建六公社塘团大队第八
生产队出土
安徽博物院藏

　　枕的形状略呈扇形，立墙一侧稍高，使枕面成斜面。枕面略略抬起，四周形成凹弧面，四周的立墙线条构成弧线状。通体施黑釉，釉层很厚，釉色均匀，在棱角处黑釉泛紫色。底面施化妆土，一侧有出气孔。

寿州窑

酱釉漏花瓷枕

唐（618~907 年）

枕面 15 厘米 × 10.5 厘米，高 6.6 厘米

2012 年 5 月 20 日淮南康杰捐赠

淮南市博物馆藏

　　此枕入藏时残破成数块，后修复完整。枕的形制成扁方形，四边角呈圆弧状。通体施酱釉，剪纸漏花器除瓷枕外，寿县博物馆藏一件剪纸漏花瓷枕，其漏花图案与此枕的图案相似。另，扬州唐城遗址出土一件寿州窑茶叶末釉剪纸漏花枕，也与此器很相似。这种漏花方法，是用纸类物品剪好图案贴于施过化妆土的枕面上，再施釉烧成。此器修复后的釉色与原器釉色略有偏差，但仍能反映出基本面貌。

黄釉委角瓷枕

唐（618~907 年）
枕面 12.5 厘米 ×8.4 厘米，高 7.2 厘米
2012 年 3 月于淮南征集
淮南市博物馆藏

　　此枕为唐代寿州窑早期形制，枕的一侧立面略内凹，另一面向外凸出呈半圆弧状，四边角有数道凹槽，四角呈委角状。枕的立墙很高，所占高、宽比例较大，这是早期瓷枕的主要特点，到唐代晚期，寿州窑生产的瓷枕多为低矮而宽大的瓷枕。该枕的制作很精致，枕面的转折处理成圆润的弧面，立面的线条也十分饱满，整器均以曲线构成。施黄釉，釉色稍淡，在枕面边缘和立墙上有蓝色窑变。

寿州窑

黄釉委角瓷枕残件

唐（618~907年）
残长11厘米，宽12.4厘米，高7.8厘米
2013年5月13日淮南征集
淮南市博物馆藏

此器虽为残器，但其娇黄的釉色、工整而精致的造型，堪称唐代寿州窑晚期瓷枕中的顶级作品。如果瓷枕的断面没有暴露出来，无法看到其胎质结构，甚至不敢鉴定为唐代寿州窑的作品。该枕虽残存一半，但全形可辨。全器应是低矮类瓷枕，烧造时间应为唐代中晚期。枕的棱角被窑工以娴熟的技巧制成流线型宽弧面，八个角均为委角状，枕面及立墙略向内凹。断面中显示出寿州窑产品所特有的胎质，乳红色胎中含细细的砂粒，釉下有一层化妆土。该器釉色近似明亮的鸡油黄，又称娇黄，这种釉色在寿州窑产品中十分少见，虽为残件，也不失其珍贵。

黄釉束腰形瓷枕

唐（618~907 年）

枕面 14.2 厘米 × 10.7 厘米，高 7.8 厘米

2009 年 4 月 9 日寿县寿春镇征集

淮南市博物馆藏

　　该枕呈长方形束腰状。从枕的长宽比上判断，属寿州窑唐代中后期产品。此类束腰造型的瓷枕，在寿州窑产品中仅发现这一件，尤为可贵。枕面呈凹弧形，两长边也向内凹弧形成束腰，从形制上判断，是待方形坯胎干至适时挤压成型，所制作手法简单，但能够看出窑工用心良苦，在简单中力求变化，这是一个娴熟工匠的必然之路。枕施黄釉，釉色偏淡黄，发色不甚均匀，在转角处有积釉，釉色深暗。釉层很好，玻化程度高，枕面上有大开片。

黑釉如意形瓷枕

唐（618~907 年）

枕面 12.3 厘米 ×8 厘米，高 6.6 厘米

寿县收集

安徽博物院藏

　　此枕属唐代寿州窑黑釉枕中的精品，其造型优雅，通体曲线和凹弧线展示了寿州窑窑工驾驭瓷土的能力。通体施黑釉，釉色晶莹，乌黑透亮，在边角釉层稍薄处，透出酱色，形成一种自然装饰。枕底边缘露淡乳色胎，胎质较细腻。

黑釉松叶纹瓷枕

唐（618~907 年）
枕面 13.5 厘米 ×8 厘米，高 7.9 厘米
长丰县文物管理所藏

  此件黑釉瓷枕形制不大，是唐代早期枕类产品的代表性作品。枕的外形如元宝，枕面呈凹弧面，两头翘起，中间凹陷。立墙较高，有早期瓷枕形态，剪纸贴花图案为松针叶形状。仔细观察，针叶纹饰不对称，为错生枝叶状，可见不是通过对折纸张剪成，而可能是在一张打开纸上修剪成形的，然后敷于化妆土后再施釉烧成。松针叶图案的剪纸贴花图案在寿州窑产品中运用较少，一般多为蝴蝶纹、花朵纹等。这种工艺的具体操作方法有待进一步的考古发现。

黄釉瓷枕

唐（618~907 年）
枕面 15.7 厘米 × 11.9 厘米，高 7.5 厘米
2011 年 6 月 13 日于淮南征集
淮南市博物馆藏

　　该枕呈低矮的长方形状，长边的一面高于对称的另一面，使枕面呈斜坡状。通体黄釉及底，釉色偏暗，发色尚好。枕面的四边和四角呈小圆弧面，有脱釉现象。从枕的形制判断，该枕的生产时间在唐代中晚期。

黄釉委角瓷枕

唐（618~907 年）
枕面 13.5 厘米 × 7.7 厘米，长 12.5 厘米
× 7.3 厘米，通高 6.5 厘米
1977 年蚌埠市怀远县出土
蚌埠市博物馆藏

　　此器造型小巧，平面为长椭圆状，在唐代寿州窑瓷注中比较少见。枕面略大于底面，枕面的两头略高，中间凹陷，呈凹弧面，立墙所占比例较高。底面因出气不畅，略外鼓。通体施黄釉，枕面釉色略深，脱釉较严重。

黄釉瓷枕

唐（618~907 年）
枕面 14.7 厘米 × 10.2 厘米，高 6.5 厘米
2012 年 11 月 25 日于淮南征集
淮南市博物馆藏

  该枕的形状呈扁方形，前低后高，呈斜坡状，枕面四边角做成缓缓的圆弧面，符合人体工程学，增加了瓷枕的舒适度。整个瓷枕从上到下看不到棱角，有软乎乎的感觉。施黄釉，釉色发色很好，黄橙橙的亮丽，非常美观实用。枕墙的下部产生积釉，并有蜡泪痕。枕底施过化妆土，一侧有透气孔，因透气不畅，使枕底微微鼓起。从枕的形制观察其长度一般，应是晚唐时期烧造。

蜡黄釉印花瓷枕

唐（618~907 年）
枕面 17 厘米 × 11.4 厘米，高 8 厘米
1997 年蚌埠市长青乡施徐村胡永东挖交
蚌埠市博物馆藏

　　枕呈斜坡状，枕面为不规则椭圆形，立墙高的一侧向外弧，矮的一侧向内凹弧。通体施蜡黄釉，因埋藏条件所致，釉的玻璃丧失，在棱角处脱釉。枕面装饰有蝴蝶纹剪纸贴花，是将剪好的图案敷于施好釉的表面上烧成，图案处略有凹凸不平，釉面颜色加深。此枕呈低矮形状，是寿州窑唐代晚期产品。

蜡黄釉瓷枕

唐（618~907 年）
枕面 16.9 厘米 × 10.8 厘米，高 10.7 厘米
2011 年 6 月 13 日于淮南征集
淮南市博物馆藏

　　该枕是寿州窑唐代晚期的代表性作品。唐代寿州窑很擅长烧造蜡黄釉，根据发色不同，蜡黄中又有偏黄或偏绿的，但都有一层蜡光，此枕是蜡黄中偏绿的一类。枕面成斜面状，四面及四角处理成宽弧面，避开了棱角，更便于使用，四弧面略略外凸，使立墙成微微内凹。整器发色比较均匀，施釉至底部，凹陷处略有些积釉，釉色稍稍变深。但整器的制作相当规范，是唐代寿州窑瓷枕中的精品。

黄釉划花纹瓷枕

唐（618~907年）

枕面 16.8 厘米 × 11.5 厘米，高 8.3 厘米

2004 年 8 月大运河沿线出土

淮北市博物馆藏

　　此枕呈扁方形。后侧立墙稍高、
宽一些，四边角制成宽弧面，富于流
线感。通体施蜡黄釉，釉层很厚，四
面有细小开片，在折弯处脱釉明显。
枕面微凹，枕心中装饰刻划的如意云
纹，中间有数层云朵，下面二侧对称
卷云，云尾向外飘出。纹饰是以尖状
物在化妆土上刻出，施釉后入窑烧成，
刻划的细线纹釉色加深。唐代寿州窑
瓷枕的装饰多见剪纸贴花、漏花，刻
划纹饰比较少见，这种装饰方法在隋
代寿州窑的盘口壶中常见，到唐代时
使用的较少。该器呈扁方形，为寿州
窑晚唐时期的造型。目前发现的一批
晚唐时期的寿州窑瓷枕均为扁方形，
有的形制很大，有装饰纹样的较少。

蜡黄釉瓷枕

唐（618~907 年）
枕面 15 厘米 × 10.4 厘米，高 6.7 厘米
许传先捐赠
寿县博物馆藏

　　此枕形制是扁平的长方形状，平面呈椭圆形。后墙略高，枕面呈斜坡状。通体施蜡黄釉，釉色偏暗，蜡质感强，在枕的转角处有脱釉现象，足下四周有厚厚的积釉。唐代寿州窑的早期瓷枕一般较高，枕面较小，此枕为低矮长方状，时间要晚一些，应在晚唐时烧造。

蜡黄釉瓷枕

唐（618~907年）
枕面20厘米×13.6厘米，高7.5厘米
2012年12月13日于铜陵征集
淮南市博物馆藏

　　此枕是目前已发现的唐代寿州窑瓷枕中形制最长的，其长度达到20厘米，十分少见。枕面是大斜面，后墙高起，并略往外突出，形成弧面，前立墙低矮形成向内收的凹弧面，四角圆弧，不见棱角。通体施蜡黄釉，釉层很厚，釉色发色非常好，釉色均匀，有强烈的蜡质感。枕面与立墙的转弯处形成一周凹弧，凸起处有脱釉现象。从其形制判断，应是寿州窑在晚唐时期烧造的产品。

黑釉兽形瓷枕

唐（618~907 年）
枕面 11.9 厘米 ×6.5 厘米，高 8.3 厘米
2011 年 7 月于淮南征集
淮南市博物馆藏

  此枕由卧姿瑞兽的上脊托起弧状枕面，
卧兽呈昂首前视状，吻部宽大突出。前肢
后收，略呈跪态，后肢粗壮有力，似蹲姿，
瑞兽的身下是一椭圆形托盘。釉色黑中泛
酱色，瑞兽身体上的酱红釉斑与黑釉形成
对比，产生了丰富变化。淮南市博物馆藏
有此类瑞兽形瓷枕 4 件，均为黑色釉或酱
色釉，器型的大小也基本相似，初步判断
属一个时代，从其制作工艺上看，应在晚
唐或更晚的时间段。

黑釉象座瓷枕

唐（618~907 年）

枕面 12.5 厘米 ×7 厘米，高 7.5 厘米

2006 年安徽省宿州市运河遗址 062BT50 护 8：1 出土

安徽省文物考古研究所藏

　　淮南市博物馆收藏有此类象枕 2 件，这是目前已发现的第三件象枕。三件象枕的形制基本相似，此件略小一些，也是以手工捏塑而成的。此件枕的枕面呈凹弧面状，椭圆形弧面底盘，象的四条腿和鼻子十分粗壮，支撑枕面，鼻头向内卷起。两目凹陷，两耳硕大，象身以布帘式装饰，帘上有模印的花边和小乳钉纹。通体施黑釉，黑中泛酱，釉层很厚。此器与淮南市博物馆收藏的象枕、肖形动物枕应属同一窑口，烧造时间在晚唐或更晚的时间段。

黑釉象形瓷枕

唐（618~907 年）
枕面 15.1 厘米 ×8.5 厘米，高 8.3 厘米
2011 年 12 月于淮南征集
淮南市博物馆藏

　　淮南市博物馆收藏象座枕 2 件，形制大致相
同。黑釉象枕的枕面呈凹弧状，枕面也稍大一
些。以象的四条腿和粗壮的长鼻，支撑整个枕面。
酱釉象枕将两只象耳夸张的放置于头部的正前
方，象的侧身上装饰布帘，凸起部分为酱褐色，
与凹陷部分的黑釉形成对比。黑釉枕象身佩戴
的布帘纹饰模糊，酱釉枕的布帘边缘有一周排
列整齐的乳钉纹，布帘呈双层样。象鼻子上似
乎也有装饰，象牙可辨。两件的造型风格、装
饰方法和施釉烧造方法基本相同，可能为同一
时期、同一窑场生产。馆藏的另外 2 件瑞兽枕，
虽形式上有所变化，但总体风格相近，也应是
同类窑口生产的。这批枕的时代面貌、特征鲜
明，应在晚唐时期生产，其烧造技术上已经相
当成熟，4 件兽形枕均为深色釉中的黑釉、酱
釉，说明窑工在烧造这样的瓷枕时是有目的为
之的。

酱釉象形瓷枕

唐（618~907 年）
枕面 13.5 厘米 ×7.3 厘米，高 7.3 厘米
2010 年 11 月 4 日于淮南征集
淮南市博物馆藏

茶叶末釉兽形瓷枕

唐（618~907 年）
枕面 12.2 厘米 ×7.4 厘米，高 9.8 厘米
2010 年 9 月 21 日于淮南征集
淮南市博物馆

　　卧兽座撑起枕面。卧兽圆目，吻部前伸，头上有角，周身饰鳞片纹，后肢蹲卧状，前肢支撑头部，右前肢粗大。底部露胎，胎色乳白。兽身两侧都有出气孔。饰茶叶末釉，发色均匀，在纹饰突起处，釉色呈酱色。

　　茶叶末釉一般认为起源于唐代，为偶然烧造而成，是在高温 1200℃至 1300℃下烧黑釉过火时而产生的，因釉面失透，釉色黄绿中参以点状深黄色茶叶末而得名。形成的原因是釉中的铁、镁与硅酸化合而产生的结晶。该器发色细腻，周身遍布似细茶叶末的结晶物，犹如夏日夜空中的点点繁星。遗憾的是发现时为残器，上部的枕面依照唐代同类器物修复，但不失其珍贵。

寿州窑

瓷枕

北宋（618~907 年）
枕面 15 厘米 × 10 厘米，高 8 厘米
2010 年 1 月 12 日征集
淮南市博物馆藏

黄釉"大中祥符"铭龙纹瓷枕

北宋（960~1127年）
枕面 14.8 厘米 ×9.8 厘米，高 8.7 厘米
2011 年 7 月于征集
淮南市博物馆藏

黄釉"大中祥符"铭龙纹瓷枕

北宋（960~1127 年）
枕面 14 厘米 ×9.2 厘米，高 8.3 厘米
2012 年 11 月 25 日征集
淮南市博物馆藏

寿州窑

黄釉龙纹瓷枕

北宋（960~1127 年）
枕面 14 厘米 ×9.1 厘米，高 7.8 厘米
2005 年征集
淮南市博物馆藏

图版 附 宋代瓷枕

模印龙纹瓷枕

北宋（960~1127 年）
枕面 15 厘米 × 9.5 厘米，高 8.3 厘米
2010 年 11 月 12 日于淮南征集；
枕面 14.8 厘米 × 9.7 厘米，高 8.4 厘米
2010 年 11 月 12 日于淮南征集
淮南市博物馆藏

寿州窑

　　瓷枕略呈上大下小的方形体。枕面向下弧凹，四立面皆有模印花纹 。施釉的五个面均有黄绿釉与白色釉产生的窑变釉，并有强烈的流动感，尤其是枕面，两种釉色在变化中交融，非常生动自然。在侧面发现有两个支钉痕，是烧成后将支钉打去后留下的疤痕，可知是将瓷枕竖立放置烧成。这样做可以保证枕内气体通畅，热气流能从底部的透气孔内流出而不会使器物变形。相对应的另一个侧面两个角上有两朵六瓣小花，中部有松针形植物图案。两个大面因窑变而模糊不清，推测应为模印龙纹。这类瓷枕的作法要先模制好六块泥坯，然后粘结而成，称之为琢器，所费工时较圆器要多，市场售价也相应较高。淮南市博物馆收藏有 6 件这种形制的瓷枕，器物造型、装饰纹样均非常相似，应是同一时期同一窑口的产品。在枕的侧面两端饰松叶纹，松叶纹边有 2 字，分别为楷书"大中"、"祥符"，一侧的下方有"万岁"，与另一端下方的铭文合读为"千秋万岁"。大中祥符是宋真宗的第三个年号，在公元 1000 年初期，距唐亡已逾百年，这批瓷枕证明，到北宋时，寿州窑的窑火还绵延不断。

寿
州
窑

黄釉碗

唐（618~907 年）
口径 15.7 厘米，底径 7.9 厘米，高 8 厘米
1988 年 10 月 26 日上窑住院部 HST6 ②发掘出土
淮南市博物馆藏

　　该器是 1988 年 10 月在寿州窑上窑医院住院部窑址 6 号探方中发掘获得，是其中最好的一件碗类器物。出土时被称作"碗王"。该器深直腹，在接近碗口处开始外撇，口沿略有唇口状。通体施蜡黄釉，其发色是寿州窑蜡黄釉中比较纯正的一类。施釉至腹的底部，釉下留有少许化妆土。这种施釉不过化妆土的方法，一方面反映了烧造工艺，同时也反映了窑工对釉料的节省。足部胎骨呈乳红色，胎质略显粗糙，但在化妆土的掩饰下，施釉部分十分精美，是寿州窑蜡黄釉产品中的上乘之作。

素烧深腹碗

唐（618~907 年）
口径 10.3 厘米，底径 4.1 厘米，高 5.3 厘米
1985 年 7 月 10 日工农乡连岗大队征集
淮南市博物馆藏

　　深直腹，略敞口，造型比较规整，足
下微外撇，削足工整。通体内外施乳白色
化妆土，具有唐代寿州窑产品的典型特征。
1985 年第二次全国文物普查中在淮南市安
城镇（原工农乡）征集，经调查，系墓葬
出土物。此器不知何故在第一次施化妆土
烧结后，未第二次施釉入窑再烧而直接埋
入墓中随葬。初步判断此地距寿州窑三座
窑和泉山窑址约 30 公里，有可能系窑工
之墓出土。此类器物在河北邢窑隋代窑址
曾大量出土，是隋代邢窑的典型器，反映
出早期寿州窑受北方窑系影响较大，且文
化面貌在寿州窑产品中反映更迟缓一些的
情况。

黄釉深腹碗

唐（618~907 年）
口径 11 厘米，底径 5 厘米，高 6 厘米
1998 年 10 月 8 日怀远孝仪乡姚卫村
魏广树捐赠
淮南市博物馆藏

　　深腹，敞口，施淡黄色釉，偏
乳色，釉至腹下半部。露胎处显
示胎体与化妆土结合较紧密，足
部微外撇，削足很深。釉色经土
沁后入裂纹中，口沿处有剥釉现
象。从该器形制判断，是寿州窑
唐代早期产品，尚保留隋代深腹
的特点。

黑釉碗

唐（618~907年）
口径13.7厘米，底径5.6厘米，高6.9厘米
2011年6月13日于淮南征集
淮南市博物馆藏

　　此件黑釉器是寿州窑碗类产品中的
精品。该器呈大敞口状，口上部向内收
敛，圆唇口与下部结合处形成一内凹槽。
通体施黑釉至足上，釉色深黑漆光，在
唇口部因釉层较薄形成一道酱色的筋。
釉与化妆土、胎骨结合的很好，显示出
烧造的温度较一般寿州窑黄釉产品要高。
足底露胎处呈乳色，胎中夹杂有少量砂
粒。整器造型端庄大方，尤其是唇口的
处理十分少见，尤显其珍贵。

寿州窑

238

黄釉璧形底盏

唐（618~907 年）

口径 14.8 厘米，底径 7.1 厘米，高 4.4 厘米

1984 年 6 月长丰县孔店乡柿园鲍庄出土

淮南市博物馆藏

此器是寿州窑各类产品中最具典型意义的产品。这种浅腹大口盏，在唐代时期的各大名窑都有烧造，也各具特色，有葵口式、海棠式，但以此器造型为基础，各窑在此基础上增加各种变化。此器制胎工艺上乘，是寿州窑一般产品所不及，口、足部分胎骨细腻，唇口大小适当，符合整体造型，矮足墙非常规整。底部环状呈玉璧形，中间凹陷部分也施釉，边区有一圈凹弦纹。足底露胎处显现有细微的小砂粒。通体满施黄釉，釉色近似玉米黄，内外釉的发色一致，玻光感很强，有小开片纹，虽然胎、釉结合很好，但在口沿易磨损处有剥釉现象。该器整体给人以端庄敦厚、雍容大方之态，正是唐代陆羽在《茶经》中记述的"寿州瓷黄，茶色紫"的黄釉茶盏。将同时代越窑、邢窑等其它窑址的同类器物放在一起比较，这件器物不仅毫不逊色，还以其娇艳的黄釉更胜一筹。

黑釉深腹碗

唐（618~907 年）
2004 年安徽寿县官亭街出土
安徽省文物考古研究所寿县工作站藏

敞口，圆唇，深腹，腹下缓收至足底，饼足外撇。通体施黑釉至足上，腹内黑釉，黑中泛酱，釉层较厚。足底露乳色胎体，质较粗，胎中夹杂黑色小砂粒。淮南市博物馆收藏同类形制、釉色的深腹碗，其拉坯、施釉十分相近，应属同一窑口。该器虽瓷胎粗糙，但是在化妆土的掩饰和厚厚的釉色装饰下，散发出粗犷厚重之美。

黄釉瓷碗

唐（618~907 年）
口径 15.4 厘米，底径 6 厘米，高 8.2 厘米
亳州市谯城区轮窑厂 3 号墓出土
亳州市博物馆藏

图版　五　唐代碗、盏、盂、渣斗

黄釉碗

唐（618~907 年）
口径 17 厘米，高 6.8 厘米
1978 年安徽省宿州市原宿县东二铺轮窑厂收购
宿州市博物馆藏

青釉壁形底碗

唐（618~907 年）

口径 18.3 厘米，底径 8.4 厘米，高 6.2 厘米

2010 年 7 月 5 日于淮南征集

淮南市博物馆藏

　　此器造型还保留有隋代寿州窑碗的特点。虽为大敞口，但深腹仍有早期面貌，尤其是口沿下的两道凹弦纹是隋代寿州窑深腹碗的特征。但其制胎工艺与隋代有明显区别，是唐代早期寿州窑的产品。该器内外施青黄釉，烧造温度较高，化妆土与胎釉结合很好，有瓷化现象，并产生窑变。施釉及腹下部，也是早期特征。胎质很细腻，色乳，泛红，其中夹杂有细微砂粒，削足很规整，是唐代早期寿州窑产品的典型器。

黑釉深腹碗

唐（618~907 年）

口径 12 厘米，底径 6.2 厘米，高 8 厘米

安徽省文物考古研究所寿县工作站藏

　　深腹，略显鼓腹状，唇口略内敛。通体内外施黄釉，黑中泛酱色，釉层很厚，施釉至腹底与足墙结合处。足部露胎处显示胎质较紧密，胎中含有黑色砂粒，削足十分工整。该器造型非常规范，整体近似钵式碗式样，从其釉色、形制看，是寿州窑黑釉器中的精品。

寿州窑

242

黄釉盏

唐（618~907 年）
口径 15.3 厘米，底径 6.2 厘米，高 5.1 厘米
2010 年 11 月 4 日于淮南征集
淮南市博物馆藏

　　此器是寿州窑黄釉大碗中具有代表性的产品。其造型敦厚，拉坯、削足、施釉等工艺非常考究。碗大喇叭口，腹很浅，口沿略呈唇状，透过釉层尚能感觉到拉坯留下的弦纹。通体满施蜡黄釉，釉色比较匀称，腊光很强，碗的内外釉面均有纵向大开片，应是在应力作用下产生的。口沿部分有剥釉现象，但整个碗的胎、化妆土与釉的结合很紧密。足底露乳白色胎。胎质较一般碗的用料要细腻，有细微砂粒，但不失为一件精品。

青黄釉盘

唐（618~907年）
口径6.4厘米，底径9厘米，高3.7厘米
2011年7月淮南征集
淮南市博物馆藏

　　该盘平底，浅腹，腹壁外撇，在口沿处略向外折，圆唇口，施青黄釉，腹外半施釉，有数处蜡泪痕，腹壁未施釉处露白色化妆土。露胎处可辨灰色胎骨，较坚硬，胎中含有细白色、黑色砂粒。

黑釉深腹碗

唐（618~907年）
口径21.5厘米，底径10.6厘米，高12.1厘米
安徽省文物考古研究所寿县工作站藏品

　　这类深腹碗在寿州窑瓷器中发现的不是很多。该器胎体较厚重，整器有端庄厚实之美感。圆唇口，口部与腹壁接会处形成凹槽。上腹直，下部内收，大平底足，胎骨较粗，但烧结很好。整器施黑釉，釉色深黑，泛漆光，腹内及外腹的一侧有酱色斑点，应为此处的窑温稍高于周围所形成。

茶叶末釉大碗

唐（618~907 年）
口径 21.6 厘米，底径 8.4 厘米，高 6.9 厘米
2011 年 6 月 10 日于淮南征集
淮南市博物馆藏

　　此碗虽是直径 21 厘米以上的大敞口形碗，但其造型十分规整，在炉膛的烧造过程中，未发生任何变形，是寿州窑茶叶末釉中的精品，十分难得。该器大敞口，卷沿，呈唇口状，因唇口釉层较薄，形成一道酱红色筋。腹部略外鼓，作深腹状，施茶叶末釉至足上，平足，削胎很明显，有修胎痕迹，胎色白。在碗盏类中，此器的胎骨可谓上乘之作。

图版　五　唐代碗、盏、盂、渣斗

黑釉碗

唐（618~907 年）
口径 18 厘米，底径 8 厘米，高 65 厘米
2010 年 7 月 5 日于淮南征集
淮南市博物馆藏

　　该器是寿州窑晚唐时期的典
型器。这一时期的碗，腹壁趋直，
腹径增大。该器形制很规整，大
敞口，口沿略向外卷，唇口状，
腹壁直，略微向外鼓起。足底平，
内凹，露胎，色乳白，修足不甚
规范。通体内外满施黑釉，外腹
釉至足上，釉色饱满，黑中泛酱
色，口沿部分因釉层较薄，形成
酱色出筋状。

寿州窑

青黄釉大碗

唐（618~907 年）

口径 24.4 厘米，底径 6.3 厘米，高 11.1 厘米

2011 年 6 月 13 日于淮南征集

淮南市博物馆藏

　　此器是目前所见到的几件大型深腹碗之一，直径达 24 厘米以上，充分显示了寿州窑产品中敦厚粗犷一面。其釉色窑变自然形成一种天然成趣的美观。窑工在制作时有意在圆唇口下划出一道凹槽，使唇部更加突出和饱满。施釉在窑炉中产生窑变，釉下的化妆土较薄，可见拉坯时的一道道弦纹。釉只施到腹下部，露胎处的弦纹更显深厚。平足，修足不规范，胎色泛红，有较多黑色砂粒。

黄釉大碗

唐（618~907 年）
口径 36.6 厘米，底径 14.5 厘米，高 9.7 厘米
1957 年 11 月阜阳市太和县文化馆拨交
安徽博物院藏

　　此器是目前已发现的寿州窑最大形制的碗，故有人又称之为盆。大敞口，折沿，浅弧腹，平足，胎色乳白，较细腻。通体施黄绿釉，略泛酱色。此器形制硕大，造型工整，在寿州窑同类产品中很少见，是唐代寿州窑碗类器型中的代表性作品。

寿州窑

黄釉高足碗

唐（618~907 年）
口径 11 厘米，底径 5.5 厘米，高 6.5 厘米
2011 年 6 月 13 日于淮南征集
淮南市博物馆藏

　　碗是寿州窑产品中最常见的，在唐代
寿州窑各窑址中均有大量发现，是寿州窑
产品中畅销江淮的大宗商品种类。但此件
高足形制的碗，在窑址或墓葬发掘中都很
少发现。该器造型很美，浅腹，饰弦纹，
高足下部外撇，呈倒喇叭口状，与厚唇口
相对应。施黄釉，釉色有蜡质感，釉至足，
足下露胎处可见削足的刀痕。从碗内不施
釉上判断，该器的使用功能不是一般的盛
食和盛水器，可能有窠臼的功能。

黄釉碗

唐（618~907 年）
口径 16.5 厘米，底径 7.8 厘米，高 5.2 厘米
1959 年治淮工地出土
安徽博物院藏

　　大敞口，唇沿，沿口圆润饱满。弧腹，
平足，略外撇。通体内外施黄釉，釉色较厚，
在化妆土的衬托下，釉面很均匀，有蜡质
感。口沿内外侧有脱釉。此器是比较典型
的唐代寿州窑产品。一般的碗盏类产品并
施釉，此器为满施釉，可见其在制造时就
很讲究。

酱釉碗

唐（618~907 年）
口径 16.1 厘米，底径 6.7 厘米，高 6.8 厘米
2006 年田家庵区史院乡邵庄村唐墓出土
淮南市博物馆藏

　　该器是淮南市博物馆近年来通过考古发掘获得的一件寿州窑碗类产品的上乘之作。该器造型大方端正。口部微唇状，上腹部略直，腹下急收，大平足。整器内外施酱釉，釉色较均匀，釉层与化妆土、胎骨结合的很好，反映其烧造温度较高。露胎处泛乳白色，胎质较细腻，修足工整。

寿州窑

黄釉璧形底盏

唐（618~907 年）
口径 15.5 厘米，底径 7.3 厘米，高 4.6 厘米
2011 年 6 月 13 日于淮南征集
淮南市博物馆藏

在寿州窑碗盏类器物中，绝大部分为半施釉，像此件能够施釉及底，即至足墙上端，都为其精心烧造之器。此器施釉均匀，内外黄釉发色均匀，略呈蜡黄色，从器口至底足十分规整。足墙略外撇，露胎处泛乳白色，较细腻，是寿州窑碗盏类中造型、釉色比较典型的标准器。

黄釉璧形底盏

唐（618~907 年）
口径 16.1 厘米，底径 7.5 厘米，高 4.5 厘米
2007 年 5 月于扬州征集
淮南市博物馆藏

该器造型十分规整。大敞口呈喇叭状，口沿为小圆唇，与沿形成一道弦纹，腹下急收，底部呈玉璧形状，露胎处显示胎质较细腻，胎中含有细微黑色砂粒。盏的内外施黄釉，略有蜡质感。釉层的剥釉现象较严重，口沿及腹下尤重。施釉不及底，但整器造型很优雅，是唐代人饮茶时常用的器具。

黄釉贴花葵口盏

唐（618~907 年）

口径 14.9 厘米，底径 6.4 厘米，高 4.1 厘米

2012 年 3 月于淮南征集

淮南市博物馆藏

　　寿州窑葵口式盏共发现 4 件，分别收藏在淮南市博物馆 1 件，安徽省文物考古研究所 1 件，阜阳市博物馆 2 件，均系墓葬出土。此件贴花盏为釉上贴花，即以纸类剪纸帖于釉上烧成。整器为三瓣式，盏内平均三分，有三道凸筋，盏外部形成三道凹弦纹。外腹下因窑温过高，黄釉偏暗。盏内中间部分的六瓣花纹中的花蕊呈六个"V"字形，剪纸的刀痕清晰可见，能够观察到剪纸是对折后剪成。内侧的三朵花枝纹是叠放后一次剪成，所以三朵花的釉色虽有深浅，但形态一致。盏内外的蜡黄釉均有小开片，在口沿处及盏出筋处有脱釉，反映了寿州窑的烧造工艺。整器造型典雅端庄，在盏内贴花纹饰是目前所见唯一的一件瓷盏，不失为寿州窑碗盏类中的代表性作品。

黄釉碗

唐（618~907 年）
口径 14.5 厘米，底径 6.7 厘米，高 5.5 厘米
本馆旧藏
淮南市博物馆藏

　　该器大敞口状，腹下微鼓。碗通体满施黄釉，釉面有玻化现象。足部外撇，修足较规整。是寿州窑碗类产品中较为多见的形制。

青釉盏

唐（618~907 年）
口径 14.4 厘米，底径 5 厘米，高 5.3 厘米
2007 年 4 月 25 日淮北陈军捐赠
淮南市博物馆藏

　　敞口微内敛，内外施黄釉，釉色黄中泛绿，透过釉层能看见一道道拉坯时留下的弦纹。施釉到腹底，并有积釉现象。露胎处显示胎质细腻，削足很规整，是寿州窑同类产品中制作规整的器物。

黑釉钵

唐（618~907 年）
口径 21.8 厘米，底径 12.8 厘米，通高 9 厘米
寿县西圈周圩出土，许传先捐赠
寿县博物馆藏

在寿州窑东小湾窑址和上窑医院住院部窑址出土了大量黑釉和黄釉钵的残片，但发现的整器较少，所以这件黑釉钵十分珍贵。此器敛口，平沿，口沿下内凹，钵腹自口沿下鼓起后急收至底部，宽平底。钵的内外施黑釉，乌黑发亮，黑中略泛酱色，尤其以口沿边缘处明显。此器虽是日常生活用器，但造型工整，釉色饱满，是唐代寿州窑的上乘之作。

寿州窑

黄釉盏

唐（618~907 年）
口径 16.2 厘米，高 4.6 厘米
1984 年 11 月安徽省宿州市原蕲县村孟庆昌捐赠
宿州市博物馆藏

敞口，唇沿，浅腹，假圈足，平底。此碗造型十分规整，口沿部分的制作十分讲究。通体施黄釉，釉色饱满。唐代寿州窑的碗，因其产量较大，一般多为半施釉，施釉至足部的相对较少，满施釉的碗盏类器物均制作精良。

黄釉碗

唐（618~907 年）
口径 12.5 厘米，底径 5.5 厘米，高 6 厘米
本馆藏品
淮南市博物馆藏

敞口，浅腹，口部微内敛，平底，足部略外撇。通体施黄釉，釉层较厚，腹下露胎处有蜡泪痕，釉色近似玉米黄，胎釉结合较好，只有部分口沿处有剥釉现象。

黄釉盏

唐（618~907 年）
口径 13.4 厘米，底径 4.3 厘米，高 4.4 厘米
2007 年 4 月 25 日淮北陈军捐赠
淮南市博物馆藏

大敞口，口部内敛。通体内外施黄釉，碗外釉面至腹底，因釉层丰厚形成蜡泪痕，腹底及足露乳白色胎，胎质较细腻，平底微凹。该器造型很规整，因腹部下沉，有重心很稳之态。这种器型在唐代寿州窑中较少见，应是入匣单独烧造而成。

黄釉璧形底葵口盏

唐（618~907 年）
口径 15 厘米，底径 7.5 厘米，高 4 厘米
安徽省文物考古研究所寿县工作站藏

　　唐代寿州窑生产的各类碗、盏器数量很
大，但葵口璧底的浅腹盏发现总量不多。淮
南市博物馆收藏有一件贴花璧底葵口盏。此
件璧底葵口盏没有贴花，但制作十分讲究，
浅腹，大敞口，腹起四道脊，脊上有一个小
缺口，形成葵口。盏的口沿很圆润，玉璧形
底十分规整，足部工整中见饱满。玉璧形底
盏在唐代南北方窑口均有烧造，尤以越、邢
二窑最为出色，中唐时陆羽在《茶经》中详
细记载了各窑茶盏的釉色。寿州窑的茶盏在
形制、釉色及烧造工艺上毫不逊色。

黄釉盏

唐（618~907 年）
口径 12 厘米，底径 4.2 厘米，高 4.6 厘米
2007 年 4 月 12 日于淮南征集
淮南市博物馆藏

　　大敞口呈喇叭状，施黄釉至腹下部，釉色蜡黄，发色很好。腹下部及足部露乳白色胎体，胎质比较细腻，小平底微内凹，削足较规整。该器是唐代寿州窑最常见的一种器型，但此器造型比较规范，是此类器物中在形制、发色都比较好的产品。

青黄釉璧形底盏

唐（618~907 年）
口径 16.3 厘米，底径 6.7 厘米，高 5.7 厘米
2011 年 6 月 13 日于淮南征集
淮南市博物馆藏

　　此器在寿州窑盏类产品中是上乘之作。盏的形制为大喇叭口状，内外满施黄釉，外腹釉及底至足下，璧形底，色乳白，胎质细腻，内外釉有细小开片。这种器型在形制、施釉及烧造工艺等，在寿州窑同类产品中均高于普通产品，不是用作盛饭食类器具，而是唐人茶道中的用品。

黄釉大碗

唐（618~907 年）
口径 23.2 厘米，底径 9.2 厘米，高 8.5 厘米
2011 年 6 月 13 日淮南征集
淮南市博物馆藏

　　此件黄釉大敞口碗是寿州窑大碗类中的代表作。该器拉坯成型很规整，圆唇很饱满，腹部呈弧状内收，形状很美观，削胎规整。整器施蜡黄釉，发色很好，是黄釉大碗中的精品。

黄釉碗

唐（618~907 年）
口径 13.1 厘米，底径 6.3 厘米，
高 4.7 厘米
2010 年 7 月 5 日于淮南征集
淮南市博物馆藏

　　浅腹，敛口，口微唇。
施黄釉，釉色较淡，在口部、
腹部有剥釉现象。施釉及底。
平底微凹，足部不够规整。
从釉的发色较淡来判断，烧
造时的窑温稍欠火候。

黄釉碗

唐（618~907 年）
口径 11.3 厘米，底径 5.5 厘米，高 4.2 厘米
2007 年 4 月 12 日于淮南征集
淮南市博物馆藏

　　敛口，浅腹，施釉至腹底，足
墙略高于同类浅腹碗，削足，但不
规整。黄釉发色较好，釉面玻化，
内外壁有不规则开片。因其烧造温
度较高，釉面与化妆土、胎的结合
很好。

黄釉点褐彩水盂

唐（618~907 年）
口径 9.5 厘米，底径 7.4 厘米，高 10.7 厘米
淮南市天宝双遗文化园藏品

　　该水盂是唐代寿州窑同类产品中形制稍大、制作精美的器物。一般水盂的口沿无唇边或内凹，此器有唇口，向上突起，广肩上饰对称的釉下褐彩斑，斑纹一笔抹刷而成，装饰呈自然流畅的如意形。通体施黄釉，釉色较饱满，口沿和腹部有脱釉。足底露乳白色胎，胎质坚细。假圈足外撇，修足规整。

青釉水盂

唐（618~907 年）
口径 2.5 厘米，底径 3.8 厘米，高 3.3 厘米
淮南市博物馆藏

蜡黄釉水盂

唐（618~907 年）
口径 2.3 厘米，底径 4.3 厘米，高 3.2 厘米
淮南市博物馆藏

青釉水盂

唐（618~907 年）
口径 2.3 厘米，底径 3 厘米，高 3.5 厘米
淮南市博物馆藏

黄釉水盂

唐（618~907 年）
口径 2.7 厘米，底径 4.2 厘米，高 2.6 厘米
1962 年上窑出土
淮南市博物馆藏

寿
州
窑

黄釉水盂

唐（618~907 年）
口径 2.5 厘米，底径 3.5 厘米，高 3.5 厘米
2013 年 3 月 4 日于扬州征集
淮南市博物馆藏

青黄釉水盂

唐（618~907 年）
口径 2.8 厘米，底径 4 厘米，高 4.2 厘米
2011 年 6 月 13 日于淮南征集
淮南市博物馆藏

青釉水盂

唐（618~907 年）
口径 2.9 厘米，底径 5.3 厘米，高 6 厘
2011 年 6 月 13 日于淮南征集
淮南市博物馆藏

青黄釉水盂

唐（618~907 年）
口径 6.5 厘米，底径 5 厘米，高 5 厘米
2011 年 6 月 13 日于淮南征集
淮南市博物馆藏

浅黄釉水盂

唐（618~907 年）
口径 16 厘米，底径 8 厘米，高 13.7 厘米
2011 年 6 月 13 日于淮南征集
淮南市博物馆藏

蜡黄釉水盂

唐（618~907 年）
口径 13.4 厘米，底径 7.2 厘米，高 11.8 厘米
2010 年 7 月 5 日于淮南征集
淮南市博物馆藏

黄釉褐斑堆塑水盂

唐（618~907 年）
口径 10.1 厘米，底径 8.8 厘米，
高 9.9 厘米
2011 年 6 月 8 日于合肥征集
淮南市博物馆藏

黄釉带流水盂

唐（618~907 年）
口径 10.6 厘米，底径 8.1 厘米，高 9.4 厘米
2011 年 6 月 13 日于淮南征集
淮南市博物馆藏

褐釉水盂

口径 6.5 厘米，底径 5.6 厘米，高 6.9 厘米
2010 年 1 月 12 日于淮南征集
淮南市博物馆藏

青釉水盂

口径 11.5 厘米，底径 7.2 厘米，高 7.7 厘米
2010 年 1 月 12 日于淮南征集
淮南市博物馆藏

黄釉水盂

口径 10.8 厘米，底径 6 厘米，高 10.3 厘米
2011 年 6 月 13 日于淮南征集
淮南市博物馆藏

青釉水盂

唐（618~907 年）
口径 10.7 厘米，底径 8.4 厘米，高 10.7 厘米
2010 年 1 月 12 日于淮南征集
淮南市博物馆藏

蜡黄釉渣斗

唐（618~907 年）
口径 13.2 厘米，底径 6 厘米，高 11.8 厘米
凤阳县文物管理所藏

　　迄今为止，寿州窑的渣斗发现不超过
3 件，而凤阳文物管理所就收藏有 2 件，
且皆为墓葬出土。凤阳与淮南市上窑镇相
邻，境内有多处隋唐寿州窑窑址，地下经
常出土隋唐寿州窑瓷器，符合其历史背景。
此器上部呈大喇叭口状，喇叭的下部急收，
成束颈状，下部为球腹，底部为假圈足。
渣斗的功用主要体现在大口上，便于唾吐
废弃之物。通体施黄釉，釉色很均匀，惜
脱釉较严重，但不失为唐代寿州窑中一个
品种的重要珍品。

黄釉渣斗

唐（618~907 年）
口径 13.1 厘米，底径 5.3 厘米，高 9.5 厘米
凤阳县文物管理所藏

　　此器为大喇叭口，圆唇饱满，喇叭口底部急束，坐于盂形的鼓腹罐上。从器物的造型看，应是二次拉坯后接胎而成。假圈足，修足规整。通体施黄釉，釉色偏淡，胎釉结合不好，在喇叭口及下腹部都有脱釉。渣斗又名唾壶、唾盂，在六朝时已开始使用，到唐宋时已经很流行了。有人认为渣斗是痰盂，这是一种误解，因其功用一般用于盛放吃剩的肉骨头或鱼刺类的残渣。此件渣斗的喇叭口十分宽大，就是为了便于使用。

寿州窑

青黄釉四系盘口壶

唐代早期
口径 15.3 厘米，底径 13.5 厘米，高 38.5 厘米
2009 年 12 月 21 日于合肥征集
淮南市博物馆藏

　　此器是寿州窑从隋代向唐代过渡时期
的产品。该器保留了隋代盘口壶的主要特
征，但在盘口的处理上产生变化：口沿部
加宽，盘口的腹部变浅，颈部的长度也小
于隋代盘口壶的比例，颈部中间的凸弦纹
消失，盘口壶的腹部增高变大，虽不比隋
代盘口壶美观，但其容积增加，实用功能
增强。施青绿釉，色泛黄，有缩釉现象，
釉薄处可见化妆土。胎色呈淡乳红色，质
较细，平底微凹。

青黄釉四系盘口壶

唐代早期
口径 15.5 厘米，底径 14 厘米，高 38.5 厘米
2009 年 12 月 21 日于合肥征集
淮南市博物馆藏

　　浅盘口，口沿向外翻卷，沿上有一周
凹弦纹。颈部较短，在颈部上、下两端各
饰一周凹弦纹。四系短小，置于斜肩之上。
半施青黄釉至腹中部，釉层较厚，有蜡泪
痕。釉下施化妆土，胎色乳红，质坚硬，
平底微凹。此器时代应为唐代早期，保留
着隋代盘口壶的主要特征，但不如隋代盘
口壶的修长美观，且腹部增高，腹径加大，
颈部装饰简化。从其造型看，窑工在制作
时更加注重其使用功能的考虑和设计。

黄釉四系盘口壶

唐代早期
口径 13 厘米，底径 11 厘米，高 33.5 厘米
1998 年 10 月 8 日怀远孝仪乡姚卫村魏广树
上交
淮南市博物馆藏

　　浅腹小盘口，口沿宽大向外翻卷，短细颈，颈肩接胎明显，有一周凸弦纹。四系较小。斜溜肩，长鼓腹，腹下急收，平底足。半施黄釉，釉色淡。露胎处可见胎质较粗，尚坚密。此类盘口壶是隋代晚期到唐代早期常见形制，是隋代寿州窑高大修长的盘口壶衰微并向唐代形制过渡时期的形态。

黄釉盘口壶

唐（618~907 年）
口径 4.6 厘米，底径 5.3 厘米，高 12.2 厘米
1963 年 1 月 1 日阜阳县文化馆移交
阜阳市博物馆藏

　　此类小盘口壶在隋唐寿州窑均有烧造，器型的主要特征变化不大。此器的形态接近隋代风格，但釉下已施化妆土，尤其是胎的结构有所变化，胎中含有细砂粒，颜色呈砖红色，应是在氧化焰下烧成，故此器的烧造时间应在隋末唐初这一时间段。

黄釉敞口四系罐

唐（618~907 年）
口径 19.9 厘米，底径 16.5 厘米，高 51 厘米
2010 年于合肥征集
淮南市博物馆藏

　　此器是已发现的唐代寿州窑罐类器物中形制最大的产品。浅盘口尚保留着隋代盘口壶的特点，说明该器的时间应在唐代早期。广肩上饰一周高高凸起的弦纹，短细颈与肩的结合处置四枚形制规整的双股系，圆鼓腹的下部急收，小平底。通体施黄釉，釉色浅淡，较均匀，在腹部的一侧有数道刷釉留下的痕迹。该器器型高大，形制规整，是寿州窑唐代早期大型罐的代表性作品。寿州窑的大型器物一般烧造温度较高，少有脱釉现象，此器即是例证。

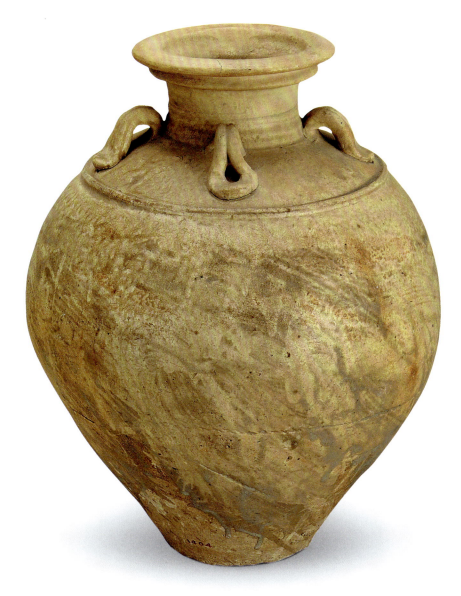

黄釉敞口四系罐

唐（618~907 年）
口径 14.5 厘米，底径 13.3 厘米，高 43.5 厘米
2012 年 5 月于淮南征集
淮南市博物馆藏

寿州窑

深盘口，略外撇，盘底有一道突起的
箍。短细颈，颈肩结合处有一周凸弦纹。
斜溜肩上置四枚小双股系，与硕大的腹部
相比，鋬系更显得瘦小。长鼓腹，最大腹
径在腹中部。通体施黄釉，釉色灰暗，但
胎釉结合很好，腹底露胎，胎体灰红色，
平足。

黄釉大瓮

唐（618~907 年）
口径 25.5 厘米，底径 18.2 厘米，高 45 厘米
2008 年 6 月于合肥征集
淮南市博物馆藏

　　短直颈，平沿，丰肩，鼓腹，腹下急收，
小平底。通体施黄釉，釉层很厚，烧结很好。
此器的口部较一般罐类器物的颈部要短，
在唐代寿州窑罐类产品中比较少见，从其
较大的口部判断，应是贮存粮食或水一类
的用品。器物的形制虽然高大，但烧造温
度很高，至今没有发生脱釉的现象。从釉
面上留下的痕迹看，其施釉方法采用了刷
釉法，釉面上有部分缩釉的现象。

淡黄釉唇口四系罐

唐（618~907 年）
口径 12 厘米，底径 14.7 厘米，高 47 厘米
2011 年 11 月于淮南征集
淮南市博物馆藏

　　翻唇口，折沿，短细颈，颈肩处置四枚小双股系，系下有三周细弦纹，系的形制小巧。斜溜肩，长鼓腹，腹上端有四周弦纹。施黄釉，釉接近足底，釉色浅淡，釉面有数道刷釉痕，腹下有多处蜡泪痕，足底露灰红色胎体，胎骨较细密。

青黄釉唇口四系罐

唐（618~907 年）
口径 10.5 厘米，底径 14.5 厘米，高 39.5 厘米
2010 年 1 月 12 日于淮南征集
淮南市博物馆藏

　　此器翻唇口很饱满，形制规整。短细颈上置四枚小巧、但很精巧的双股系。丰肩鼓腹，腹下急收，小平底。半施青黄釉，釉层厚，腹下积釉处和数道蜡泪痕产生蓝色窑变，在肩部有明显缩釉现象。下腹部露淡乳红色胎体，胎质较细密。

酱釉四系盘口罐

唐（618~907 年）
口径 8.3 厘米，底径 10 厘米，通高 22.8 厘米
寿县博物馆藏

　　此器与寿县博物馆所藏黄釉盘口罐在
器型和工艺上很相似，但在制作工艺上要
讲究一些，尤其是盘口和系的处理要精巧
细腻。施酱釉至腹下部，釉色酱中泛黄，
釉层肥厚，较均匀，下腹露淡乳色胎体，
质细。

酱黄釉四系盘口罐

唐（618~907 年）
口径 7.5 厘米，底径 10.5 厘米，通高 23.2 厘米
接收六安专区文物
寿县博物馆藏

　　此器的盘口是唐代盂口罐类的一种形式，其做法与盂口瓶、罐类相似，上部的盘口是在已经成型的小口罐上叠加了一个盘口而成。此器的盘口胎体厚重，显得圆润厚实，盘底露出了小口罐的口沿，四枚双股系錾拱起，斜溜肩，圆鼓腹，最大腹径在腹中部。半施酱黄色釉，釉面较肥厚，下腹部露淡乳色胎骨，胎质坚细。足部略外撇，修足十分规整。

黄釉唇口四系大罐

唐（618~907 年）
口径 10 厘米，底径 13.3 厘米，高 40 厘米
2008 年 6 月于合肥征集
淮南市博物馆藏

　　口部呈子母口状，口沿里侧为斜坡状，与翻唇口的做法一致，口的外缘凸起，形成子母口。原器应有斗笠形小盖，发现时已缺失。斜溜肩上有四个双股系，长鼓腹，最大腹径在腹中部，腹下部急收至足部。施黄釉偏红，釉层较厚，缩釉现象明显，在釉面上形成网状纹理。子母口罐在唐代寿州窑大罐中发现的很少。

黄釉唇口四系大罐

唐（618~907 年）
口径 12 厘米，底径 14.8 厘米，高 44.5 厘米
2008 年 6 月于合肥征集
淮南市博物馆藏

　　翻唇口较饱满，短细颈，下部有一周凸弦纹，广丰肩上的四个双股系，十分瘦小。长鼓腹，腹下部缓收至足底，饰黄釉至腹下部，釉色偏乳黄，釉层较厚，从釉面上判断施过二次釉，二次施釉后产生蜡泪痕。腹下部露浅砖红色胎体，质细密。整器造型规整，釉色饱满。

黄褐釉大瓮

唐（618~907 年）
口径 18 厘米，底径 20 厘米，高 40.3 厘米
2008 年 6 月于合肥征集
淮南市博物馆藏

　　翻唇口，颈部较短，斜溜肩，长鼓腹，腹下部缓收至底，最大腹径在腹中部。该器的釉色在唐代寿州窑大型瓷器中是少见的肥厚，其肩部釉色发色呈黄绿色，至足底变化成为黑釉中泛绿。说明在窑炉的烧造中，此罐腹中部以下的温度要高于上部，下部得到充分氧化，胎釉结合的非常紧密，上部因其温度较低，在口沿部位稍有脱釉。

酱红釉四系罐

唐（618~907年）
口径 9.9 厘米，底径 10.6 厘米，高 32.8 厘米
2008 年 6 月于合肥征集
淮南市博物馆藏

　　翻唇，口沿平外撇，短束颈，斜溜肩，长圆腹，肩与颈置四对称双股系，平底。施酱红色釉至足下，足部露乳色胎，釉色均匀。

　　此器造型虽是寿州窑常见器形，但其是目前仅见的酱红釉完整器。酱红釉的着色剂与黑釉相同，都是氧化铁生成的。酱红釉是先还原后氧化，为两次不同的烧造方法产生的酱红釉或铁红色。该器通体酱红釉发色均匀。1988 年发掘医院住院部窑址时，发现有酱红釉瓷注、瓷枕残件，说明当时的寿州窑的酱红釉产品不是偶见，而是做为一种釉色产品批量生产的。

青绿釉唇口四系大罐

唐（618~907 年）
口径 10 厘米，底径 12.2 厘米，高 34 厘米
2008 年 6 月于合肥征集
淮南市博物馆藏

　　此器造型圆润饱满，是唐代寿州窑大罐类产品中的精品。翻唇口形制工整，短细颈与丰肩上置四枚精巧的双股系，肩部浑圆，向下缓收至足底。施青绿釉至腹下部，釉色肥厚。在釉面和下腹部露胎处有数周弦纹。

寿州窑

青黄釉唇口四系大罐

唐（618~907 年）
口径 13 厘米，底径 15 厘米，高 46.6 厘米
2007 年 4 月 25 日淮北丁仰振捐赠
淮南市博物馆藏

　　翻唇口，短细颈，呈喇叭状。斜溜肩上置四个小双股系。长鼓腹，腹下缓收至足底，小平底。腹中部以下器物略有变形。施青黄釉至腹下部。釉层较厚，有缩釉现象，下腹部有数道蜡泪痕。

青绿釉盂口罐

唐（618~907 年）
口径 5.6 厘米，底径 9.7 厘米，高 32.8 厘米
2011 年 6 月 13 日于淮南征集
淮南市博物馆藏

　　此类盂口瓶为二种器物的复合器，仔细观察这件器物，上部的水盂本是一件完整独立的文房用具，下部为小喇叭口的胆形腹瓶。在两器的结合处能够看到瓶口的外沿及其棱角。盂口瓶见于唐代南北方窑口，长沙窑烧造的盂口瓶，上部的盂口所占比例要大一些，呈长腹状；北方窑口，尤其是邢窑的此类产品，盂口要扁平一些，寿州窑的盂口瓶更趋于北方风格。在小口长腹瓶上增加一个水盂，不仅仅是美观，更注重的是其实用功能，从器型结构上判断，盂口有控制水流的作用。

黄釉短束颈敞口罐

唐（618~907 年）
口径 11 厘米，底径 10 厘米，高 24 厘米
2008 年 11 月 4 日寿县城南保障圩 M16 出土
寿县博物馆藏

　　此罐的形态是唐代寿州窑的一种基本形制，一般有系或有流口、执手等，成四系罐或瓷注。而此器无系无錾，十分少有。但其造型简约，仍是一件唐代寿州窑黄釉罐类的精品。侈口，圆唇，短束颈，丰肩斜溜，鼓腹，腹下急收至足底，平底，假圈足。通体施黄釉，釉色偏绿，釉层肥厚、均匀，玻化很好。足下露胎，胎质白细。

黄釉四系穿带壶

唐（618~907 年）
口径 4.3 厘米，底径 10.7 厘米，高 27.5 厘米
2010 年 1 月 12 日于淮南征集
淮南市博物馆藏

　　长圆腹，一侧扁平，扁平面两侧各饰
两枚横置的条形系，系的两端饰有小乳钉，
既起到加固系与腹部的作用，又增加器物
的美观性。胎体厚实，通体施淡黄釉及底，
底足边缘有修整痕。

　　寿州窑生产的穿带壶十分少见。穿带
壶形制特别，扁平的一面易于携带，多流
行于北方及西亚地区。扬州唐墓曾出土有
唐代长沙窑生产的穿带壶，与此器形制大
体相同，不同的是在器身上饰阿拉伯文"真
主最伟大"字样，说明此类壶曾用于外销。
唐代的扬州是外销瓷的集散地，据此看，
寿州窑产品可能也有部分外销。

青黄釉唇口四系大罐

唐（618~907 年）
口径 10.5 厘米，底径 14.1 厘米，高 43.3 厘米
2008 年 6 月于合肥征集
淮南市博物馆藏

　　翻唇口，口略大于颈部，短细颈，斜溜肩，置四个小巧的双股系，长鼓腹，下腹急收至足底，下腹可见淡乳红色化妆土。施青黄釉至腹下部，有数道蜡泪痕。施釉未过化妆土，下露胎，灰乳色，唐代寿州窑此类翻唇大罐发现较多，皖北和江南均有出土，有的出土时上有斗笠形小盖覆于翻唇上。估计在生产销售中应都配有小盖，其作用为贮存酒的可能性较大。

青绿釉唇口三系大罐

唐（618~907 年）
口径 11 厘米，底径 13 厘米，高 37.7 厘米
2007 年 4 月 22 日于淮南征集
淮南市博物馆藏

　　从制作工艺讲，此罐的翻唇口形制规整，形态饱满，在同类罐中少见。短细颈，颈肩结合处凸起，丰肩，肩上置三枚精致小巧的双股系，这种系鋬已经失去实用功能，在经历了由大向小演化的过程后，在此罐上只是用作装饰性。长鼓腹，施青绿釉至腹下部，釉层较厚，釉面缩釉现象明显，下腹露灰色胎体，胎体上有三周凹弦纹。

黑釉四系罐

唐（618~907 年）
口径 9.8 厘米，底径 9.5 厘米，高 25.9 厘米
1973 年沙瑞民交
淮南市博物馆藏

撇口，小翻唇，长细颈，窄肩，肩上置四枚双股系，长鼓腹，腹下部缓收至足底。通体施黑釉，黑中泛酱色。釉面玻化很好，胎釉结合紧密，釉面中有细小开片。唐代寿州窑生产的这种瘦长类的长腹罐、瓶器物产量较大，延续时间较长，甚至在唐代末期主要窑口停烧后，仍有部分窑口还在烧造这种产品，但一般工艺不甚精致。现存有大量比较粗糙的长腹四系罐、瓶都反映了这种情况。

黄釉唇口壶

唐（618~907 年）
口径 10.2 厘米，底 12.3 厘米，高 31.7 厘米
2007 年 4 月 25 日于淮北市征集
淮南市博物馆藏

翻唇口，折沿，下部略呈盘口状，长细颈，斜溜肩，长鼓腹，下腹急收至足底，足部外撇，假圈足。施黄釉，釉色较厚，色偏绿，在口沿、盘底部和下腹有脱釉，釉面缩釉明显。盘口壶是隋代常见器物，一般瘦长高大，发展到唐代以后，盘口逐渐消失。此器在口沿部分有盘口壶的遗风，但形制上已有所变化，将盘口的直沿演化成翻唇口。整器造型简约，不失为一件寿州窑唐代小口壶罐类的精品。

黄釉小喇叭口壶

唐（618~907 年）
口径 6.2 厘米，底径 10.1 厘米，高 22 厘米
1957 年黑泥乡出土
淮南市博物馆藏

寿州窑

　　小喇叭口，口下部突起一周凸弦纹，短细颈，颈与肩部结合处凸起，长鼓腹，半施釉，釉层较薄，腹下部露灰红色胎，平足外撇，呈假圈足状。

　　该器造型在寿州窑产品中十分少见。小喇叭口使整器在厚重中又显灵巧之感。从器形上判断，该器当用于盛酒。寿州窑的黄釉产品，釉色千变万化，很少见到釉色相同的器物，此器因施化妆土的缘故，在突起部分和肩部有剥釉现象。

黄釉唇口四系罐

唐（618~907 年）
口径 9 厘米，底径 12.6 厘米，高 38.3 厘米
2010 年 9 月谢家集区公安分局移交
淮南市博物馆藏

　　此器为瘦长腹类小口罐。翻唇口，折沿，颈部很短，斜溜肩与颈部结合处置四枚双股系，长鼓腹，半釉黄釉至腹中部偏下一点，下腹露砖红色胎体。釉的发色较好，厚厚的釉面中能够观察到胎釉结合很紧密。

図版　六　唐代罐、瓶、壶、瓮

窑变釉四系大罐

唐（618~907 年）
口径 10.3 厘米，底径 11.2 厘米，高 37.7 厘米
2008 年 6 月于合肥征集
淮南市博物馆藏

　　翻唇口，短直颈，颈间有四对称双股系，长鼓腹，腹中部以下内束，平底。黄釉发色较正，数十道垂釉窑变成天蓝色，深浅不同。

　　此器造型修长俊美，黄釉自腹中部向下垂釉产生窑变，与上部浑然一体，黄蓝釉结合处自然过渡，是寿州窑窑变器中的精品。窑变釉是釉在窑内高温状态下自然产生的釉色变化的色泽。早期窑变釉因窑工对着色剂呈色原理并不知晓，所产生的窑变釉多具偶然性，唐代时，虽不能控制烧成的釉变颜色，但已有意烧造窑变釉，例如河南鲁山窑等。在寿州窑东小湾窑址、高窑窑址和医院住院部窑址出土有大量窑变釉残片，说明在唐代中晚期，该窑窑工已能够有意烧造窑变釉产品。窑变的蓝釉应是铁元素或铜元素在高温下自然产生的变化。

黄釉三系唇口罐

唐（618~907 年）
口径 10 厘米，底径 13 厘米，高 48 厘米
2010 年 1 月 12 日于淮南征集
淮南市博物馆藏

　　翻唇口，短细颈，斜溜肩上置三个
小双股系，圆鼓腹，腹下急收，小平底。
三系罐在寿州窑唐代时期很少见，此器
高达４８厘米，三小系不可能有穿绳负
重之功，纯粹用于装饰，故小巧的很。
半施黄釉至下腹部，釉色偏浅，但釉层
较厚，有数处蜡泪痕。釉面略有缩釉现象，
但总体感觉釉色比较均匀，胎、化妆土、
釉色三者结合的很好，没有发生脱釉问
题。可能窑工们对此种大型器的烧造工
艺有独特方法，因一般浅釉器常常发生
脱釉现象。

黑釉双系大口罐

唐（618~907 年）
口径 19.5 厘米，底径 13 厘米，高 23.5 厘米
2008 年 6 月于合肥征集
淮南市博物馆藏

黑釉双系大口罐

唐（618~907 年）
口径 18.8 厘米，底径 13 厘米，高 25.1 厘米
2008 年 6 月于合肥征集
淮南市博物馆藏

　　直口大而阔，窄溜肩，最大腹径位于肩下，腹下内收，腹壁微弧，平足外撇，有修足痕，肩部对称置两双股系。罐体内外施黑釉，釉色均匀，色如墨，呈亚光，外壁施釉近底，底足无釉，露乳白胎。胎体较薄，质细，烧造温度较高。整器造型端庄大方，浑圆饱满，显示出雍容华丽的气质，是寿州窑黑釉产品中的代表性作品。寿州窑以黄釉器著称于世，陆羽的《茶经》中记载"寿州瓷黄"，其实在中唐以后，寿州窑大量烧制黑釉器，其黑釉的烧造水平并不亚于黄釉。该器无论是造型、胎、釉均属寿州窑产品中十分成功的作品。

黄釉点褐彩四系罐

唐（618~907 年）
口径 12.1 厘米，底径 14 厘米，高 28.3 厘米
合肥文物管理处藏

　　直口平沿，短颈，窄肩，斜溜至腹下。肩颈处置四枚双股系，长鼓腹，腹下部缓收至足下，平足，微凹。半施黄釉至腹中部，黄釉釉色亮丽，釉层较厚。在四系下有釉下褐彩斑，从其形状上判断，是用软质毛刷类器物抹刷而成，形态非常自然。唐代寿州窑釉下褐彩发现的器物总量不多，在淮南市博物馆还收藏有翻唇口釉下褐彩罐和黄釉褐斑小盘口瓶。

素烧四系盘口壶

唐（618~907 年）
口径 9.7 厘米，底径 10.2 厘米，高 23.7 厘米
淮南市化肥厂出土
淮南市博物馆藏

　　此罐入藏时，初定为素烧四系盘口壶。仔细观察后发现，在唇口凹陷处和沿口上端疑有残存的釉面，因面积太小无法确认。此器造型十分典雅，口部形似盘口，其制作方法如同寿州窑的盂口罐，即在已经拉好坯的罐口上增加一个通透的小水盂，而此器的罐口上叠加的是一个腹壁较直、形似盘口的物品。颈部略呈喇叭状，细颈，广丰肩浑圆，上置四枚制作很标准的双股系，最大腹径在肩下，腹下缓收至足底。足底外撇，假圈足。

黄釉双系大口罐

唐（618~907 年）
口径 16.1 厘米，底径 14.3 厘米，高 22.6 厘米
2010 年 1 月 12 日于淮南征集
淮南市博物馆藏

　　该罐造型饱满，圆鼓腹，口沿略外卷，直颈，双股系因紧凑在一起，使系面形成三道弦纹，系下部装饰有较为规整的小乳丁。全器造型规整，光亮晶莹的黄釉施至足下，器足能见化妆土痕，釉面有细小开片。

　　此器黄釉发色十分纯正，是寿州窑黄釉类瓷器中的精品。唐代茶圣陆羽在《茶经》中写有："寿州瓷黄"，所言的即是这种釉色。寿州窑以烧造黄釉产品为主，但由于在氧化氛围中窑温不易于控制，造成黄釉发色不稳定，常常出现偏绿、偏褐的黄釉，能够烧造出纯正的黄釉并不容易，而能够烧造出这样釉色完美的整器就更加不易。此器造型雍容大方，黄釉纯正、饱满、热烈喜人，从一个侧面反映出大唐盛世时人们审美的情趣。

黄釉卷沿敞口瓷壶

唐（618~907 年）
口径 4.9 厘米，腹径 8.3 厘米，底径 4.8 厘米，
高 9.8 厘米
1963 年 1 月 1 日太和县文化馆移交
阜阳市博物馆藏

　　此器造型简约，没有系和鋬，但美观实用。其形制为小喇叭口，翻唇，长细束颈，斜溜肩，圆球腹，腹下急收到足底，假圈足，修足不甚规整。从此器形制判断，应是盛酒器具。

青黄釉盂口瓶

唐（618~907 年）
口径 3.2 厘米，底径 5.5 厘米，高 13.4 厘米
20 世纪 80 年代末征集
亳州市博物馆藏

　　此器造型精巧，应为注酒类器具。小盂口与瓶体接胎处修胎精细，悬胆式腹部重心在下部，看上去很敦实稳重。通体施青黄釉，釉色均匀，下腹部釉层较薄，可见釉下拉坯痕。盂口虽有残，仍不失为寿州窑此类产品中的精品。

黑釉胆形腹盂口瓶

唐（618~907 年）
口径 4.8 厘米，底径 8.6 厘米，高 30.4 厘米
1987 年 6 月上窑鱼苗场出土
淮南市博物馆藏

　　盂口，细长颈，溜肩，平底足，器型呈悬胆状。胎体浑厚凝重，施黑釉及腹下部，胎体装饰有化妆土，胎色灰白，腹部有两处窑粘露胎。

　　此件黑釉盂口胆形瓶有特殊的质朴之美，其形制特点以唐代流行的文房用具水盂做口，显示出寿州窑工匠的独特匠心。窑粘处并非在最大腹径处，而稍偏下，应当不是与匣钵粘结，当是与器型稍小的器物粘结，可能是在一个匣钵中放置两件以上器物所致。此类器型在寿州窑产品中仅见，又出土于寿州窑窑址附近，应是窑工墓出土。该器为盛酒之用，是唐代寿州窑黑釉瓷器的杰作之一。

黄釉鼓腹罐

唐（618~907 年）
口径 11.3 厘米，底径 11 厘米，高 16.8 厘米
凤阳县文物管理所藏

　　侈口，略呈喇叭状，短细颈，广丰肩，无系，圆球形腹，腹下部急收，底部宽大，假圈足，外撇，修足很规整。通体施黄釉，下腹釉色深暗，釉层较厚，玻化很好，有小开片。此罐的形制在唐代寿州窑罐类产品中较少见，颈部极短，无系，透露出简约之美。

黄釉小口瓶

唐（618～907 年）
口径 4 厘米，底径 6.1 厘米，高 13.7 厘米
2007 年 4 月 25 日于淮北征集
淮南市博物馆藏

　　此器造型工整，形制小巧，玲珑可爱。口部微小，翻唇折沿，长细颈，颈部的曲线很优雅，广肩，斜溜下，下腹缓收至足底，假圈足。通体施黄釉，釉色均匀，有蜡质感，釉面与胎体结合紧密。此器虽然小巧，但不失为唐代寿州窑小口罐中的代表性作品。

黄釉双系直口罐

唐（618~907 年）
口径 10 厘米，底径 8.7 厘米，高 16.9 厘米
2008 年 6 月于合肥征集
淮南市博物馆藏

寿州窑

　　该器短直颈，口沿外卷，长鼓腹，斜溜肩，肩颈交接处置对称两双股系。通体施黄釉，有蜡黄感。虽施化妆土，但由于烧造温度较高，胎釉结合很好，没有常见的剥釉现象。在口沿、双系棱角和颈底部各有一道釉色较深的出筋。

　　此类造型的直颈罐是寿州窑唐代时期比较多见的器物。其釉色多见黄釉、黑釉，器形大小不一，是当时人们生活中的日用瓷品种。

黄釉四系盖罐

唐（618~907 年）
口径 8.7 厘米，底径 12.7 厘米，通高 32.5 厘米
凤阳县文物管理所藏

　　此类罐在唐代寿州窑罐类产品最为多见，江淮各地均有出土，但是有盖的罐目前仅发现此件，尤显得珍贵。此罐的翻唇口与常见的翻唇口罐相似，颈部稍粗，颈肩结合处凸起，四枚系子很小，肩部很窄，长鼓腹，最大腹径在腹中部，腹下缓收，底部较宽大。半施黄釉，釉层肥厚，腹下有数道蜡泪痕。下腹部可见浅砖红色胎体，质坚。通过对此罐的观察，口部的翻唇不仅是一种装饰，更是一种便于覆盖需要的形体。

蜡黄釉直口双系罐

唐（618~907 年）
口径 16.5 厘米，底径 9.8 厘米，高 17.7 厘米
2011 年 6 月 11 日于淮南征集
淮南市博物馆藏

　　直口，口沿部分略外撇，唇部圆润，颈肩结合处形成一周凹槽，窄肩，肩上置二枚双股系，系的下部装饰小乳钉纹。腹部向下缓收至足底，足部较小，假圈足外撇，修足规矩。通体施蜡黄釉，釉色偏暗，口沿至腹下有脱釉，足底露淡乳红色胎体，质较坚细。

黄釉双系罐

唐（618~907 年）
口径 3.5 厘米，底径 4.3 厘米，高 10.5 厘米
1988 年 12 月西郊砂砖厂出土
皖西博物馆藏

　　丰唇口，十分饱满圆润。细直颈，溜肩上置对称的二个双股系。系下有数周细细的凹弦纹。施黄釉至下腹部，有滴釉现象。腹下露淡乳红色胎体，是唐代寿州窑最常见的胎质。高假圈足，平底，修足较规整。此器造型小巧可爱，黄釉发色饱满。从其仅 10 余厘米的高度判断，其使用功能可能是盛放味料的器具。

酱釉双系长腹罐

唐（618~907 年）
口径 11.2 厘米，底径 9 厘米，高 20.2 厘米
淮南市天宝双遗文化园藏品

　　直口，圆唇丰满，口沿有二处微残。窄肩，斜溜，肩上有二枚小巧的双股系，长直腹，缓收至足底，平底，假圈足，微外撇。通体施酱釉，下部氧化充分呈酱红色，上部釉色泛黑。胎釉结合紧密，没有发生脱釉现象。腹底和足部露乳色胎体，质较细。唐代寿州窑生产的直口罐一般高在 20 厘米左右，口部变化不大，有些底部较小，有些腹部增粗，多见深色的黑釉和酱釉类器，一般烧造的都很精致。

黄釉直口双系罐

唐（618~907 年）
口径 20 厘米，底径 15.6 厘米，高 22.7 厘米
2010 年 7 月 5 日于淮南征集
淮南市博物馆藏

　　直口，外撇，口部有残，修复完整。窄肩，对称置二枚精巧的双股系，肩以下的腹部缓收至足底，假圈足，平底微凹，修足很规整。此器造型端庄大气，形态规范，施黄釉及底，釉色十分饱满，足下露胎处看见胎质细白，是寿州窑瓷器中的精细类，修足很工整，是唐代寿州窑罐类产品中的精品。

蜡黄釉双系直口罐

唐（618~907 年）
口径 12.3 厘米，底径 9.7 厘米，高 20.6 厘米
淮南市天宝双遗文化园藏品

　　此器制作讲究，形态美观，蜡黄釉釉色
均匀，是直口罐中的精品之作。直口，圆唇
饱满，口沿部分略外撇，窄肩，直腹，下腹
部缓收至足下，假圈足，略外撇，施釉至腹
中部以下。直口罐类当中，一般深色釉产品
烧造的工艺较好，黄釉类直口罐往往有胎釉
结合不好、脱釉的现象。而此器从拉坯成型
到施釉烧造俱佳，十分难得。

青釉四系高盘口罐

唐（618~907 年）
口径 8.5 厘米，底径 8.8 厘米，高 20.2 厘米
淮南市天宝双遗文化园藏品

　　此类造型的盘口罐，与盂口罐制作方法相似，只是上部的形态由盂口转变成直腹的盘口，均是接胎而成。此器的盘口较深，唇口厚实而饱满，盘口与罐体的接胎痕明显，有一周凹槽，并积有深色的釉。丰肩斜溜，上对称置四枚粗壮的双股系，鼓腹，施釉至下腹部，腹底部露灰白色胎体。釉色呈酱褐色，下腹部及凹陷积釉处釉色较深，釉面有细小开片，胎釉结合很好，玻化程度较高。近年来，在淮南、寿县发现了多件，大多数为深色的酱、褐产品，形制上比较粗犷，胎体较一般器物要厚重。

青釉小口垂腹瓷瓶

唐（618~907 年）
口径 4 厘米，底径 5 厘米，通高 12 厘米
1964 年寿县双门公社安城大队安城小队出土
寿县博物馆藏

　　唐代寿州窑的产品注重器型上的变化，尤其注重口和腹部的细微变化，而在纹样装饰上变化偏少。此器即以盘口和腹部的变化取胜。小盘口，略敞，盘壁束腰，使盘底外突，细束颈，使得整器有曲线美感。悬胆腹下垂，最大腹径近腹底部，平底，假圈足。此器属唐代寿州窑形制较小的瓶类器物，形制规范，制作精巧。

酱红釉穿带壶

唐（618~907 年）
口径 6 厘米，最大腹围 60.3 厘米，底径
10.5 厘米，高 28 厘米
淮南市博物馆藏

　　圆唇，直口，短颈，溜肩，深腹。
最大腹径位于肩下的上腹部，下腹斜
收，饼形足，足底平。自肩至下腹布
多道凹凸痕。通体施酱红釉，因受火
不匀，器表釉色深浅不一，并于腹中
有一乳黄色窑变斑。近底无釉，露乳
白胎，胎质较粗。

　　上腹及中腹对称等距横置四扁条
形系，共八系。上下系间为方便穿索，
器壁微内陷，似瓜棱状。由于烧造火
候控制不精准，器体稍有变形。

　　寿州窑的酱红釉完整器发现的较
少，淮南市博物馆收藏有酱红釉大瓶。
1988 年秋在医院住院部发现有酱红釉
瓷注残器，后修复完整。同时还出土
有一批酱红釉罐的残片。

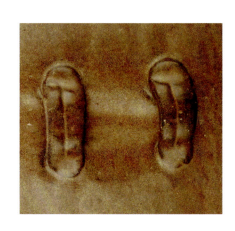

黑釉双系直口小罐

唐（618~907 年）
口径 9.5 厘米，底径 6.1 厘米，高 8.5 厘米
淮南市天宝双遗文化园藏品

此器是已发现的直口罐类产品中最低矮的一件。该器形制不大，但口部宽大，这种形态的产生可能与其使用功能有关。从其尺寸大小上判断，有可能是用作饮水、饮酒类的器具。它沿袭了直口罐的一般共性，为深色釉，胎体较其它器物要更薄一些，形制比较规整。

黄釉直口罐

唐（618~907 年）
口径 14.4 厘米，底径 9.5 厘米，高 20 厘米
1984 年寿县西圈出土 许传先交
皖西博物馆藏

唇沿，斜直颈，敛口。窄肩上置二个小双股系，一侧系残缺。最大腹径在肩部，肩以下腹部缓收到底部。通体施黄釉至足下，釉色饱满莹润，有细小开片，蜡质感很强。假圈足，外撇，露淡乳色胎体。双系直口罐是唐代寿州窑比较常见的器型，一般有黑釉、酱釉等品种，双系罐的口部多为直口或微敞，此器口部微敛，较为少见。

黄釉直口双系小罐

唐（618~907 年）
口径 4.6 厘米，底径 4.4 厘米，高 7 厘米
1988 年寿州窑遗址发掘出土
淮南市博物馆藏

　　此器为 1998 年春在寿州窑上窑医院住院部窑址中发掘获得，残件，修复完整。直口微外撇，斜溜肩上二个双股系显得粗壮，斜直腹，假圈足。施黄釉，黄釉釉色很饱满，釉层较厚，有较强的蜡质感。此器是发现的最小的唐代寿州窑直口罐，小巧的外形中透露出玲珑可爱之态。

黑釉直口双系罐

唐（618~907 年）
口径 15.6 厘米，底径 11.9 厘米，高 23.8 厘米
2010 年 1 月 12 日于淮南征集
淮南市博物馆藏

寿州窑

　　唐代寿州窑产品中的大口罐在形制上有
大、中、小三种式样，釉色有黄釉、黑釉和
自然形成的窑变釉。富含氧化铁的釉水，在
高温下烧结时间过长后，往往形成酱红色。
该器由于烧结不够充分，形成了大面积黑釉
和点状分布的酱红釉斑，有自然之美。这种
直口罐的残件，在寿州窑上窑住院部窑址和
松树林、东小湾窑址发现多件，而酱红釉器
在医院住院部发现较多。从馆藏品看，当时
的窑工已经能够控制窑温，烧制出通体酱红
釉的大瓶，而发色纯正的黑釉直口罐类标本，
多出土于东小湾窑址，反映出在唐代后期时，
东小湾窑址烧制技术相对较高。

黄釉褐彩唇口四系罐

唐（618~907 年）
口径 8.5 厘米，底径 11.3 厘米，高 29 厘米
2009 年 12 月 1 日于扬州征集
淮南市博物馆藏

　　翻唇口大而丰满，丰肩上置四枚粗壮的双股系。半施黄釉，釉色偏暗。肩腹处刷有四个不规则圆形褐彩斑，仔细观察后辨识为釉下褐彩，图案自然成趣，反映了窑工在制作过程中的乐趣。腹下部露灰红色胎体，质较粗。

黄釉小喇叭口瓷瓶

唐（618~907 年）
口径 3.7 厘米，底径 4.8 厘米，高 12.3 厘米
淮南市天宝双遗文化园藏品

　　唐代寿州窑的小口瓶罐类中有盂口、盘口和此器的小喇叭口状，这三种器物的制作有其共性，都是将上部的口与已经成型的下部接胎而成。这种在形制上追求变化的工艺，是寿州窑器型的一大特点。此器小喇叭口，小巧玲珑，甚是可爱，短细束颈与大悬胆形腹形成鲜明对比，足部宽大，使器物重心稳定。通体施黄釉，釉色很均匀，发色效果比较难得。器型精致，釉色美观，不失为一件精品。

黄釉双系大口罐

唐（618~907 年）
口径 14 厘米，底径 12.7 厘米，高 16.3 厘米
2008 年 6 月于合肥征集
淮南市博物馆藏

　　口微撇，短斜颈，溜肩，鼓腹，平底，一对双股形系呈耳状联接颈肩处，其下有乳丁，施黄釉，呈蜡黄色。口沿及腹下部有脱釉现象。该器在寿州窑产品中发色纯正，黄釉通体饱满，较为罕见，应该是放置在匣钵中，窑温控制得非常恰当时才能烧制出。早期瓷器生产由于温度难以控制，氧化气氛不稳定，生产出来的瓷器釉色多有偏差。像该件发色如此纯正的黄釉十分难得，更显示这件器物的珍贵。从器形上判断，烧制时间应在唐代前期后段。

寿州窑

黄釉盂口瓶

唐（618~907 年）
口径 3.5 厘米，底径 6 厘米，高 13 厘米
2002 年 10 月 20 日寿县文物管理所移交
（李山乡出土）
寿县博物馆藏

　　此件盂口瓶很有特点，它反映了唐代寿州窑在烧造工艺上因缺陷而产生的一种釉色美。釉面的缩釉和蓝绿色窑变交织在一起，整个釉面犹如布满了斑状纹饰，毫无规则，但有天然成趣的美感。唐代寿州窑的大型罐类产品常常发生缩釉问题，产生这种问题的原因一般是釉料浓稠度较大，在烧制过程中釉面不能均匀的流动，釉料聚集成堆使釉面出现裂痕露出胎坯，当聚集过多时，釉面会凝成釉珠状，此器即发生了这种情况。

黄釉褐斑小口瓶

唐（618~907 年）
口径 5.5 厘米，底径 6.3 厘米，高 17.8 厘米
1996 年上窑马岗出土
淮南市博物馆藏

　　小盘口，口沿呈唇口状，十分饱满，盘的腹壁内凹，盘底外凸。长细颈，广肩，肩部丰满。长直腹，缓收到足底。半施黄釉，釉色偏暗，且大部分釉脱落，但有趣的是釉下褐斑纹没有脱落。此器出土后，一致认为器物肩部的褐斑是未脱满的釉，经仔细观察，褐斑釉褐色中泛蓝绿，而周身所施的釉黄色偏暗，是为两种釉色。可能釉下彩的原因，褐釉斑在塑造时与胎体结合较好，未能脱落。此器的出土地点距隋代管咀孜窑址仅1.5公里，该墓可能是窑工墓内的遗物，其盘口特征尚保留着隋代盘口壶的面貌，应是唐代早期的产品。

青黄釉唇口鼓腹四系罐

唐（618~907 年）
口径 9 厘米，底径 10.7 厘米，高 25.4 厘米
2010 年 1 月 12 日于淮南征集
淮南市博物馆藏

  翻唇浑圆饱满，口沿下似有一层稍小的唇口，应为窑工在已拉好坯的口沿上叠加了一层厚厚的唇口，这种做法十分有趣。广丰肩与短细颈处置四枚双股系。球形腹，半施青黄釉，偏绿，胎釉结合不紧密，肩腹处脱釉严重。

寿州窑

黄釉褐彩盘口瓷壶

唐（618~907 年）
口径 6.4 厘米，底径 8.2 厘米，高 18.3 厘米
1984 年 10 月 14 日由临泉县博物馆征集
临泉县博物馆藏

　　此器保留了隋代盘口壶的特征，小盘口制作很规整，盘口腹部比一般同类器的腹部更深一些，长细颈，颈肩结合处的接胎形成台面。肩部丰满，浑圆，最大腹径在肩下，腹下缓收至足部。半施黄釉，因胎、化妆土大面积脱釉，下腹部露灰白色胎体。从整体观察，该器施黄釉，周身留下黄釉斑点。肩腹部有四处形如树叶纹的斑纹，边缘圆滑，四个斑纹的形态大致相同，仔细辨识是在化妆土与釉面之间的褐釉斑，周围的黄釉均已脱落。此器在同时代同类型的器物当中比较少见，它省略了四系，腹部饱满，反映了从隋代盘口壶向唐代盂口瓶演化中的一个过程。

黄釉直口四系罐

唐（618~907 年）
口径 11.2 厘米，底径 12.2 厘米，高 20.8 厘米
2010 年 9 月谢家集区公安分局移交
淮南市博物馆藏

　　直口，斜溜肩上置四枚双股系，长鼓腹，足略外撇。半施黄釉，下腹露砖红色胎体，釉色浅黄，釉面发色比较均匀，胎釉结合很好，未有发生脱釉。唐代寿州窑黄釉产品中的小型器物一般会产生脱釉问题，而此器釉色浅淡，但从其胎体烧结看，烧造温度较高，所以能够保持良好的釉面。

黄绿釉唇口四系罐

唐（618~907 年）
口径 7.5 厘米，底径 11.8 厘米，高 30 厘米
2007 年 4 月 12 日于淮南征集
淮南市博物馆藏

翻唇口，短颈与口沿直径大致相同，颈部与肩结合形成一周弦纹，斜溜肩上置四枚形制工整的双股系，圆鼓腹，最大腹径在腹中部。半施黄绿釉，腹下缓收至足底。釉色发色均匀，釉面下露出部分化妆土，这种现象在唐代寿州窑产生中常常见到，说明窑工们在施釉时一般不过化妆土。

蜡黄釉直口罐

唐（618~907 年）
口径 14.7 厘米，底径 13.7 厘米，高 18.7 厘米
凤阳县文物管理所藏

高直口，平沿，胎体较薄，窄肩，鼓腹，最大腹径在腹中部，腹下部缓收至底，足部外撇，修足很规整。唐代寿州窑的直口一般有双系，系的安装从颈至肩，而此器肩部有一凸状物，四周釉面很清晰，似为一兽首装饰，在寿州窑同类产品中十分少见。

青黄釉双系直口小罐

口径 6.5 厘米，底径 5.5 厘米，高 9.7 厘米
邱传龙捐赠
淮南市博物馆藏

青黄釉双系直口小罐

口径 6 厘米，底径 5.5 厘米，高 9.6　厘米
邱传龙捐赠
淮南市博物馆藏

青黄釉双系直口小罐

唐（618~907 年）
口径 6 厘米，底径 5 厘米，高 9 厘米
邱传龙捐赠
淮南市博物馆藏

黑釉双系直口小罐

唐（618~907 年）
口径 6.2 厘米，底径 5.8 厘米，高 10 厘米
2009 年 12 月 1 日于扬州征集
淮南市博物馆藏

　　这批直口小罐是目前已发现的最小的唐代寿州窑双系直口罐之一。如此小的直口罐是何种使用功能？有二种说法，其一是用于盛放调味料或饮酒；其二是用于文房，与水丞的功能相同。二种说法都没有材料佐证。该类器形制不大，但釉色很饱满均匀，没有发生缩釉和脱釉等现象，有小巧玲珑自然之态。

黄釉直口双系罐

唐（618~907 年）
口径 6.2 厘米，底径 7 厘米，高 18.5 厘米
安徽省文物考古研究所寿县工作站藏

　　长直颈，直口，口沿略外撇，颈肩结合处有一周凹弦纹，窄肩，肩上置二枚小双股系，其中一枚残，长直腹，上腹略大。假圈足，修足不规整。通体施黄釉，釉色较浅淡，从釉面观察，器物曾施过二遍釉，在下腹部的釉面上可见其上又叠加一层釉，数道蜡泪痕敷于下层釉面上，釉面发生较严重的缩釉现象和脱釉问题。这种直口瘦长腹双系罐，在唐代寿州窑罐类产品中十分少见。

黄绿釉瓷壶

唐（618~907 年）
口径 7.2 厘米，底径 11.2 厘米，高 27.2 厘米
1974 年 3 月 1 日涡阳城郊唐墓出土
阜阳市博物馆藏

　　唐代寿州窑罐类器的腹部大多为长鼓腹、球腹以及其变种，此器似橄榄形腹，比较少见。器物口沿部分也有特点，是少有的子母口，原器是有盖的。唐代寿州窑罐类的盖发现的很少，凤阳文管所收藏的盖罐的盖是伞状，敷于大翻唇上。此器的子母口上的盖应稍小一些。

黄釉翻唇口四系瓷壶

唐（618~907 年）
口外径 11.6 厘米，底径 11.5 厘米，高 26.35 厘米
1985 年 1 月阜阳市阜南县文管所征集
阜南县文物管理所藏

　　此器的翻唇口形制硕大，在同类器中十分少见。翻唇口沿的形态长期以来认为是一种罐类装饰上的形式。在唐墓中出土了带盖的翻唇口罐以后，对口沿制作的如此之大才有了新认识。从实用的角度看，翻唇口圆滑的唇面和较大的形制是为了便于在上面敷盖。这件器物即是最好的例证，在长细颈上的大翻唇口，与颈部和腹部的比例很不协调，但是很便于使用。

蜡黄釉盂口四系罐

唐（618~907 年）

口径 11 厘米，底径 13 厘米，高 29 厘米

2009 年 12 月 21 日于合肥征集

淮南市博物馆藏

　　这种盂口式罐是唐代寿州窑产品中颇有特点的产品，一般烧造的比较精细。盂口的腹部外鼓，口沿圆润呈唇状，盂口安放在已经拉坯成型的小喇叭口罐，这从盂口的下部结合处能够辨识到。颈部细短，广丰肩上置四枚精巧的小双股系。通体施蜡黄釉，釉层很厚，有较强的蜡质光泽，釉面有细小开片。在腹部下侧有少部分脱釉，露出乳白色化妆土。足底略外撇，通体呈灰色，似为埋藏中的污垢，隐约能观察到乳红色的胎体。

蜡黄釉瓷注

唐（618~907 年）
口径 13.7 厘米，底径 11.1 厘米，高 27 厘米
江山乡胡刘村出土
凤阳县文物管理所藏

　　此件器物的流口、鋬及双系均残失，但从其优美的造型和漂亮的蜡黄釉釉色看，仍是一件珍贵的文物精品。该器造型十分规整，小喇叭口，平沿，圆唇，长束颈，腹部浑圆，下腹部缓收至底部，平底，假圈足外撇。通体施蜡黄釉，釉色很均匀，蜡质感极强，十分少见。虽为残器，仍透露出唐代寿州窑窑工的高超技艺。

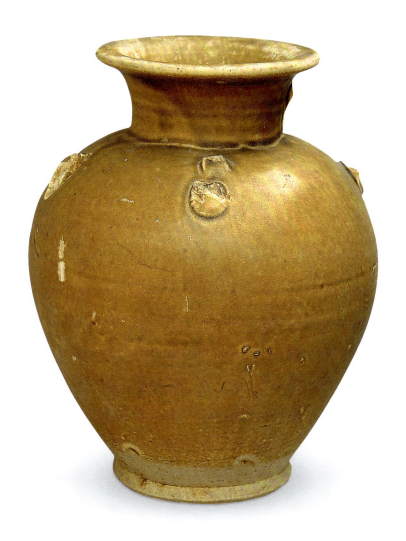

黄釉直口双系罐

唐（618~907 年）
口径 9 厘米，底径 6.6 厘米，高 12.9 厘米
2009 年 3 月于扬州征集
淮南市博物馆藏

　　唐代寿州窑的罐类产品，一般形制较大，此器的形制、尺寸较小，发现的比较少。此器窄肩斜溜，肩上对称置二枚小巧的双股系。圆鼓腹，腹下急收至足部。半施黄釉，釉色浅淡，偏乳色状，下腹部露浅红色胎体，胎质较细腻，烧结温度较高。

青绿釉盘口瓷壶

唐（618~907 年）
口径 5.7 厘米，底径 6.8 厘米，高 17.3 厘米
1963 年 1 月 1 日蒙城县文化馆移交
阜阳市博物馆藏

　　此器时代较早，胎、釉有隋代的面貌特征。唐代寿州窑产品中也发现一大批这类形制的器物，一般认为是隋代盘口壶衰微后演化而成的器型。但从这件器物看，两者是并行存在的。从实用角度看，这类器物的形态，大小适中，用于盛酒、倒酒比之于高大的盘口壶应更加方便实用。此器的造型为小盘口，细束颈，长鼓腹，无系和鋬，形制简约，颇具实用功能的小壶。

黄褐釉瓷壶

唐（618~907 年）
口径 4.7 厘米，底径 4.7 厘米，高 11.5 厘米
1974 年 3 月 1 日阜南面粉厂出土
阜阳市博物馆藏

　　此器的烧造工艺很独特。从器物釉色观察属于氧化焰下生成，表面的釉子得到了充分的氧化，这种工艺是唐代寿州窑通常使用的烧造方法，但一般是施过化妆土后入窑烧造，仔细观察，此器并没有施化妆土，胎与釉面的结合很紧密，没有发生脱釉现象，所以我们判断，此器有隋唐二种工艺特点，应当是唐代初期的产品。

黄釉球腹盂口瓶

唐（618~907 年）
口径 2.5 厘米，底径 4.2 厘米，高 10 厘米
征集品
淮南市博物馆藏

　　此器是已发现的最小的唐代寿州窑盂口瓶。盂口虽然形制很小，但制作的十分工整。盂口下部的曲线与肩部的斜溜曲线非常协调。球腹，重心在下，足部较大，使得器物很稳定，假圈足，削足规范。

蜡黄釉盂口长腹瓶

唐（618~907 年）
口径 2.5 厘米，底径 6 厘米，高 17.6 厘米
淮南市天宝双遗文化园藏品

　　此器造型简约，线条流畅，是唐代寿州窑盂口瓶产品中的精品。唐代寿州窑多见形制较大的盂口类瓶，大多深色釉，下腹部的形制更大一些，而此器的腹部呈瘦长状，比较少见。该器的小盂口制作很精细，细束颈上的接胎处修整的很好，斜溜肩下腹部垂至下腹处，腹底缓收至足部，假圈足略外撇。半施蜡黄釉，蜡质感很强，下腹露化妆土，色乳白。化妆土下的胎色近砖红色，胎质较坚细。

酱釉盂口四系罐

唐（618~907 年）
口径 10 厘米，底径 11 厘米，高 30.1 厘米
2011 年 6 月 11 日于淮南征集
淮南市博物馆藏

　　此器的盂口与唇口罐的结合处十分明显。盂口口沿内敛，腹部微鼓，下部内收与唇口罐相连。短细颈，颈肩结合处有凸弦纹，斜溜肩上置四枚双股系，系的制作很讲究，肩下有一周凹弦纹，最大腹径在腹中部，腹下急收。半施酱釉，釉层很厚，腹下有数道蜡泪痕。下腹部露砖红色胎体，质坚细。

寿
州
窑

黄釉多足砚

唐（618~907 年）
直径 16.9 厘米，高 6.9 厘米
2011 年 6 月 8 日于合肥征集
淮南市博物馆藏

　　圆形，呈二层台状，上层圆台稍小，叠加
于下层台之上。宽圆唇沿、直腹，砚堂鼓起，
沿内四周凹弧。多足砚的砚堂一般较平坦，以
便研磨，而此器中间凸起，或许是烧造中产生的。
下层砚壁环一周向下伸出 9 个蹄状足，足宽大，
为马蹄形，足中凸起。施黄釉，偏暗，蜡质感强，
在口沿及凹陷处有厚厚的积釉。

黄釉多足砚

唐（618~907 年）
直径 19.3 厘米，高 6.3 厘米
2011 年 6 月 13 日于淮南征集
淮南市博物馆藏

　　圆形，直腹，唇沿，沿内边缘处为深弧面凹槽，砚堂中部隆起呈平台状。未施釉，手摸上去有砂质感，应是便于发墨所为。腹中部外壁饰一周凸弦纹，从弦纹向下，环砚一周置 1 3 个滴水状圈足，足底浑圆垂地，呈等距排列。每足上饰三瓣莲瓣纹，下饰二道凸弦纹。除砚堂外均施黄釉，釉偏暗，在凹陷处有积釉。器的胎质坚细，尤其是烧造温度要比一般器物要高，这可能是考虑到砚是磨墨的文房实用器的缘故。

黑釉瓷砚

唐（618~907 年）
口径 10.1 厘米，底径 9 厘米，高 2 厘米
标本修复
淮南市博物馆藏

青绿釉暖砚

唐（618~907 年）
直径 18.5 厘米，高 9.5 厘米
2011 年 11 月 23 日淮南康杰捐赠
淮南市博物馆藏

暖砚类产品发现很少。此器胎骨有明显的
寿州窑特征，未施釉的砚池显示其胎料中含有
白色、黑色细砂，胎质接近缸瓦胎，胎色粗红。
砚的形制呈扁鼓状，分三层。上层为砚堂，呈
水平面，周围斜壁外敞。在砚堂一侧有漏孔，
下有贮墨的袋状腹。中层分内外，外为四根圆
柱，连接上层砚堂和下层底足；内呈筒状，中
间空，为燃烧木炭的空间，筒壁镂"上、人"铭，
是为出气孔。下层为饼状底。四根圆柱的顶端
两侧饰两个扁平的小乳钉纹，贮墨的袋状腹外
壁饰四个莲花瓣，底足上沿成锯齿状。除砚堂
外，通体施青绿釉。从其工艺上看，没有施化
妆土，可能是晚唐，或更晚以后的寿州窑产品。

黄釉兽形镇

唐（618~907 年）
底座径 6.2 厘米，高 5.1 厘米
寿县公安局移交
寿县博物馆藏

　　圆形座上置一只豹、虎类动物，呈盘
曲卧姿，兽首伏于前肢，圆目前视，后肢
卷缩至兽首下，兽爪下搭，身体放松，给
人以憨态可掬之感。通体施黄釉，有蜡质
感，足部露胎，胎质白细。镇的使用自汉
代以后就多见，一般为金属镇，唐代流行
使用瓷镇，有纸镇、席镇之别，从此镇的
形制判断，应属纸镇。

黄釉狮形镇

唐（618~907 年）
长 8.2 厘米，宽 5.5 厘米，高 4.8 厘米
2010 年 1 月 12 日于淮南征集
淮南市博物馆藏

　　狮呈扑抓猎物状，前肢卧后肢蹲，头部枕于两爪之上，左爪中抓有一块方形物。头部夸张变形，吻部大而突出，狮子头上的鬃毛覆盖颈部，双眼点褐色釉，炯炯有神。后肢硕壮有力，显示出发达的肌体，狮尾略向右贴附在身体上。整器造型非常洗练生动。

　　此黄釉狮形镇是一件十分精美的艺术品。智慧的窑工用简单的几块泥条，创造出既十分肖形又有些夸张的卧狮形态，是寿州窑产品中一件珍贵的文房用具。该器胎体细腻、紧密，黄釉发色饱满，玻化很好，有细小开片。兽形镇在唐代的许多窑口都有生产，形制区别不大，但此狮形镇造型更显生动，显示出寿州窑工匠对生活敏锐的观察力和高度的概括力。

黄褐釉卧虎镇

唐（618~907 年）
长 18.5 厘米，宽 10.7 厘米，高 11.5 厘米
2013 年 5 月 13 日淮南征集
淮南市博物馆藏

　　此镇器型较大，应是席镇。方形座上老虎为四肢蜷缩的卧姿状。虎首昂起，两圆目上视，吻部宽大，鼻子隆起，前后肢均向前弯曲，下肢伏地，虎尾向一侧方卷起，虎背及尾部均饰虎斑纹，施黄釉偏褐色，在虎斑及凹陷处釉色泛黑，正好显示出纹饰的起伏变化。虎的下腹及足部釉色泛乳白，与褐色釉形成对比。此镇虽工艺略显粗糙，但造型生动，虎的形态憨态可掬。

蜡黄釉卧兽形镇

底径 5.9 厘米，高 4 厘米
2010 年 7 月 5 日于淮南征集

黄釉卧兽形镇

唐（618~907 年）
底径 8.8 厘米，高 5.7 厘米
2010 年 11 月 4 日于淮南征集
淮南市博物馆藏

　　蜡黄釉卧兽形镇。兽形似为虎、狮类形态，鼻子部分很大，且外凸。口、眼可辨识，头顶及背上可见鬃毛向后倒伏。后身卷曲至前端，两爪下垂。整器的兽形憨态可掬。

　　黄釉卧兽形镇，为圆座式纸镇，兽形似豹类动物，不甚清晰。通体施黄釉，釉色浅淡，釉色较均匀。

青绿釉瓷塑兽残器

唐（618~907 年）
高 12.1 厘米，宽 7.4 厘米，厚 3.4 厘米
2013 年 1 月淮南康杰捐赠
淮南市博物馆藏

　　此器应是狮、豹一类的动物塑形附件，从整器判断应该还有底座。器物的背面为断裂的平面，似为二个对称粘接的模塑器物的断裂痕。残器为一坐姿侧面昂首动物，耳部缺失，圆目，吻部宽大，背部有羽状凸起，前肢直立，而姿坐卧。青绿釉，遍布褐斑。断裂面上可见青灰胎，胎质坚硬。寿州窑此类器物发现的比较少，窑址中偶有见到，一般为狮形等动物类残件。

1770

青黄釉纺轮

直径 6.5 厘米，厚 2.5 厘米
2008 年 6 月淮南张建军捐赠

素烧纺轮

唐（618~907 年）
直径 6 厘米，厚 3.3 厘米
2008 年征集
淮南市博物馆藏

　　此器呈圆饼状，花纹面施黄釉，背面无釉。胎较细，色乳白，中间处有一穿孔。模印八瓣莲花纹，花瓣边缘与中间突起。突起部分脱釉，露胎，与凹陷处釉色形成色差，浑然天成。

　　纺轮早在新石器时代就有使用，除陶质外，还有石质、玉质、铜质的等。7000年来，其形制基本没有大的变化，是古代用于纺线的基本工具。使用时在圆饼中间的穿孔插入木柄或其它材料制成的柄，通过其自身重量产生的旋转捻线。小小纺轮承载着人类从着兽皮、披树叶走向文明的重要社会功用。

黄釉漩涡纹纺轮

唐（618~907 年）
孔径 1 厘米，最大径 6.7 厘米，高 3.3 厘米
淮南市天宝双遗文化园藏品

　　寿州窑的瓷纺轮发现的不多，这与此类物品一般不用作陪葬有关。从其使用价值看，唐代寿州窑生产的这类生活实用器数量是巨大的。淮南市博物馆收藏了一件与此器形制相同、纹饰上有区别的纺轮，两件的直径、厚度大致相同。此件的纹饰，是用尖锐的物体剔划而成。施黄釉，釉色偏暗，在漩涡纹之间的凹陷处有厚厚的积釉。

黄釉莲花纹烛台座

唐（618~907 年）
长 14.6 厘米，高 5.7 厘米，宽 14.6 厘米
蚌埠市铁路分局查获后移交
蚌埠市博物馆藏

黄釉莲花纹烛台座

唐（618~907 年）
长 12.2 厘米，宽 12.2 厘米，高 8.5 厘米
1988 年淮南上窑镇医院住院部窑址发掘
淮南市博物馆藏

　　四方座上浮雕八瓣莲花，纹饰凸起，花蕊部分有贯穿孔。施蜡黄釉，浮雕部分的凹陷处釉色深暗，烧结温度高，胎釉结合很好，未发生脱釉现象。从其形制判断，可能为插蜡烛用的烛台。1988 年秋对淮南市上窑镇医院住院部窑址发掘时，曾出土一件与此器形制相同的残件，可知此类器物属医院住院部窑烧造。

正面龙首纹瓦当

唐（618~907 年）
直径 15 厘米，厚 2 厘米
窑址拣选
淮南市博物馆藏

　　瓦当，宽缘，中间似正面龙首（有人识为虎首，不妥。以龙首纹作为瓦当装饰，符合中国建筑传统）。龙首以夸张的口部占据整个瓦当的中心区域，眼部、鼻子以凸起的线条构成。

长方形龙纹砖

唐（618~907 年）
长 20.2 厘米，宽 12.6 厘米
20 世纪 80 年代东小湾窑址拣选
淮南市博物馆藏

　　长方形龙纹砖，砖面开窗，四周装饰如意云头纹，中间装饰一条贯穿砖面的侧身龙纹。龙首向左上方昂起，张大口，龙身弯曲，略呈"S"状，四足三爪，前足向上翻起，后足向后方撑起。寿州窑窑址中发现的建筑类构件总量不多，种类有圆筒瓦、圆形瓦当和方形砖。以半圆形筒瓦最多，形制上有大、中、小三种。其制作方法与一般瓷器相同，均是施化妆土后再施釉入窑烧成。我们认为，已发现的这些建筑构件制作比较讲究，应当是官府或者庙宇类建筑用材，有可能是定烧的产品，故发现总量不多。

黄釉方形筷笼

唐（618~907 年）
长 13 厘米，宽 7 厘米，高 14 厘米
淮南市博物馆藏

　　笼筷呈扁方形，上大下小。正面饰双层菊瓣纹，纹饰以圆形花蕊为中心，内层14菊瓣，外层20瓣，每瓣中有一道凹槽。纹饰装饰方法是在平面上剔出花瓣形状，并将每瓣圆弧部分的底面剔开，稍向上翻起，成浅浮雕形式。通体施黄釉，足底露砖红色胎体。此类器物发现较少，从其制胎施釉等方面判断，可能属寿州窑晚期产品。

青白釉小瓷马

唐（618~907 年）
长 4.9 厘米，宽 2.5 厘米，高 3.5 厘米
2012 年 3 月于淮南征集
淮南市博物馆藏

青釉瓷塑马

唐（618~907 年）
底座 4.1 厘米 ×3.6 厘米，高 8.2 厘米
上窑林场周加林捐赠
淮南市博物馆藏

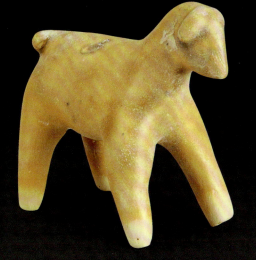

黄釉小瓷羊

唐（618~907 年）
长 6.4 厘米，高 5.3 厘米
2008 年 6 月 6 日淮南沈汗青捐赠
淮南市博物馆藏

黄釉小瓷马

唐（618~907 年）
长 5 厘米，宽 2.7 厘米，高 6.5 厘米
2010 年 7 月 5 日于淮南征集
淮南市博物馆藏

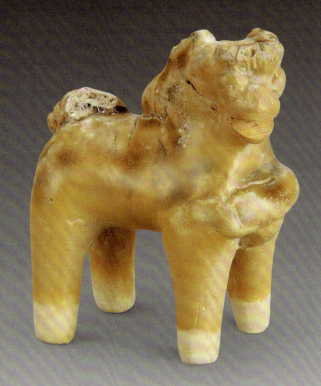

青釉胡人骑马瓷塑

唐（618~907 年）
长 7.5 厘米，宽 3.1 厘米，高 8.9 厘米
2010 年 7 月 5 日于淮南征集
淮南市博物馆藏

寿州窑

青釉胡人骑马瓷塑

唐（618~907 年）
长 6.8 厘米，2.6 厘米，高 9.2 厘米
2010 年 7 月 5 日于淮南征集
淮南市博物馆藏

寿州窑

黄釉人骑马瓷塑

唐（618~907 年）
长 5.2 厘米，宽 2.4 厘米，高 6 厘米
2012 年 3 月于淮南征集
淮南市博物馆藏

黄釉人骑马瓷塑

唐（618~907 年）
长 6.8 厘米，宽 3.3 厘米，高 6.8 厘米
寿县工作站藏
淮南市博物馆藏

青釉瓷狗

唐（618~907 年）
长 4.7 厘米，残高 3.3 厘米
2007 年 5 月于扬州征集
淮南市博物馆藏

青釉狗首

唐（618~907 年）
长 5.8 厘米，高 3.9 厘米
1988 年 4 月上窑林场发掘 T4 出土
淮南市博物馆藏

黄釉人骑马瓷塑

唐（618~907 年）
长 4.9 厘 米，宽 2.5 厘米，高 5.6 厘米
2012 年 3 月于淮南征集
淮南市博物馆藏

黄釉人骑马瓷塑

唐（618~907 年）
长 5 厘米，宽 2.7 厘米，高 6.5 厘米
2010 年 7 月 5 日于淮南征集
淮南市博物馆藏

黑釉人骑马瓷塑

唐（618~907 年）
长 5.8 厘米，高 6.8 厘米
2008 年 6 月 6 日淮南沈汗青捐赠
淮南市博物馆藏

黄釉小瓷猴

唐（618~907 年）
底径 2.9 厘米，高 5.3 厘米
2012 年 3 月于淮南征集
淮南市博物馆藏

黄釉小瓷猴

────────────

唐（618~907 年）
底径 3 厘米，高 5.3 厘米
2012 年 3 月于淮南征集
淮南市博物馆藏

黄釉小瓷猴

────────────

唐（618~907 年）
底径 2 厘米，高 3.5 厘米
2012 年 3 月于淮南征集
淮南市博物馆藏

青黄釉小瓷马

唐（618~907 年）
长 4.5 厘米，宽 2.4 厘米，高 3.8 厘米
2012 年 3 月于淮南征集
淮南市博物馆藏

青黄釉小瓷马

唐（618~907 年）
长 5 厘米，宽 2.2 厘米，高 4.3 厘米
2011 年 6 月 10 日于淮南征集
淮南市博物馆藏

黄釉瓷马

唐（618~907 年）
长 5 厘米，宽 2.5 厘米，高 4 厘米
淮南天宝双遗文化园藏

黄釉瓷猴

唐（618~907 年）
底径 2.9 厘米，高 5 厘米
淮南天宝双遗文化园藏

黄釉瓷猴

唐（618~907 年）
底径 3.4 厘米，高 5.4 厘米
淮南天宝双遗文化园藏

黄釉瓷水牛

长 5.1 厘米，宽 3 厘米，高 4.3 厘米
淮南市天宝双遗文化园藏

黄釉瓷水禽

长 5 厘米，宽 2.8 厘米，高 3.2 厘米
淮南市天宝双遗文化园藏

黄釉瓷卧兽（镇）

长 6.5 厘米，宽 3.9 厘米，高 5.2 厘米
淮南市天宝双遗文化园藏

黄褐釉小瓷马

长 4.8 厘米，宽 2.3 厘米，高 4 厘米
2011 年 6 月 10 日于淮南征集
淮南市博物馆藏

黄釉瓷马

通高 8.5 厘米，底座长 4.8 厘米，底座宽 3.4 厘米
寿县博物馆藏

　　寿州窑的玩具多见动物、人物，其造型生动，惟妙惟肖。大小一般在 5 厘米左右，以小泥条和小泥饼构成，用竹签一类的工具修胎和处理细节，制作技巧十分娴熟。看似信手拈来，随意捏塑，实则反映了寿州窑窑工们善于观察生活并高度提炼生活的能力，每件小玩具都有浑然天成、乐观生活的美感。人物造型多见童子、女童、老叟、胡人、仕女等；动物形象常见十二生肖。一般常见人物与动物的组合，也有独立造型的动物塑像。在人物和动物的面貌处理上十分讲究，既形象又夸张。釉色有蜡黄、黄釉、褐釉、黑釉和点褐彩等。

褐釉人面三孔埙

唐（618~907 年）
长 6.8 厘米，宽 5.7 厘米，高 5.4 厘米
淮南市天宝双遗文化园藏品

黄釉人面三孔埙

唐（618~907 年）
径 4.5 厘米，高 4.6 厘米
淮南市天宝双遗文化园藏品

　　埙是我国最古老的吹奏乐器之一，新石器时代就已开始使用，有石、骨、陶和瓷等不同材制。早期的埙只有一个吹孔，发展到唐代时常见多孔埙。唐代时，南北窑口都有烧造，如南方长沙窑生产的埙多为三孔，形制上多见鸟兽形。唐代寿州窑生产的埙大多也为三孔埙，已发现的埙均为人面埙，其中胡人埙占有很大比重。这与寿州窑地理区位密切相关，因寿州窑位于淮水之滨，中原文化的影响较为深远。这四件埙顶部的孔为吹孔，有三件是胡人埙，其纹饰、造型相近，均为发式向后，八字胡向两侧卷起，唇下胡须后卷，鼻子大而高。汉人埙面部特征与胡人埙的面部特征区别很大，眼部和口部比较夸张。

黄釉人面三孔埙

唐（618~907 年）
径 4.8 厘米，高 4.4 厘米
淮南市天宝双遗文化园藏品

黄釉人面三孔埙

唐（618~907 年）
长 3.3 厘米，宽 3.2 厘米，高 4.4 厘米
淮南市天宝双遗文化园藏品

黄褐釉人面瓷埙

唐（618~907 年）
长 3.9 厘米，宽 3.4 厘米，高 4 厘米
2012 年 3 月于淮南征集
淮南市博物馆藏

黄褐釉象形瓷埙

唐（618~907 年）
长 5.5 厘米，宽 4.3 厘米，高 5 厘米
2010 年 7 月 5 日于淮南征集
淮南市博物馆藏

黄釉香薰器盖

唐（618~907 年）
直径 17.8 厘米，高 8.2 厘米
2010 年 7 月 5 日淮南市康杰捐赠
淮南市博物馆藏

寿州窑

　　原器盖残破为二分之一，后经修复完整。盖为穹窿形，中间有柱状执手。执手顶端装饰华丽，攒饰四个贴塑侧姿坐兽，执手中央有一出气小孔，周围四孔。盖面纹饰分二层，也贴塑侧姿坐兽，每层四个。下层紧靠盖的边缘，不甚清晰。塑兽大小、朝向一致，应当是先模塑好，再粘贴于器盖面上。施黄釉，釉色亮丽。从形状判断，应是三足熏炉一类器物的器盖，其工艺技术较寿州窑一般产品精细。

黄釉小瓷水注

唐（618~907 年）
底 3.5 厘米，高 5.2 厘米
2011 年 6 月 13 日于淮南征集
淮南市博物馆藏

　　唐代寿州窑生产的文房用具品种较少，此类小水注比较少见。该器为小球腹，器盖与器身合为一体。一侧装置小流口，流外侧稍加修整，可辨识有 6 至 7 棱。对称的另一侧置小弓形鋬。球腹中部饰模印的菊花纹。从器盖上残损部位推断，原器应有小提梁。器的注水口与流水口共用。通体施蜡黄釉，腹底和足下露胎，胎质较粗糙。整器造型粗犷，但不失生动自然。